KB054436

단숨에 읽는

부동산 시장 독법

최진기의 부동산 팩트체크

단숨에 읽는

부동산 시장 독법

Real Estate
Policy

Housing
Price

izi 이지퍼블리싱

정치경제학으로 부동산을 바라보자

여러분이 부동산에 관해 가장 궁금한 점은 바로 이 두 가지 질문으로 정리할 수 있을 것입니다. “앞으로 부동산 시장은 어떻게 될까요?” “지금 당장 집을 사야 할까요, 말아야 할까요?” 두 번째 질문에 답하기 위해서는 물론 첫 번째 질문에 대한 답을 얻어야 합니다. 아마도 여러분은 수많은 매체를 통해 이 두 질문에 대한 답변을 들었을 것입니다. ‘일시적으로는 하향안정세가 유지되다가 곧 급등세가 올 것’이라는 주장부터 ‘노령화에 따른 본격적인 침체를 피할 수 없을 것’이라는 주장까지. 그래서 ‘사야 한다’, ‘사지 말아야 한다’는 주장들을 수도 없이 듣고 나니 누구의 말이 맞는지 헷갈릴 것입니다.

저는 이 두 질문에 대한 명확한 답을 제시하려고 합니다. 하지만 그 답이 무엇인지보다, 답을 찾아가는 '과정'에 주목해주기 바랍니다. 이 책의 요지는 '정치경제학으로 부동산을 바라보자'는 것입니다. 이 말은 두 가지 뜻을 가집니다. 하나는 부동산문제를 단순한 경제현상만으로 분석하지 말고 그 배후에 있는 정치적 혹은 사회적 맥락 속에서 파악하자는 의미입니다. 또 하나는 부동산 문제를 도덕의 잣대로 분석하기보다는 냉철한 사회과학자의 입장에서 바라보자는 뜻입니다. 이러한 관점을 견지했을 때 부동산 시장에 대한 올바른 이해를 가질 수 있고, 우리 인생에서 가장 큰 투자인 부동산투자에서도 성공할 것입니다.

향후 몇 년 동안 부동산 시장은 어떻게 될까요? 오를까요, 내릴까요? 그 정답의 키워드는 바로 문재인 정부 부동산정책의 본질을 파악하는 데 있을 것입니다. 정부정책의 본질을 모르면서 부동산투자를 한다? 차라리 카지노에 가서 베팅을 하거나 로또를 사는 것이 더 낫지 않을까요? 그래서 이 책의 도입부에는 우리의 고정관념과 달리 역사적으로 정부정책이 시장을 이겨왔다는 내용을 담아보았습니다. 부동산 시장의 수요와 공급 같은 경제적 측면만이 아니라 정부정책을 이해하는 데서 출발하자는 취지입니다.

아울러 대한민국 부동산 시장 역시 정부의 의도에서 크게 벗어나 움직인 적이 없다는 점을 보여주고자 했습니다. 이를 바탕으로 왜 부동산 시장이 다른 시장보다 정부정책에 쉽게 영향을 받을 수밖에 없는지, 그리고 문재인 정부 부동산정책의 본질과 그 정책이 가져올 결과로서 부동산 시장의 미래를 전망했습니다. 한마디로 향후 몇 년 동안 부동산 시장을 이해함에 있어서 가장 중요한 것은 정부의 정책기조이며, 이를 이해하는 것이 부동산 시장 전망에 선행해야 한다는 것입니다. 이렇게 해야만 올바른 시장분석과 투자의 기초를 만들 수 있습니다. 정책기조에 근간을 두고 매매하려는 부동산의 특성과 지역을 고려한다면 투자에 반드시 성공할 것이라고 확신합니다.

한편 지금 당장 부동산을 사야 할지 말아야 할지 판단하기 위해서는, 부동산이 오를지 떨어질지 먼저 알아야 합니다. 이때 명심해야 할 것은 부동산은 '떨어져야 한다' 혹은 '올라야 한다'는 도덕적 선입관을 가지고 접근하면 반드시 투자에 실패한다는 것입니다. 저는 사회학을 공부했습니다. 그래서 사회학자가 갖추어야 할 여러 덕목 중 가장 중요한 태도가 바로 객관적인 시각임을 배웠습니다. 즉 도덕이든 욕망이든 선입견과 편견의 잣대를 버려야 사회현상을 제대로 바라볼 수 있다는 것입니다.

'수십 년 일해서 한 푼도 안 쓰고 저축해도 강남에 아파트 한 채 살 수 없는 더러운 세상!' 이렇게 세상을 규정하는 순간 여러분은 도덕주의자로서 세상의 정의를 실현하는 데는 이바지할지 모르지만 부동산투자에는 성공할 수 없을 것입니다. 그 규정이 틀렸다는 것이 아니라, 그런 관점은 부동산 시장을 이해하는 것과는 아무런 관련이 없습니다.

영국인도 일본인도 미국인도 평생 일하고 한 푼 안 써도 트라팔가르 광장 근처나 긴자 거리나 맨해튼 중심가에 집 한 채 살 수 없습니다. 우리만의 현상이 아니지요. 그리고 실제로 트라팔가르 광장 근처나 긴자 거리나 맨해튼 중심가에는 아파트가 거의 없습니다. 명동에 아파트가 없는 것과 마찬가지죠. 강남의 경우 사무공간과 주거공간이 병존하는 아주 특이한 지역이라는 이해도 필요하고요. 그러니 제발 도덕의 잣대가 아닌 사회과학의 잣대로 부동산에 접근해달라는 것입니다. 그래야만 투자에 성공할 수 있고 진정한 의미로 부익부 빈익빈 현상도 막을 수 있습니다.

대한민국 부동산 시장을 정치경제학적 관점으로 바라보면, 앞으로 얼마간 부동산가격의 폭등과 폭락은 없을 것이라는 점을 이해할 수 있을 것입니다. 물론 실질적으로 투자를 결정할 때는 이런 일반론 이외에도 부동산 상품과 지역에 대한 추가적 이해가 필수적이지요. 다만 시장 전체의 흐름에 대한 이해가 먼저라는 점을 기억하기 바랍니다.

우리는 흔히 '나쁜 것'과 '사라져야 할 것'을 구별하지 못하는 실수를 저지릅니다. 더 나아가 '사라져야 할 것'과 '사라지게 할 수 있는 것'을 구별하지 못하기도 하고요. 우리 몸속 세균 중에는 나쁜 것이지만 반드시 사라져야 할 것은 아닌 경우도 있습니다. 만일 세균을 없애야 할 것, 그리고 근절할 수 있는 것이라고 전제한다면 우리는 항생제 과다투여로 심각한 부작용을 겪게 될 것입니다. 이 같은 기준을 적용해서 판단해야 할 문제는 음주, 흡연, 마약, 도박, 간음, 매매춘, 절도 등 너무도 많습니다. 부동산투기는 어떻게 봐야 할까요? 분명 투기는 나쁜 것이지요. 그렇다면 사라져야 할 것인가요? 또한 사라져야 할 것이라면, 사라지게 할 수 있을까요? 그렇지 않다면 어떻게 최소화만이라도 할 수 있을까요? 쉽지 않은 문제입니다.

평범한 개인의 인생 전체를 통틀어 부동산투자만큼 큰 규모의 투자는 별로 없을 것입니다. 어쩌면 한 사람의 운명을 가를 수도 있지요. 그런데 우리는 너무나 쉽게 투자합니다. 부끄럽지만 저 역시 그랬습니다. 젊은 시절 좋은 직장을 가지고 남들보다 좀 더 많은 월급을 받는 처지에 불과했지만, 당시 분수를 모르고 무리하게 두 채의 오피스텔을 대부분 은행 빚으로 구입했습니다. 주택건설사의 사기성 분양(1997년 청구건설에서 주거용 오피스텔인 '오딧세이'를 건설하다 부도가 나서 260억 원이 허공으로 날아간 사건입니다)

도 큰 문제였지만, 보다 더 큰 원인은 '무식하면서 용감했던' 제 자신이었습니다. 부동산 시장에서 여러분만큼은 부디 '유식하면서도 용감하게' 행동하기를 바라면서 이 책을 썼습니다.

이렇게 책을 쓰면 읽어주시는 분들이 많다는 점에 행복을 느낍니다. 앞으로도 정말 열심히, 더 열심히 제가 알고 있는 모든 지식을 담아 공부하면서 책을 쓰고 강의하겠습니다. 저자와 강사로서 행복하게 살게 해주신 독자와 청중 여러분께 다시 한 번 머리 숙여 감사드립니다.

최진기

프롤로그 _ 정치경제학으로 부동산을 바라보자·5

01 '시장을 이기는 정부는 없다'라는 일그러진 신화

01 언론에 의해 왜곡되는 부동산 시장·19
모든 규제는 반동을 불러온다? · 20
미디어가 부동산을 다루는 방식 _ 더블스피크 · 23
economic insight _ '토지 공개념'과 프레임 전쟁 · 29

02 '규제를 이기는 시장'과 시장주의 패러독스·32
로베스피에르의 '반값 우유' 정책 · 33
정조의 쌀값 규제와 박지원의 상소 · 35
'나쁜 돈' 때문에 민심 잃은 흥선대원군 · 37
폭격 없이 도시를 파괴하는 방법? _ 맨큐의 아이러니 · 39
economic insight _ 그래프로 이해하는 최고가격제 · 45

03 시장을 이기는 정부는 언제 어디서나 존재했다·48
시장은 만능이며 완전하다는 착각 · 52
아베의 화살은 시장이 만들었을까? · 53
부동산 시장을 이긴 싱가포르 정부 · 55
economic insight _ 맬서스와 리카도의 곡물법 논쟁 · 61

02 대한민국 정부는 부동산 안정화에 실패한 적이 없다

01 부동산에 대한 국민정서, 오해와 진실 · 67
하늘 높은 줄 모르고 치솟는 부동산가격? · 68
내집마련의 꿈이 사라진 부동산 시장? · 74
economic insight _ 한국의 독특한 주거문화, 전세제 · 81

02 부동산을 잡은 정부, 부동산을 사랑한 정부 · 83
역대 정부의 부동산정책은 어떤 그림을 그렸나 · 84
부동산을 잡은 첫 번째 정권 _ 노태우 정부 · 87
부동산을 잡은 두 번째 정권 _ 노무현 정부 · 92
부동산을 사랑한 정권 _ 이명박 · 박근혜 정부 · 97

03 부동산 시장에 새로운 질서가 시작된다

01 'J노믹스'를 알아야 부동산의 미래가 보인다 · 103
소득주도 성장론이란 무엇인가 · 105
부동산정책이 선거 승리의 마중물 · 113

02 문재인 정부가 부동산을 잡을 수 있는 이유·118
부동산 대세상승기가 아니다 · 120
오를 일밖에 없는 금리 · 126
부동산 패러다임이 변했다 · 131
economic insight _ 종부세의 파란만장한 역사 · 137

04 부동산이라는 상품의 속성부터 파악하자

01 부동산가격, 정부가 얼마든지 통제할 수 있다·143
부동산은 거래가 투명한 상품이다 · 145
부동산은 금융정책이 용이한 상품이다 · 149

02 부동산 시장, 수요와 공급의 특수성·152
수요보다 가수요가 더 중요한 시장 · 153
공급이 완전비탄력적인 시장 · 156
economic insight _ 가격탄력성으로 읽는 수요량과 공급량 · 161

03 부동산 가수요를 억제하는 방법·165
부동산 가수요란 무엇인가 · 166
LTV, DTI 강화는 왜 논란의 대상일까? · 170
무분별한 갭투자를 잡아야 한다 · 173
economic insight _ 부동산억제책 비판기사 톺아보기 · 178

05 부동산가격에 관한 선입견과 도그마

01 부동산가격을 바라보는 전제부터 잘못됐다·183
도덕주의자의 눈을 버려라 · 184
PIR지수의 아전인수(我田引水)식 활용 · 193
economic insight _ '검은 백조'와 귀납적 사고 · 201

02 대한민국 부동산은 비싼가, 싼가·204
다른 나라보다 비싸다? · 206
누가 아파트가격을 올리는가 · 210
실질소득에 비해 비싸다? · 213
본래가치보다 비싸다? · 214
economic insight _ 부동산가격의 착시현상 · 220

06 대한민국 부동산, 폭등도 폭락도 없다

01 가계부채 문제를 어떻게 볼 것인가·225
실질소득 증가 없는 부동산가격 상승의 결과 · 229
부채는 자산과 같이 보아야 한다 · 233
economic insight _ 부동산가격, 체감과 실제의 온도차 · 239

02 금리인상은 버블붕괴의 트리거가 될 것인가·242
버블을 경제이론으로 정립하다 _ 민스키 모멘트 · 243
서브프라임 모기지론 사태와 일본 부동산 버블붕괴 · 247
대한민국 가계, 아직 건재하다 · 253
economic insight _ 헤지펀드와 헤지투자는 다르다 · 259

03 정말 걱정해야 할 것은 부동산 버블이 아니다·260
버블은 약한 고리에서 터진다 · 262
금리인상시 대한민국의 약한 고리는? · 265

07 부동산투자, 저가매수의 기회는 오는가

01 부동산에는 불패신화도 영원한 무덤도 없다·273
대박과 쪽박의 아이콘, 송도를 기억하십니까? · 275
공급물량이 해소되는 시점을 노려라 · 278

02 사람들은 도대체 왜 비싸게 사서 싸게 팔까?·284
투자심리의 동조현상을 극복해야 한다 · 285
평균회귀이론이 부동산가격에 적용된다 · 289
부동산투자에도 행동경제학이 필요하다 · 292
economic insight _ 행동경제학은 완벽한 대안일까? · 298

"대부분의 정치 언어는 에둘러 말하기, 논점 회피하기, 최대한 애매모호하게 표현하기 등으로 이뤄진다. 무방비 상태의 마을이 폭격당해 주민들이 낯선 곳으로 내몰리고 가축들이 기관총에 몰살당하고 불을 뿜는 총탄이 삶의 보금자리를 불태우는 상황이 '평정'이라고 불린다. 수많은 농부들이 농토를 빼앗긴 채 보따리를 이고 거리로 쏟아져 나와 헤매는 상황이 '인구이동' 또는 '국경 수정'이라고 불린다."

_ 조지 오웰(George Orwell), 『1984』

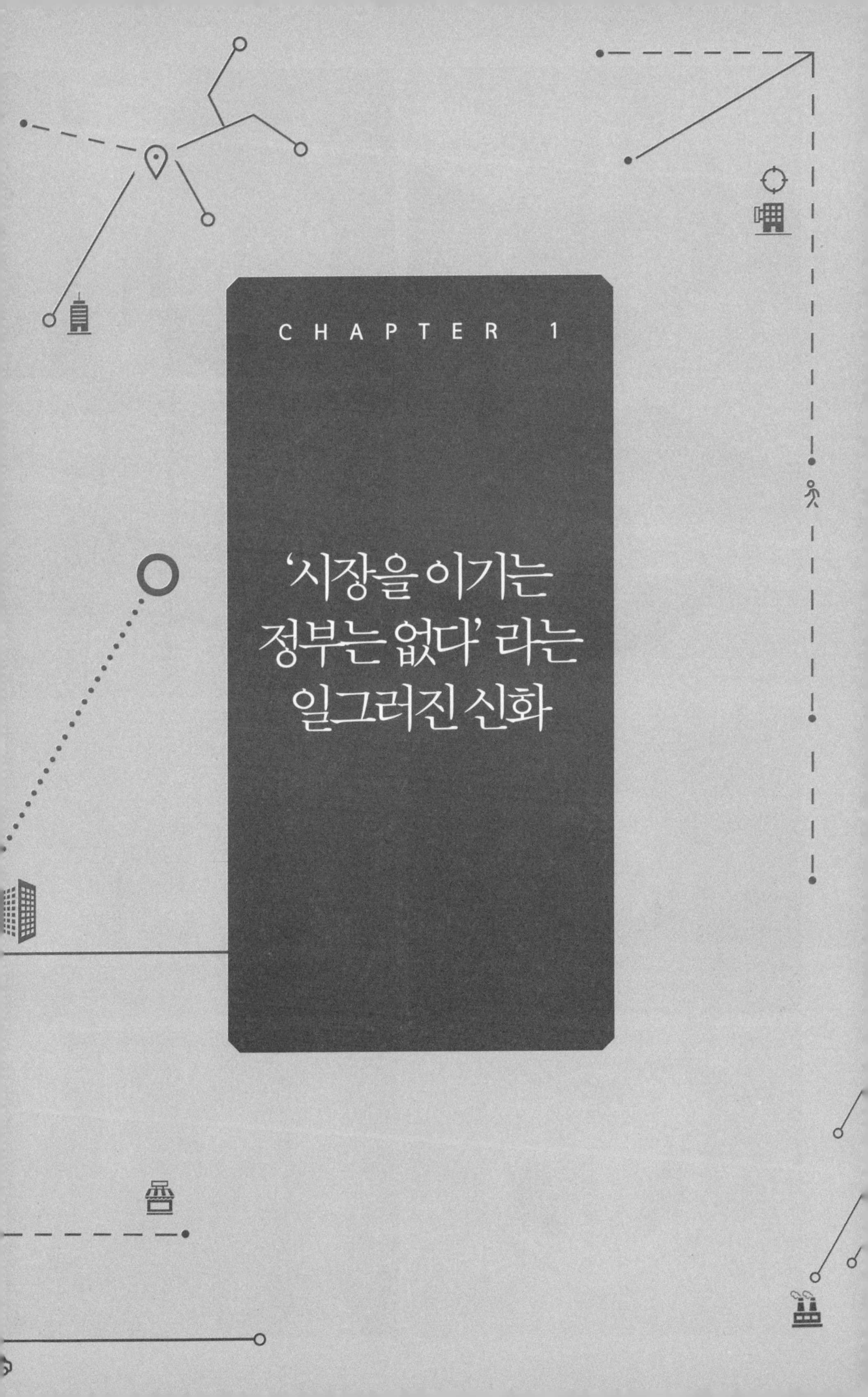

CHAPTER 1

'시장을 이기는 정부는 없다' 라는 일그러진 신화

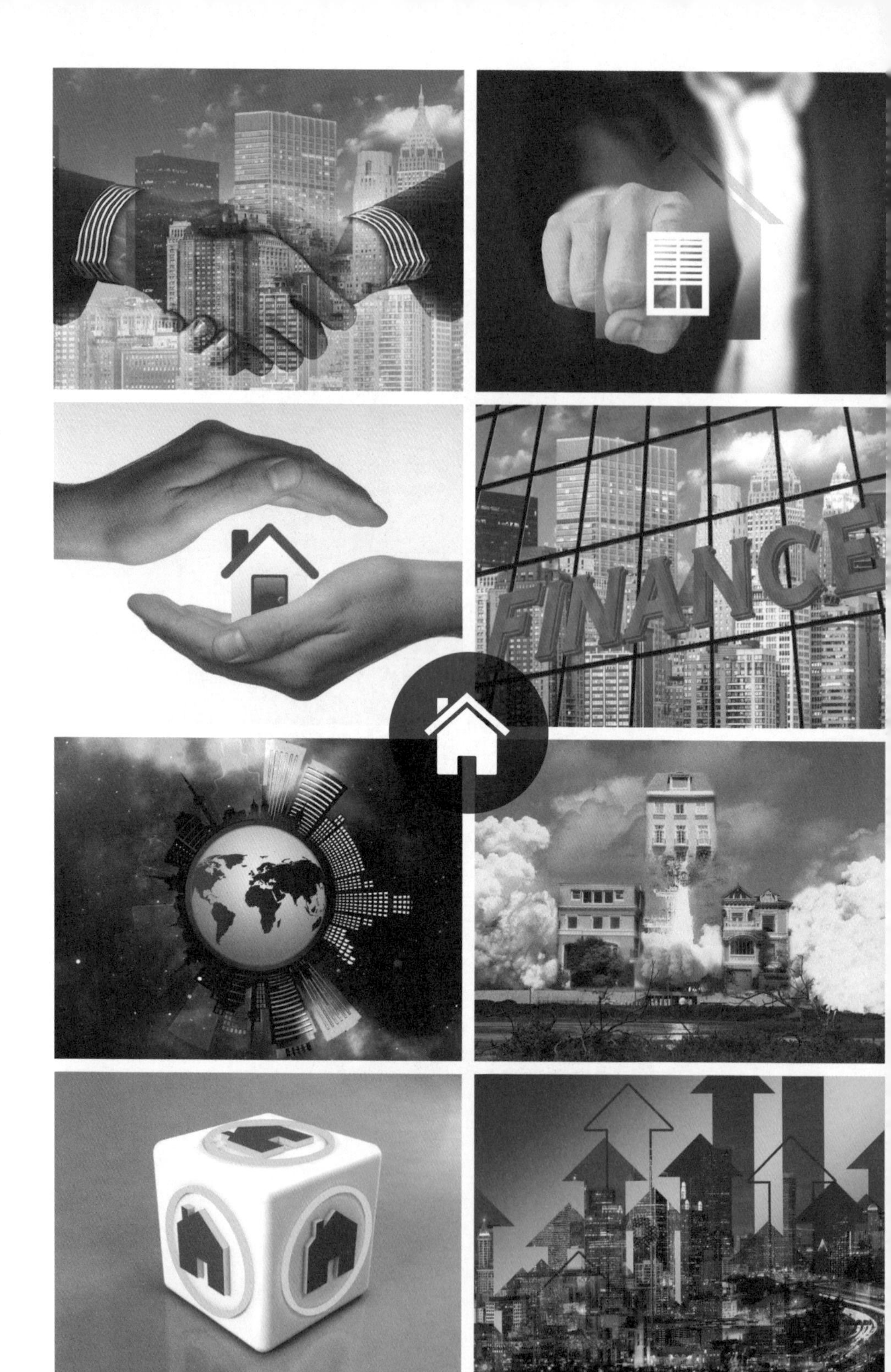
FINANCE

언론에 의해 왜곡되는 부동산 시장

1919년 미국에서는 금주(禁酒)법안인 볼스테드 법(Volstead Act)★이 통과하여 법률에 따라 1920년부터 전국에 걸친 금주령이 시행됩니다. 법률을 어겼을 때의 처벌은 초범의 경우 징역 6개월과 1천 달러의 벌금, 재범의 경우 징역 5년이었습니다. 무시무시하죠? 그러나 금주령 시행은 모두 알다시피 밀주의 번성으로 인한 국민건강 피폐, 밀주 판매수입 증대로 인한 마피아의 번성★★, 그

★ 알코올 도수 0.5% 이상의 음료에 대한 제조 · 유통 · 판매 · 운반 · 수출입을 전면 금지하는 미국의 주류 금지법. 미 하원의원 앤드루 J. 볼스테드가 발의하여 이러한 이름이 붙었으며, 1933년 프랭클린 루스벨트 행정부에 의해 폐지됐다.

★★ 당시 미국 내 이탈리아계 갱들은 아일랜드계나 유대계 갱들에게 뒤처져 있었으나, 금주법을 계기로 대도시의 주류시장을 차지하고 여기서 얻은 자금을 바탕으로 대도시 지하세계를 접수했다. 1927년 시카고 갱단 두목 알 카포네의 수입은 연 1억 500만 달러에 달했으며, 그가 사망했을 당시의 자산은 13억 달러, 현재가치로 환산했을 때 약 264억 달러(28조 600억 원 상당)에 달했다.

리고 주세수입 감소로 인한 재정수입의 악화라는 부작용을 가져왔습니다. 결국 1933년 금주령이 해제됩니다.

이 같은 일이 술과 관련해서만 일어나는 것은 아닙니다. 미국의 마약단속국(Drug Enforcement Administration, DEA)이 장기간에 걸친 대대적 마약단속을 실시하고 있지만 해마다 마약중독자는 늘어만 가고 있습니다. 그래서 일부 주(州)★에서는 차라리 대마 합법화를 주장합니다. 사람들은 이야기합니다. 성(性), 음주, 마약, 도박과 같은 산업은 정부가 규제를 하면 할수록 부작용만 커질 뿐이라고 말입니다. 거기에 부동산도 살며시 끼워 넣습니다. 농경사회 이래 토지에 대한 갈망 역시 인간의 본능적인 욕구라서 규제할수록 반작용만 커질 것이라고 말이지요. 과연 그럴까요?

모든 규제는 반동을 불러온다?

미국에만 금주령이 있었을까요? 우리도 아득히 오래된 금주령의 역사를 가지고 있습니다. 1세기 백제의 다루왕(多婁王)이 최초로 금주령을 선포했다는 기록이 있고, 기근이 들 때마다 나라에서는 금주령을 시행했습니다. 금주령 선포로 가장 유명한 왕은 조선의 영조(英祖)입니다. 즉위하자마자 술을 절대 금지시키고, 음주

★ 현재 미국에서는 29개 주에서 '의료용'으로 마리화나를 합법화하고 있으며, 일반인에게까지 마리화나를 판매하는 주는 2018년 기준 알래스카, 캘리포니아, 콜로라도, 네바다, 오리건, 워싱턴의 여섯 곳이다.

행위가 적발됐을 때는 노비 신분으로 강등시키고, 술을 빚다가 걸리면 사형이었습니다. 그래서 영조는 나라 전체의 금주에 성공했을까요? 실패했습니다. 정부의 규제 강도와 술의 가치는 비례하지요. 금주령이 강해질수록 암시장에서의 술값은 올라갑니다. 그러니 금주가 가능할 리 없겠죠. 이런 사례를 보면 '시장을 이기는 정부는 없다'라는 말이 나올 만도 합니다.

하지만 시선을 조금만 돌려봅시다. 아주 쉽게 금주를 성공시킨 나라들도 있지요? 많은 이슬람 국가들이 그렇습니다. 물론 극소수의 무슬림들이 음주를 하긴 하지만, 사실상 이슬람 국가에서는 금주가 이루어졌다고 볼 수 있습니다. 누가 이렇게 만들었습니까? 시장인가요? 아니죠, 바로 이슬람 정부입니다. 정부가 아니라 종교가 그렇게 만들었다고요? 이슬람 대부분의 나라는 제정일치(祭政一致) 국가입니다. 즉 정부가 종교지요. 아무튼 지구상 4분의 1에 달하는 인구가 금주법 아래서 금주를 하면서 살아가고 있다는 것입니다.

마약도 마찬가지입니다. 멀리서 찾아볼 필요가 없지요. 한국은 오랜 기간 동안 마약청정국 지위★를 유지해왔습니다. 마약을 시장에 맡겼다면 과연 한국이 마약청정국이라는 명예를 누릴 수 있었을까요? 강력한 공권력을 기반으로 한 마약단속이 있었기 때문에 마약청정국 타이틀을 달 수 있었던 것입니다. 사회주의 혁명 이후 대부분의 사회주의 국가에서 매매춘은 일소됐습니다. 마약은 말할 것도 없고요.

'시장을 이기는 정부는 없다'라는 명제는 결코 절대적인 것이 아닙니다. 성, 음주, 마약, 도박과 같은 중독적인 영역에서도 그럴진대 부동산만은 그 명제가 100% 통한다고 봐야 할까요? 그렇지 않습니다. 거꾸로 우리는 의심을 해봐야 합니다. 부동산규제책 이야기만 나오면 많은 언론에서는 난리가 납니다. '세금폭탄'이다, '서민만 울리는 정책'이다, 떠들썩합니다. '규제가 오히려 부동산 폭등만 낳는다'거나, 심지어 '토지공개념, 여기가 사회주의 국가인가' 같은 논평도 등장합니다. 이러한 언론의 공세를 바라보며 가랑비에 옷 젖듯 우리의 생각도 젖어드는 것은 아닐까요?

저는 부동산에서 시장을 이길 수 있는 정부가 있다고 생각합니다. 그렇기에 역설적으로 정부의 부동산정책에 대해 언론이 저렇게 호들갑을 떠는 것은 아닐까요? 자, 지금부터 '시장을 이길 수 있는 정부는 없다'라는 이데올로기를 언론이 어떻게 만들어내고

★ UN 기준에 따르면 마약청정국은 '인구 10만 명당 연간 마약사범 20명 미만'이다. 우리나라의 경우 약 1만 2천 명이 기준선이며, 1989년 2월 검찰청에 마약과가 신설된 이후 1990~2015년까지 약 26년간 마약청정국 지위를 유지했으나 2016년 1만 4천여 명으로 증가해 이를 상실했다.

있는지, 특히나 언론에서 다루는 부동산문제를 어떻게 바라봐야 할지 하나씩 살펴보도록 하겠습니다.

미디어가 부동산을 다루는 방식 _ 더블스피크★

먼저 한 신문의 하단에 커다랗게 실린 광고 하나를 보겠습니다.

부동산 실전고수 ○○○ 대표의 특별강의

新정부! 부동산 시장 전망 및 투자성공 전략!

한 치 앞도 예측하기 어려운 부동산 시장
개발 범람의 시대, 요즘 뜨는 투자지역은 어디?

강의 내용

▶ 재건축 · 재개발, 아파트시장 전망

▶ 토지시장에 대박이 있다! 전국 토지 전망 · 분석

▶ 수도권 및 지방의 최고 노른자위를 찾아라!

▶ 미래가치 높은 신개발지에서 성공투자 하는 법

▶ 자녀 · 손주 대기업 쉽게 취업하는 비법 대공개!

행복한 부동산 라이프를 선도하는 ○○○ 전문가의 방송 안내
××경제TV 매주 화요일 저녁 △시(본방), ☆시(재방)

무료 특강 일시 및 장소
서울(압구정) :
광주 :
전주 :

★ '더블스피크(doublespeak)'란 사실을 호도하기 위해 고의적으로 쓰는 모호하고 완곡한 표현으로, 영국 소설가 조지 오웰이 『1984』에서 제시한 조어다.

일단 타이틀이 멋집니다. '新정부! 부동산 시장 전망 및 투자성공 전략!' 제 책의 부제로 쓰고 싶은 생각이 살짝 들 정도입니다. 강의 내용도 호기심을 자극합니다.

✔ 재건축 · 재개발, 아파트시장 전망

✔ 토지시장에 대박이 있다! 전국 토지 전망 · 분석

✔ 수도권 및 지방의 최고 노른자위를 찾아라!

✔ 미래가치 높은 신개발지에서 성공투자 하는 법

여기까지는 딱히 흠 잡을 것 없는 진행입니다. 그런데 다섯 번째 강의 내용은 무엇일까요? 저는 이 문구를 보고 깜짝 놀랐다가 배꼽을 잡고 웃었습니다.

✔ 자녀 · 손주 대기업 쉽게 취업하는 비법 대공개!

놀랍죠? 부동산을 강의하다가 갑자기 자녀와 손주의 취업 비법까지 나옵니다. 부동산으로 당신을 부자로 만들어줄 수도 있고, 더 나아가 자녀와 손주까지도 취업시켜줄 수 있다고 합니다. 정말 대단한 능력입니다. 단, 자녀와 손주가 없는 분들은 더 이상 시간을 낭비하지 않길 바랍니다.

이런 광고도 흔합니다. '4천만 원 투자시 임대수입 월 60만 원 보장!' 처음 보았을 때는 말도 안 되는 소리라고 치부해버리지만 매일같이 반복해서 접하다 보면 어느새 그 말도 안 되는 소리가 차츰 말이 되는 소리로 변해가는 것을 느낀 사람도 있을 것입니다. 2017년 기준 4천503억 원의 광고비가 투여된 부동산광고의 영향력 아래서 자유로운 대한민국 국민이 있을까요?

흔히 부동산광고라고 하면 신문 전면에 나오는 건설사의 광고를 생각합니다. 하지만 리서치애드의 조사 결과에 따르면, 2015년 상반기를 기준으로 건설업종 광고 집행금액의 87.5%가 포털사이트에 사용되고 있다고 합니다. 이런 점에서 부동산광고는 신문세대인 구세대는 물론 인터넷매체에 익숙한 신세대에 이르기까지 전 세대에 그 영향력을 행사하고 있다고 봐야 할 것입니다.

나는 '광고는 광고일 뿐'이라고 넘기기 때문에 괜찮다고요? 천만의 말씀입니다. "코끼리는 생각하지 마"라고 말하는 순간 코끼리를 생각하게 되듯, 광고를 보면서 "저건 말도 안 되는 이야기야"라고 하는 순간 우리는 광고에 저절로 관심을 갖게 됩니다. 아마 지금 독자 여러분 중 일부는 '아, 나중에 손주가 생기면 그애의 취업도 내가 시켜줘야 하나?'라고 생각하고 있을지도 모르죠.

한 경제신문의 기사 내용 골자를 볼까요?

서울 집값 급등 원인은 따로 있어… 정부 대책 잘못됐다

'투기세력 단속이 중요하다'에 부동산 전문가 10%만 답변

집값 안정을 위한 실질 대책은?

전문가 답변	투기 과열지구 지정	대출 규제 강화	보유세 등 부동산 관련 세금 강화	임대 주택 확대	아파트 재건축 촉진	투기 세력 단속	대기업 본사 지방 이전
복수응답	17명	15명	11명	9명	6명	4명	1명

한마디로 정리하면, 투기세력 척결로 집값 안정을 이루겠다는 정부의 대책이 헛다리 짚는 격이라는 이야기죠. 부동산정책의 주요 대책으로 정부가 투기세력을 잡는 것을 목표로 해서는 안 된다는 주장입니다. 전문가들이 그렇게 생각하지 않으니까 일반인들도 그렇게 생각하면 안 된다는 것 아니겠습니까? 뉴스 소비자들에게 '투기세력을 잡는다고 부동산이 잡히는 것은 아니다'라고 알고 있으라는 말이죠.

이 기사는 "서울시 집값 안정을 위해 가장 효과적인 대책은?"이라는 설문에 전문가 40명이 답변한 결과입니다. 40명 중에서 네 명밖에 안 되는 10%만이 '투기세력 단속이 제일 중요하다'고 대답했다는 것이지요. 다시 말해 정부는 투기세력 단속이 제일 중요하다고 하지만 전문가들은 겨우 10%밖에 그렇게 생각하지 않는다는 것입니다. 그럼 제일 중요한 게 뭘까요? '투기과열지구 지정', '대출규제 강화'라고 하네요.

여기서 뭐가 문제일까요? 설문 결과에 대한 웃긴 분석입니다. 왜냐고요? 투기는 자기 돈으로 합니까, 남의 돈으로 합니까? 물론 남의 돈이지요. 남의 돈으로 투기를 하려면? 금융기관에서 빌려야 하지요. 대출을 받아야 합니다. 투기하는 사람이 두메산골 벽지에 투자할까요, 서울 강남에 투자할까요? 당연히 강남이지요.

알고 보면 같은 말인데 기사는 이상한 해석을 하고 있습니다. '투기세력이 대출을 왕창 받아서 강남에 투기하는 것이 문제니까, 이런 사람들에게 부동산 관련 세금을 높이자'는 것이 부동산 전문가들의 이야기입니다. 즉 '투기세력 단속'과 '투기과열지구 지정', '대출규제 강화'는 전부 다 같은 맥락입니다. 결국 전문가들은 투기세력을 척결해야 집값이 안정된다고 본 것이지요. 하지만 이 기사는 설문조사 결과를 왜곡해서, 전문가들은 투기세력 단속이 부동산문제의 해결책이 아니라고 하니 정부도 투기세력을 잡는 것보다는 다른 데 힘을 쓰라고 합니다. 엄청나게 다른 얘기죠.

같은 시기 또 다른 유명 일간지에 실린 칼럼에서는 "아직도 과열의 원인을 공급 부족에서 찾는 사람들이 있다"는 김현미 국토교통부 장관의 말을 인용하며, 투기꾼들이 부동산 시장의 과열을 불러온다는 김 장관의 인식은 '경제의 기본 원리를 이해하지 못했기 때문'에 나온 것이라고 논평했습니다. 대한민국 국민이 졸지에 불쌍해 죽겠습니다. 국토부 장관이 경제의 기본 원리도 이해하지 못하는 사람이니까요.

이처럼 많은 언론사 기자들과 논설위원 또는 외부 필진이 "투기꾼은 부동산 폭등의 원인이 아니"라고 말합니다. 물론 이런 시론 밑에는 으레 "필자의 주장은 본지의 의견과는 다를 수 있습니다"라는 말이 붙지만, 아무튼 일부 신문들은 투기꾼들을 무척이나 좋아하는 것으로 보입니다. 언론에 미치는 재벌 건설사들의 과도한 영향력에 대한 비판 역시 이미 많은 곳에서 이루어지고 있지요.

통계를 보면 진보신문이든 보수신문이든 재벌 건설사 입장에 반하는 객관적인 부동산 기사나 광고를 신문에서 찾는다는 것은 무모한 일처럼 여겨지기도 합니다. 재벌 건설사의 영향력에서 벗어나기 더 힘든 게 경제신문입니다. 경제신문 한 부를 펼쳐보면 광고 대부분이 건설사의 부동산광고입니다. 그런 신문에서 대한

❖ 8개 신문별 4대 재벌 광고 비중

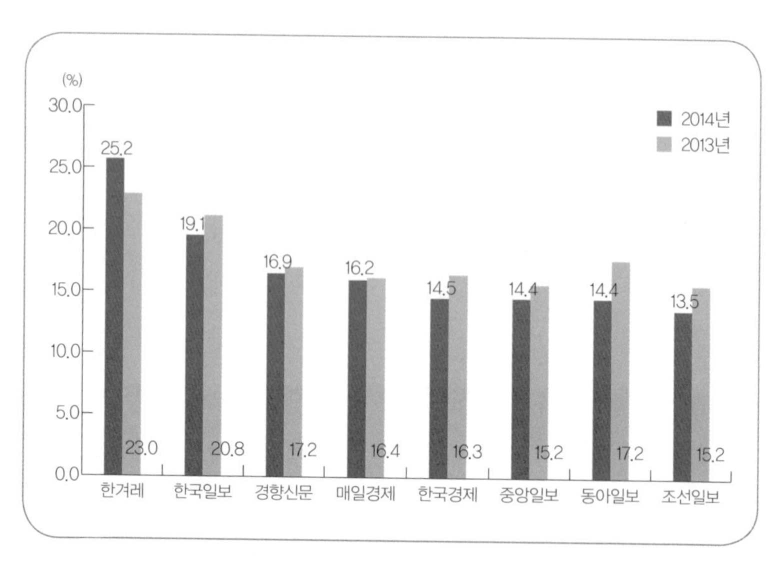

출처 : 민주연구원, '4대 재벌의 언론사 광고 지배력 분석', 2015년

❖ 각 신문 지면 중 부동산광고 비율

비율 / 신문	전체 지면 중 광고 지면	전체 지면 중 부동산광고 지면	전체 광고 지면 중 부동산광고 지면
조선일보	51.09%	11.75%	23.0%
중앙일보	49.10%	8.95%	18.22%
동아일보	40.25%	6.57%	16.32%
경향신문	35.74%	3.37%	9.44%
한겨레	39.24%	2.60%	6.64%

출처 : 민주언론시민연합, '주요 일간지 부동산광고 실태 조사', 2013년

민국 부동산의 미래를 어둡게 보는 기사를 찾는다는 것은 건초 더미에서 바늘 찾기나 다름없는 일 아니겠습니까?

'토지공개념'과 프레임 전쟁

여러분, "코끼리는 생각하지 마"라는 말을 들으면 어떤 생각이 떠오르나요? 코끼리부터 생각나지 않습니까? 참 신기하지요. 코끼리를 생각하지 말라는 이야기를 하자마자 코끼리가 생각나니 말입니다. 사실 이 말은 언어학자 조지 레이코프★가 2004년에 쓴 책의 제목(원제 『Don't think of an elephant!』)입니다. 레이코프는 『코끼리는 생각하지 마』라는 책에서 민주당이 중요한 선거에서 왜 패배하는지에 대해★★, 언어를 통해 생각의 틀을 규정하는 '프레임'으로 설명합니다.

프레임 전쟁은 지금도 활발하게 일어나고 있습니다. 2018년 3월

★ 세계적인 언어학자 노엄 촘스키(Noam Chomsky)의 수제자인 조지 레이코프(George Lakoff)는 스승과는 다른 관점을 통해 '인지언어학'이라는 자신만의 분야를 개척했다. 현재 캘리포니아대학교 버클리캠퍼스 교수로 재직하면서 인지과학을 통해 진보주의자들이 대중을 설득할 수 있도록 협조하는 로크리지 연구소(The Rockridge Institute)의 선임 연구원으로 활동하고 있다.

★★ 미국에서 공화당은 흔히 코끼리로, 민주당은 당나귀로 묘사된다. 이러한 관습은 1874년 미국의 만화가인 토머스 내스트(Thomas Nast)가 〈하퍼스 위클리(Harper's Weekly)〉라는 주간지에 당시 미국 정계를 비꼬는 삽화를 게재하면서 공화당을 '허우적거리는 코끼리', 민주당을 '사자 가죽을 쓴 당나귀'로 묘사한 것에서 유래했다.

❖ **토머스 내스트 作, “The Union as It Was”**

출처 : 〈하퍼스 위클리〉, 1874년 11월 7일

21일, 문재인 정부는 10차 개헌안의 일부를 발표했습니다. 이 중 논란이 되었던 것은 헌법 개정안 제128조 제2항 “국가는 토지의 공공성과 합리적 사용을 위하여 필요한 경우에만 법률로써 특별한 제한을 하거나 의무를 부과할 수 있다”라는 조항이었습니다. 정부는 개정안을 설명하면서 ‘사회적 불평등 심화문제를 해소하기 위하여’ 토지공개념의 내용을 명시했다고 이야기했습니다. 그런데 이러한 정부 개정안을 두고 일부 언론에서는 ‘사회주의 개헌안’이라고 합니다. 토지

공개념은 북한과 같은 사회주의 국가에나 있을 법하다는 것이지요.

하지만 이는 사실 말도 안 되는 이야기입니다. 토지공개념이란, 말 그대로 '공개념'이지 '공유화'가 아닙니다. 다시 말해 토지는 모두의 것이며, 토지 사유를 인정하되 이에 따른 이익이 공공의 이익에 반하지 않는다는 것입니다. 애초에 개인의 토지 소유를 인정하지 않는 공유화와는 다른 것이죠.

그럼에도 불구하고 사회주의 개헌안이라는 말을 하는 이유는 무엇일까요? 앞서 언급한 "코끼리는 생각하지 마"와 연계시키면 쉽게 답을 찾을 수 있습니다. 우리는 "코끼리는 생각하지 마"라는 말을 들으면 코끼리를 생각합니다. 마찬가지로 "토지공개념은 사회주의적 발상이야!"라는 말이 한번 나오기 시작하면 이에 대해 반박하더라도 '토지공개념은 사회주의'라는 프레임이 고착화되기 때문이지요.

‘규제를 이기는 시장’과 시장주의 패러독스

시장에 대한 오해들이 참 많습니다. 백과사전에서는 시장을 이렇게 정의하고 있지요. “권리, 용역, 제품의 소유권 교환을 촉진하기 위해 경제학적인 방향을 가진 인간의 상호작용으로 발전된 자연적인 사회구조다.” 도대체 무슨 소리인지 모르겠습니다. 아무튼 시장은 복잡한 설명만큼이나 그 힘도 센 모양입니다.

시장에 대한 사전적 정의에서 가장 중요한 표현은 ‘자연적인 사회구조’라는 말입니다. 그래서 사람들은 이렇게 말합니다. “인공적인 정부정책은 잠깐 효력을 발휘할 수는 있어도 자연스러운 사회구조는 영원하므로 정부정책이 시장을 이길 수 없다.” 정말 그럴까요? 시장은 자연적이고 정책은 인공적이어서 결국은 시장이 정부를 이긴다는 논리는 일견 멋들어지기는 해도 정답은 아닌 것 같습니다.

자, 그럼 역사 속에서 정부를 이긴 시장 이야기를 찾아 시간여행을 해봅시다. 먼저 프랑스 혁명의 시대로 초대하지요.

로베스피에르의 '반값 우유' 정책

공포정치의 대명사로 불리는 로베스피에르★의 이름을 한 번쯤 들어봤을 것입니다. 프랑스 혁명이 발발하자 화폐에 대한 불안심리가 확산되면서 물가가 급등하기 시작합니다. 물가상승은 인민의 지지를 바탕으로 집권한 혁명정부 입장에서 굉장히 곤혹스러운 일입니다. 부자들에게 부를 더욱 집중시킬 뿐 아니라 생필품 가격의 폭등으로 가난한 서민들에게 심각한 피해를 주기 때문입니다.

생필품 가운데 가장 중요한 것은 주식(主食)이지요. 서양인들의 주식은 빵과 우유입니다. 혁명 당시 특히 우유 값이 폭등합니다. 그러자 로베스피에르는 "모든 프랑스 아동은 우유를 마실 권리가 있다"며 우유 값을 강제로 전부 반값으로 만들어버립니다. '우유 값을 반으로 내려라, 그러지 않으면 모두 단두대로 보내 목을 잘라버리겠다'는 식으로 강력한 제재를 한 것입니다. 이른바 최고가

★ 프랑스의 정치가이자 혁명가인 로베스피에르(Maximilien François Marie Isidore de Robespierre, 1758~1794년)는 어려운 사람들을 돕는 변호사로서 명성을 떨치다 프랑스 혁명 이후 급진파인 '자코뱅(Jacobins)'의 리더가 되어 프랑스를 사실상 지배했다. 하지만 지나친 공포정치로 인해 사람들의 신망을 잃어 사형에 처해졌다.

격제(maximum price system)★를 실시한 것이지요. 당연히 우유 값은 떨어지겠죠. 서민들은 우유를 반값에 사서 신납니다.

수요자가 있으면 공급자도 있는 법이죠. 낙농업자의 입장은 어땠을까요? 그들은 지금까지 우유 1리터를 1만 원에 팔아왔습니다. 그런데 이걸 5천 원에 팔라고 합니다. 만약 5천 원에 팔지 않으면 단두대로 보내겠다고요. 낙농업자가 선택할 수 있는 방법은 무엇일까요? 죽기는 싫으니 일단 5천 원에 팝니다. 하지만 우유 생산원가가 7천 원이라면 손해를 보겠죠? 밑지고 팔 수도 없고, 그렇다고 생산원가 이상으로 팔다가 목이 잘릴 수도 없는 낙농업자들에게 남은 방법은 단 한 가지뿐이었습니다. 기르던 젖소를 모두 도살해 그 고기를 팔아버리는 것입니다. 젖소 고기가 시장에

★ 물가안정과 소비자보호를 위해 특정 상품의 최고가격을 정해놓고, 그 가격 이상의 거래를 금지하는 제도. 아파트 분양가 또는 대부업 이자율 규제 등이 최고가격제의 대표적인 예다.

대량으로 유통되어 파리의 고기 값은 하락했죠. 대신 젖소가 죽었으니 우유는 더 이상 공급되지 않습니다. 그 결과 우유 값이 폭등하고, 서민들은 우유를 아예 마실 수 없게 됩니다. 이는 정부가 시장을 이기지 못한 대표적인 사례로 꼽힙니다.

그럼 1만 원이라는 가격은 자연스러운 것이고, 5천 원이라는 가격은 인위적이어서 결국 1만 원이라는 가격이 승리한 것일까요? 사실 반값 우유 정책은 성공할 수도 있었습니다. 다만 조건이 맞지 않았을 뿐이지요.

로베스피에르 정책의 성패를 가름한 것은 '인위적인 가격이 이기느냐, 자연스러운 가격이 이기느냐'의 문제가 아니라, '어떤 가격이 자원의 최적 배분을 가져올 수 있느냐'의 문제였습니다. 시장이 만든 1만 원이라는 가격이 정부가 책정한 5천 원이라는 가격보다 자원의 효율적 배분에 적합했기에 정부가 시장을 이기지 못한 것이죠. 낙농업자들의 가격 담합으로 인해 당시 우유 값이 지나치게 비쌌던 것이라면 아마도 반값 우유 정책은 성공했을 것입니다. 다시 말해, 정부의 규제가 시장의 원래 기능을 회복하는 방향으로 작동한다면, 얼마든지 시장을 이기는 모습으로 나타날 수도 있습니다.

정조의 쌀값 규제와 박지원의 상소

조선 후기의 성군으로 칭송받는 정조(正祖) 때 일어난 일입니다.

한양의 쌀값이 폭등했습니다. 애민정신으로 똘똘 뭉친 정조 대왕께서 그걸 보고 가만있을 리 없겠죠. 바로 어명을 내립니다. “쌀을 비싸게 파는 놈을 다 가둬라!” 그랬더니 박지원이 목숨을 걸고 상소를 올립니다. “백성을 다 굶길 작정이십니까?” 다른 사람도 아니고 당대의 실학자인 박지원이 왜 그랬을까요? 애민정신이 없어서요? 자, 박지원이 왜 그런 주장을 했는지 알아보겠습니다.

박지원은 실학 중에서도 북학파(北學派)라고 불리는 중상주의 이용후생(利用厚生)학파의 거두입니다. 『열하일기(熱河日記)』를 통해 보여주듯 당시 청나라를 방문해 화폐와 시장에 눈을 뜬 그는 정조의 어명이 반(反)시장주의 정책임을 간파한 것입니다. 생각해봅시다. 한양의 쌀값이 지방의 쌀값에 비해 비싸면, 지방에 있던 쌀 판매상은 쌀을 가지고 한양에 올라올 것입니다. 한양 쌀값은 점차 안정세를 찾아갈 수 있겠죠. 하지만 어명으로 한양 쌀값이 내리면 지방으로부터 쌀의 공급이 이루어지지 않고, 결국 한양에는 쌀이 없어 굶어 죽는 백성들이 생길 것입니다. 이처럼 박지원은 ‘정부의 잘못된 규제가 큰 재앙을 가져올 수도 있다’고 본 것입니다.

이 이야기는 ‘강남 부동산을 어떻게 잡을 것인가’ 하는 문제와 관련해서도 커다란 시사점을 줍니다. 재화의 성격에 차이는 있지만 맥락은 아주 비슷합니다. 강남의 부동산가격이 높다고 해서 별다른 대안 없이 강남 아파트에 대한 강력한 가격통제를 실시한다고 생각해봅시다. 아파트가격을 올리면 감옥에 보내겠다고 말입니다. 그러면 아무도 강남 아파트의 재건축과 재개발을 하지 않을 것이고, 강남 아파트의 공급은 계속 줄어들 수밖에 없을 것입니다. 자칫 차후에 강남 아파트가격의 폭등을 불러올 수도 있습니다. 반드시 서민에게 좋다고 할 수만은 없는 일이지요. 이렇듯 서민을 위하는 것처럼 보이는 정책도 반드시 서민을 위한 정책이 아닐 수 있습니다.

'나쁜 돈' 때문에 민심 잃은 흥선대원군

조선 말 흥선대원군(興宣大院君) 이하응의 이야기도 유명합니다. 대원군은 왕권 강화를 위해 경복궁을 중건합니다. 화재가 일어나 한번 중단됐던 공사는 대원군의 강력한 의지로 재개되죠. 가뜩이나 어려운 재정에 돈이 더 필요해지자, 고민 끝에 대원군은 당백전(當百錢)을 발행합니다. 당백전은 말 그대로 일당백(一當百)의 돈입니다. 이 동전 하나면 당시 화폐인 상평통보(常平通寶)의 100개에 해당한다면서 정부가 일방적으로 화폐의 가치를 정한 것이지요.

그런데 문제가 있었습니다. 당백전을 주조하는 데 들어간 구리의 양이 상평통보에 들어간 구리량보다 적다는 것입니다. 여러분은 당백전 한 개와 상평통보 100개, 둘 중 어느 쪽을 갖고 싶습니까? 저라면 상평통보 100개 쪽을 선택할 것입니다. 구리 비율이 높기 때문이죠. 구리 비율이 높으면 동전의 액면가에 비해 실질가치가 높을 수밖에 없습니다. 다시 말해 상평통보의 실제 가치가 당백전보다 높은 셈입니다. 당시 조선 사람들도 마찬가지로 생각했던 모양입니다.

백성들은 상평통보를 시중에 내놓지 않고 꼭꼭 숨겨둡니다. 또 시중에는 당백전을 사용하는 대신 물물교환을 하는 상인들이 생겨납니다. 그야말로 '악화(惡貨)가 양화(良貨)를 구축(驅逐)'★하는 현상이 일어난 것입니다. 이렇게 되면 당백전의 가치는 높아질까요, 떨어질까요? 당연히 점차 떨어집니다. 당백전을 계속 발행해 경복궁을 보수해야 하는 대원군으로서는 정말 곤란한 일이겠죠. 그래서 당백전을 강제로 통용시키는 법을 시행합니다. 당백전을 지불할 때 이를 거절하는 상인에게는 태형을 내리는 식으로 말이죠. 그런다고 당백전이 통용되겠습니까? 백성들이 외면하자 당백전은 결국 시장에서 퇴출당합니다. 물가는 폭등하고, 나라에 대한 신뢰는 사라지고, 대원군이 실각하는 주요 원인이 된 것이 바로 당백전의 발행입니다.

'초고층 빌딩의 저주'도 당백전처럼 수요와 공급이 불일치한다는 측면에서 이해할 수 있습니다. 1999년 도이체방크의 분석가 앤드루 로렌스(Andrew Lawrence)가 지난 100년간의 사례를 분석하여 세운 이 경제학 가설을 요약하면, '초고층 빌딩에 대한 건설 계획이 세워지면 곧 경제위기가 찾아온다'는 것입니다. 다시 말해 천문학적 비용이 드는 초고층 빌딩의 건설은 주로 돈줄이 풀

★ "악화가 양화를 구축한다(Bad money drives out good)"는 말은 16세기 영국의 금융업자이자 엘리자베스 여왕의 경제고문이었던 토머스 그레셤(Thomas Gresham)이 주창한 이론으로, '그레셤의 법칙(Gresham's Law)'이라 불린다. 화폐의 액면가와 실제 가치(주조에 사용된 금속의 가치)의 차이가 큰 화폐와 작은 화폐가 있을 경우, 작은 화폐는 비축되고 큰 화폐만이 유통되는 현상을 말한다.

리는 통화정책 완화기에 시작되어, 완공시점엔 경기가 과열되는 정점에 이르고, 결국 버블이 꺼지면서 불황을 맞게 된다는 이야기입니다. 이는 부동산 시장을 이해하는 데 있어 아주 중요한 개념입니다.

부동산 시장은 수요와 공급이 시기적으로 불일치하는 시장입니다. 수요는 현재지만 공급은 미래죠. 왜냐하면 당장 집이 필요해서 건설을 시작하는데, 만들어서 판매되는 데는 2~3년이 걸리기 때문입니다. 앞으로 계속 반복해서 등장할 개념이니 기억해둡시다. "수요는 현재! 공급은 미래!"

폭격 없이 도시를 파괴하는 방법? _ 맨큐의 아이러니

부동산정책이 시장을 못 이긴다는 논리를 편 대표적인 학자가 있습니다. 『맨큐의 경제학』으로 유명한 바로 그 맨큐★입니다. 그 책을 보면 미국 뉴욕의 부동산 얘기가 나옵니다. 어느 나라든 사회적 약자의 주거형태는 보통 월셋집이죠. 그래서 정부가 사회적 약자를 보호하는 차원에서 월세를 얼마 이상 받지 말라고 합니다. 앞에서 살펴본 로베스피에르와 정조의 사례처럼 정부가 최고가격제를 실시한 경우죠. 어떤 일이 벌어질까요?

월세 사는 사람 입장에서는 좋은 일이지만 월세를 공급하는 집

★ 미국의 경제학자이자 현 하버드대학교 경제학과 교수인 그레고리 맨큐(Gregory Mankiw)는 경제학 개론서 『맨큐의 경제학』으로 국내에도 익히 알려져 있다.

주인 입장은 정반대입니다. 여러분이 집주인이라고 가정합시다. 100만 원 받던 월세를 60만 원 받으라면 짜증나겠죠. 당장 40만 원의 손해를 봐야 하니까요. 대신 월세를 들어오려는 사람은 많아지죠. 입주경쟁이 치열해집니다. 예전 같으면 집주인이 낡은 벽지도 갈아주겠죠. 그래야 세입자가 들어오니까요. 그러나 이제는 그럴 필요가 없습니다. 굳이 벽지를 갈아주지 않아도 들어올 세입자는 많으니까요. 보일러가 망가져도 안 고쳐주고, 유리창이 깨지면 테이프로 붙여버립니다. 이런 일이 반복되면 집이 낙후되죠. 결국 미국 뉴욕의 월셋집은 '쓰레기 하우스'가 될 거라고 맨큐는 주장합니다. 그래서 이런 말을 합니다. "폭격 이외의 방법으로 도시를 파괴하는 가장 효과적인 방법은 주택임대료를 통제하는 것이다." 시장주의자의 논리죠. 정부는 절대 시장을 이길 수 없다는 것입니다.

주택임대료에 대해 가격통제를 하면 임대사업자가 투자를 안 한다는 거예요. 투자를 안 하면 주택공급이 감소하고 집이 낙후

되어 결국 임차인은 낡은 집에서 살 수밖에 없다는 것입니다. 사회적 약자를 위한 정책이 오히려 사회적 약자를 괴롭히는 정책이 된다는 이야기입니다. 굉장히 설득력 있죠? 하지만 곰곰이 생각해보면 맨큐의 논리에는 치명적인 약점이 있습니다. 맨큐가 가정한 상황은 정부가 최고가격제를 실시하고 아무런 후속조치를 하지 않을 경우에 발생할 수 있는 일이지요. 정말로 모든 것을 자유롭게 방임했을 때 일어나는 일입니다.

원래 시장 임대가격은 얼마였죠? 100만 원. 그런데 정부는 얼마에 거래하라고 했죠? 60만 원. 그럼 월세로 살려는 사람은 줄겠습니까, 늘겠습니까? 당연히 늘겠죠. 월세가 100만 원일 때에는 200명이 월셋집에 살려고 하다가, 월세가 60만 원이 되니 월셋집 입주 희망자가 250명으로 늘었다고 가정합시다. 월셋집을 못 구한 사람들도 생겨나겠죠? 그들의 수가 100명이라고 합시다. 공급자 입장에서는 집을 고칠 이유가 없죠. 여전히 월셋집을 구하려는 100명이 줄을 설 테니까요. 하지만 정부가 월세 60만 원짜리 임대주택을 100명에게 공급해줍니다. 이제 250명 중 150명은 민간임대사업자로부터, 100명은 정부로부터 60만 원짜리 임대주택을 공급받아 살 수 있습니다. 민간 임대사업자는 다시 집수리를 해줘야 합니다. 더 이상 임차인 대기자가 없으니까요. 이런 방식은 정부가 직접 시장에서 공급자로 참여하는 방식입니다. 기존의 거래를 제한하거나 촉진하는 방식만 가능한 것은 아니지요. 실제로 세계의 많은 국가들이 이렇게 공공임대나 공공택지 조성 등의 방식으로 부동산 시장에 직접 개입을 하고 있습니다.

정부가 임대료 상한제 등의 가격통제만 덜렁 던져 놓고 손을 놓게 된다면 맨큐 교수님의 예언은 적중하게 될 것입니다. 그러나 이렇게 무책임한 정부는 사실 없다고 봐야겠지요. 당연히 최고가격제의 문제점을 알고 있으며, 온갖 보완책을 쓰게 될 것입니다.

여기서 이런 문제제기를 할 수 있을 것입니다. 월세가 100만 원에서 60만 원으로 내려갔을 때, 민간 임대사업자들이 주택을 공급하지 않는다면 어떻게 할 것인가? 하지만 이는 주택시장의 특수성을 잘 모르고 하는 이야기입니다. 주택임대는 추가비용이 들지 않습니다. 경제학적으로는 한계비용(marginal cost)★이 0에 가까운 상품입니다. 월세를 내놓기 위해 1억 원을 투자했다고 칩시다. 이후에는 사실 임대를 하든, 하지 않든 추가로 발생하는 비용은 거의 없습니다. 따라서 월세를 100만 원 받던 때와 비교하면 속이 쓰리지만 60만 원이라도 받고 임대해주는 것이 훨씬 더 이익입니다. 맨큐가 정말로 사회적 약자를 걱정한다면 최고가격제 실시를 반대할 것이 아니라, 최고가격제가 실시된 후 그것을 뒷받침할 임대주택 공급량을 걱정해야 하지 않을까 싶습니다.

맨큐는 재미있는 이야기를 많이 했습니다. 완전한 신자유주의 기조를 유지하고 있는 맨큐는 '정부는 절대 시장에 개입하면 안 된다'는 입장입니다. 그런데 2008년 미국 금융위기가 일어났을 때 맨큐는 마이너스 금리를 주장했습니다. 이상하지요? 시장에 모든 걸 맡기면 마이너스 금리는 결코 나올 수 없거든요. 돈을 빌

★ 어떠한 물건이나 서비스를 하나 더 생산하는 데 추가로 들어가는 비용.

려줬는데 이자를 받아야지, 어떻게 원금이 깎입니까? 100만 원을 빌려주고 나중에 99만 원만 돌려받는다면 돈을 빌려주겠습니까? '자연스러운' 시장에선 있을 수 없는 일이죠. 정부가 금리를 인위적으로 결정하지 않는 한 발생할 수 없는 상황입니다. 도대체 맨큐는 왜 이런 주장을 했을까요? 마이너스 금리를 시행해야 사람들이 저축보다 소비를 해서 경제를 살릴 수 있다고 본 거겠지요. 즉 '수요가 살아야 기업이 산다'는 주장입니다.

우리는 주변에서 시장주의자라는 사람들을 많이 봅니다. 그런데 그 속내를 들여다보면 '시장주의'라기보다는 '친(親)기업주의'라고 부르는 것이 맞을 듯합니다. 시장주의자라는 가면을 쓰고 있지만 알고 보면 기업의 이익을 우선하는 사람들이지요. 이들은 시장이 자기에게 유리할 때는 시장주의자임을 자처하지만, 시장의 논리가 기업의 이익에 반할 때는 언제 그랬냐는 듯이 시장을 발로 걷어차고 정부의 강력한 규제를 요구하곤 합니다. 맨큐 역시 크게 다르지 않다고 봅니다.

2008년 경제위기 당시 맨큐는 한 가지 엄청난 주장을 했습니다. 매년 말일, 즉 12월 31일에 로또처럼 구슬을 돌려서 하나를 뽑자는 제안이었습니다. 이 구슬들은 0번에서 9번까지만 존재합니다. 0, 1, 2, 3, 4, 5, 6, 7, 8, 9 중에서 뽑힌 번호와 끝자리가 같은 화폐는 못 쓰게 하자, 휴지로 만들자고 합니다. 자, 여러분이 가진 화폐 중에 일련번호 끝자리가 9번인 화폐가 있다고 가정합시다. 뽑기에서 9번이 나오는 순간 그 화폐는 종이 쪼가리가 됩니다. 그럼 여러분은 어떻게 대응해야 하겠습니까? 오래 생각할 것도 없이 추첨일 전에 돈을 써버려야 합니다. 혹시 내가 가진 화폐가 휴지가 될지도 모르니까요. 이런 일이 실제 벌어진다면 12월 31일을 앞둔 연말에 소비가 폭증하고, 기업의 생산설비 가동률은 100%가 될 것입니다. 이게 맨큐의 주장입니다. 추첨은 누가 할까요? 미국 대통령 트럼프가 하겠죠. 아주 잘 어울리지 않습니까? 한마디로 '정부의 강력한 규제로 시민에게 불안감을 안겨 기업에 돈을 주자'는 이야기입니다.

'모든 걸 시장에 맡기라'며 시장주의자를 자처하는 사람들이 대단히 반시장주의적인 정책을 몹시 쉽게 내놓습니다. 심지어 그들은 가장 반시장적인 공간에서 그런 발언을 합니다. 역설적이지요. 대학의 많은 경제학과 교수들이 시장주의를 외칩니다. 그런데 막상 자기는 철저히 시장과 분리되어 입시제도와 교육정책에 의해 보호되는 상아탑 안에 갇혀 있습니다. 노동자에게는 노동유연성을 강조하면서 교수 임기는 연구의 안정성을 위해 65세까지 보장돼야 한다고 주장하기도 합니다. 요즘 젊은이들은 왜 3D업종을 기피하느냐고 하면서 자기 자식은 손에 물 묻히는 일조차 하지 않기를 바라는 것과 마찬가지지요. 만약 시장주의를 외치는 경제학과 교수들에게 일반인을 대상으로 유료 부동산 강의를 하게 한다면 수강생이 몇 명이나 모일까요? 다섯 명? 여섯 명? 대학 안에서 반드시 학점을 얻어야만 하는 학생들에게 듣게 하는 것이 아니라면 말이죠. 진짜 시장주의자 교수님이라면 '대학을 시장에 맡기자'는 주장을 해야 하지 않을까요?

그래프로 이해하는 최고가격제

최고가격제란 물가안정과 소비자보호를 위해 특정 상품에 대해 '이 가격 위로는 팔지 마!'라고 규정하는 제도입니다. 조금 더 자세히 알아보겠습니다. 우선 몇 가지 가정을 해봅시다. 주택임대시장에서 현재의 균형가격(평균 월세)이 100만 원이고, 거래량은 200건입니다.

❖ **최고가격제 실행 전 시장 상황**

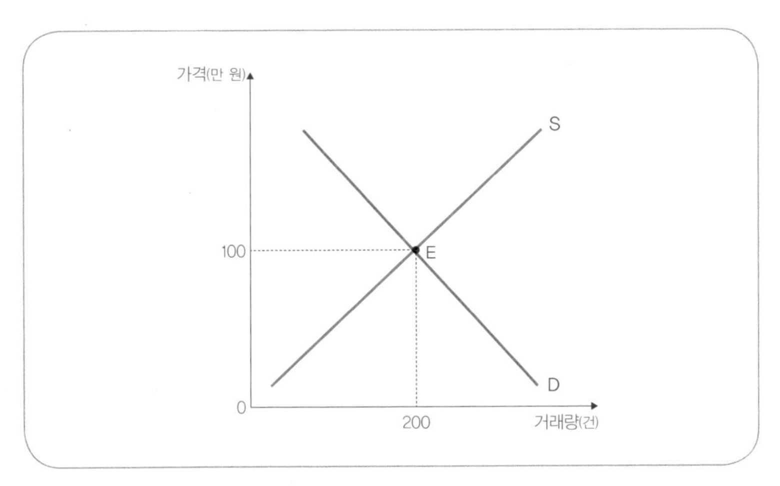

이때 정부에서 월세가 지나치게 높다고 판단하여, 월세를 최고 60만 원으로 제한하는 규제정책을 내놓습니다. 월세가 줄어들면 가격이 싸진 만큼 수요자는 늘어나므로 이제 월셋집을 구하는 사람은 250명으로 증가합니다. 하지만 공급자 입장에서 보면 자신이 원하는 가격과 안 맞을 경우가 꽤 많겠죠? 시장의 공급량이 100건으로 줄어들고, 수요가 공급을 한참 넘어섭니다. 월셋집을 구하는 사람 중 일부만이 입주할 수 있겠죠. 추첨이나 선착순 등의 방식이 이용될 수도 있습니다. 혹은 암시장이 형성되어 이전 균형가격인 100만 원에 주택을 몰래 임대할지도 모릅니다. 이렇게 되면 최고가격제의 효과는 사라지죠.

❖ 최고가격제 실행 후 시장 상황

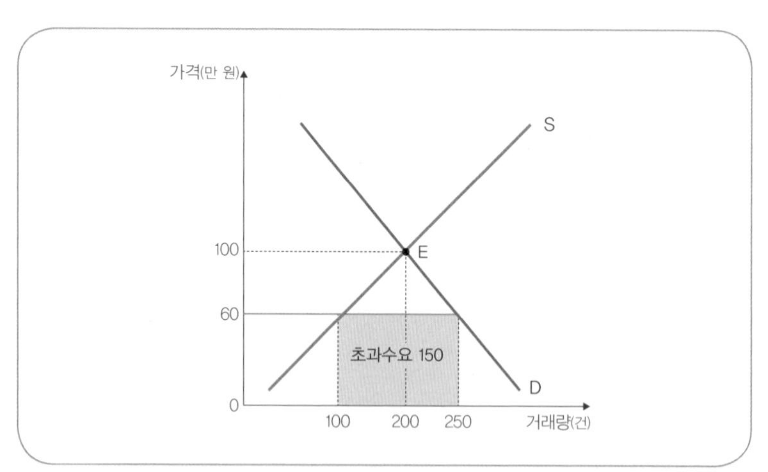

❖ 정부 개입으로 인한 새로운 시장 균형의 형성

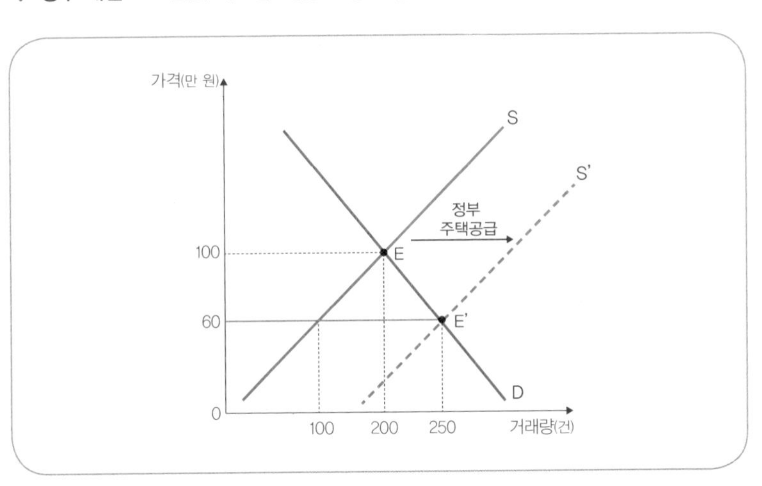

그렇다면 최고가격제를 유지하면서 초과된 수요를 해결할 수 있는 방법은 무엇일까요? 바로 정부가 나서는 것입니다. 집이 부족한 상황을 해결하기 위해 정부에서 임대주택 150채를 공급합니다. 그러면 시장에서 공급량이 늘어나므로, 자연스럽게 새로운 균형점이 만들어지지요.

이처럼 정부는 필요한 경우 언제든지 시장에 개입해 가격을 인위적으로 통제할 수 있습니다.

시장을 이기는 정부는 언제 어디서나 존재했다

'시장을 이기는 정부는 없다'는 말이 마치 상식처럼 통용되기는 하지만, 실제로는 다릅니다. '경제학의 아버지'로 불리는 애덤 스미스만 해도 시장을 이기는 정부만 지겹도록 봐왔습니다. 애덤 스미스의 『국부론』★은 그 시대의 중상주의 체제를 비판하기 위해 쓴 책입니다. 중상주의자는 국가의 부는 상업에 달려 있으며, 상업을 하기 위해서는 화폐가 필요하고, 따라서 당시 화폐의 기반인 금과 은을 많이 보유한 나라가 부자 국가라고 주장한 사람들입니다. 다시 말해 국부의 원천은 금과 은이기 때문에, 돈을 많이 버는

★ 영국의 고전파 경제학자인 애덤 스미스가 1776년에 발간한 경제학 도서 『국부론(The Wealth of Nations)』의 원제는 『국가의 부의 성질과 원인에 대한 고찰(An Inquiry into the Nature and Causes of the Wealth of Nations)』로, 총 5편으로 구성되어 있다. 애덤 스미스는 이 저서에서 부의 원천은 노동에 있으며, 자유로운 경쟁을 통한 자본 축적이야말로 국부 증진의 왕도(王道)라고 주장했다.

것이 나라가 부자가 되는 길이라는 얘기죠. 언뜻 맞는 말 같지만 애덤 스미스는 어처구니없는 이야기라고 생각했습니다.

'돈이 많으면 부자다', 개인에게는 맞는 말이겠죠. 하지만 국가에 적용하면 그렇지 않습니다. 이 말대로라면 세계에서 제일 국부가 큰 나라는 어디입니까? 중국이겠죠. 외환보유고★가 가장 많으니까요. 그럼 외환보유고가 많으면 그 나라가 무조건 잘사는 나라입니까? 러시아도 사우디아라비아도 외환보유고가 많습니다. 하지만 우리는 이런 나라들을 세계에서 제일 잘사는 나라들이라고 하진 않습니다. 중상주의가 지배적이던 시절과 달리 산업혁명 이후에는 화폐를 부의 척도로 보지 않았습니다. 이제 국가의 부는 공장의 '생산력'에 있을 것입니다. 당장 돈이 없어도 공장과 수준 높은 노동력을 가지고 있다면 그 나라가 진짜로 부유한 국가겠지요. 애덤 스미스는 국부는 돈의 많고 적음보다 노동생산성과 효율적인 시장에 있다고 봤습니다.

자, 여러분이 과거 영국의 중상주의자라고 가정해봅시다. 돈을 많이 벌고 싶으면 어떻게 해야 할까요? 개인은 지출을 줄이고 수입을 늘리면 됩니다. 그럼 국가는요? 수출은 많이 하고 수입은 안 하면 됩니다. 그렇게 하기 위해서는 관세를 높여야 하죠. 관세를 높이면 누구에게 좋은 일인가요? 영국 내에서 밀 1톤이 1억 원에 거래되고 있습니다. 그런데 프랑스산 밀은 1톤에 5천만 원입니다.

★ 한국은행이 발표한 2018년 1월 기준 국가별 외화보유고 순위는 1위 중국(홍콩, 마카오 제외 3조 1천615억 달러), 2위 일본(1조 2천685억 달러), 3위 스위스(8천363억 달러), 4위 사우디아라비아(4천945억 달러)이며, 러시아는 4천477억 달러로 6위, 대한민국은 3천958억 달러로 9위를 차지했다.

만일 프랑스산 밀이 수입된다면 영국에서 밀농사를 짓는 사람들은 쫄딱 망하겠죠. 이때 정부가 프랑스산 밀에 대해 1톤당 8천만 원의 관세를 부과하면 프랑스산 밀은 수입될 수 없습니다. 이런 식으로 국가의 지출을 줄이면 국부가 축적된다는 것이 중상주의자들의 논리입니다. 정말 그럴까요?

값싼 프랑스산 밀의 수입이 금지되면 영국의 밀 값은 비싸질 수밖에 없지요. 밀 값이 오르면 밀을 주식으로 삼고 있는 국민들이 살기 힘들어집니다. 지출 중 식료품비의 비중, 특히 주곡(主穀)의 비중이 높은 노동자의 삶은 더욱 피폐해지죠. 당연히 월급을 올려달라고 시위를 하게 됩니다. 공장주 입장에서는 임금을 상승시킬 수밖에 없고요. 그 결과 공장에서 생산되는 제품의 가격은 비싸지고, 공장 제품의 국제경쟁력은 저하됩니다. 그렇게 공장 제품의 수출이 어려워지고, 결국 국가적으로도 손해를 볼 수밖에 없습니다. 곡물가격을 시장에 맡겼다면 밀 값이 내려가고, 노동자의 임금이 오르지 않아 공장 제품의 가격은 싸지고, 그 결과 수출이 증대되고 공장이 활성화되어 노동자의 임금도 자연스럽게 올라가는, 그야말로 국부가 증대되는 선순환이 발생할 수 있었지요. 하지만 정부는 중상주의를 명목으로 내세워 경제발전을 막은 것입니다.

애덤 스미스가 목격했던 당시 영국의 상황은 늘 정부가 시장을 가볍게 이기고 있었습니다. 중상주의의 역사 자체가 시장을 이기는 정부의 역사입니다. 중상주의 체제가 서유럽의 역사에서 얼마나 오랫동안 지속됐습니까? 무려 200여 년의 역사지요. 그 200여 년 동안 정부가 시장을 이기는 것은 당연한 일이었고요. 중상주의는 국제경쟁력이 뒤떨어진 국내 생산업자와 정부가 결탁한 산물이었습니다. 지금으로 치면 정경유착이죠. 강력한 정경유착이 시장의 발전을 가로막고 있었던 것입니다. 정경유착을 비판하고 자유로운 시장에 의해 자원의 효율적 배분을 만들자고 했던 사람이 애덤 스미스였습니다.

시장은 만능이며 완전하다는 착각

자본주의 시장경제 체제를 내세우는 대한민국에서는 시장이 모든 물건의 가격을 결정하고 있을까요? 당연해 보이는 이 전제도 조금만 들여다보면 굉장한 착각이라는 것을 알게 됩니다. 휘발유 값, 담배 값, 소주 값★은 누가 결정하고 있습니까? 전기요금, 수도요금은요? 시장이 아니라 정부가 결정하고 있지요. 자동차, 휴대전화, 교복, 석유화학 제품의 가격은 어떨까요? 정부가 아니라 시

★ 휘발유 값의 약 60%, 담배 값의 약 73%, 소주 값의 약 61% 비중을 세금이 차지하고 있다.

장이 결정한다고요? 아닙니다. 정부도 아니고 시장도 아닌 기업이 가격을 결정하지요. 이런 품목들은 독과점시장에서 거래되고 있습니다. 시장에 의해 가격이 결정되는 품목은 자본주의와 시장경제가 만개했다고 하는 대한민국에서도 생각보다 많지 않습니다. 농산물가격은 공급을 장악하는 도매상들이 결정하고, 대학등록금은 대학이 결정합니다. 오히려 시장에 의해 가격이 결정되는 상품을 찾기 어려울 정도지요.

경제학 이론에 따르면 제품의 가격은 세 가지 주체에 의해 결정됩니다. 우선 정부가 결정할 수 있죠. 전기, 수도처럼 정부가 가격을 직접 결정하거나 휘발유, 담배, 소주처럼 조세정책을 통해 간접적으로 결정합니다. 그 밖의 품목들은 시장(독과점시장과 경쟁시장)에 의해 결정된다고 할 수 있습니다. 자동차, 교복, 석유 같은 독과점시장에서 제품의 가격은 기본적으로 시장이 아닌 독과점 기업이 결정합니다. 그리고 경쟁시장에서는 흔히 '시장이 가격을 결정한다'고 하는데, 순수하게 시장에서 가격이 결정되는 것을 완전경쟁시장(perfect competitive market)★이라고 합니다. 경제학 교과서는 완전경쟁시장이 현실에 존재하지 않는다고 하지요. 결국 순수하게 시장에서 가격이 결정되는 상품은 이상적 상황에서만 존재하지 현실에는 없다는 이야기입니다. 부동산 역시 다를 리 없겠죠.

★ 가격이 시장 내에서의 완전한 경쟁만을 통해 형성되는 완전경쟁시장을 실현시키기 위해서는 정보의 완전한 공유, 재화의 동질성, 자유로운 진입 및 탈퇴, 가격 수용의 네 가지 조건이 필요하다.

아베의 화살은 시장이 만들었을까?

완전경쟁시장에 가장 가까운 시장의 예로 경제학 교과서는 환율시장을 듭니다. 제품의 질이 동일하고(모든 100달러 화폐는 신권이나 구권이나 차이가 없지요), 시장 참여자가 무한히 많고(외환거래에 참여하는 사람은 엄청 많습니다), 모든 정보가 공개되어 있는 등 여러 측면에서 완전경쟁시장에 가깝다고 하죠. 환율제도는 정부가 환율가격을 결정하는 고정환율제와 시장이 환율가격을 결정하는 변동환율제로 구분합니다. 시장이 발달하지 않은 국가들은 고정환율제를, 대부분의 선진국에서는 변동환율제를 채택하고 있습니다. 그런데 변동환율제 아래서는 과연 시장이 환율가격을 결정할까요?

2012년 이웃나라 일본에는 아베 정부가 들어섭니다. 아베는 '잃어버린 20년'으로 일컬어지는 침체된 일본경제를 살리기 위해 세 개의 화살★을 쏘았습니다. 수출을 회복하기 위한 엔화 평가절하정책이 그 핵심이지요. 정책이 시행된 이후 일본 엔화는 2012년 6월 1일 달러당 78.38엔에서 2013년 1월 18일 90.07엔을 기록합니다. 단 6개월 만의 일이죠. 완전경쟁시장에 가장 가까운 시장인 변동환율제 아래서 시장이 환율가격을 결정한 것일까요? 아닙니다. 아베 정부가 결정했지요. 많은 이들이 아베를 친시장주의자

★ 2012년 불황 극복을 공약으로 내세워 당선된 아베 신조 총리의 경제부양책 '세 개의 화살'은 양적 완화, 재정지출 확대, 신성장전략이라는 세 가지 수단을 통해 장기침체의 늪에 빠진 일본경제를 살리겠다는 정책이다.

라고 합니다. 정부가 이렇게나 시장을 정복했는데 말입니다.

우리의 경우는 어땠을까요? 지금은 많은 사람들이 기억하지 못하지만 친시장주의를 내세웠던 이명박 정부의 강만수 기획재정부 장관은 대표적인 환율주권주의자였습니다. '환율은 시장이 아니라 정부가 결정할 것이고, 대기업 수출을 위해 고환율정책을 유지하겠다'고 선언한 것입니다. 당시 강만수 장관의 이러한 정책을 강의 중에 비판했던 것이 인터넷에 공개되어 유명세를 얻기도 한 저로서는, 여기서 두 가지를 분명히 이야기하고 싶습니다.

하나, "시장주의자라는 사람들은 알고 보면 대부분 친기업주의자다." 그들은 자기가 유리할 때가 아니면 시장이 가격을 결정하는 것을 찬성하지 않습니다. 둘, "시장경제 체제 아래서도 시장이 가격을 결정하는 경우는 생각보다 많지 않다." 다시 말해 시장을 이기는 정부는 얼마든지 존재해왔고, 앞으로도 존재할 것이며, 부동산 시장에서는 두말할 필요도 없다는 것입니다.

부동산 시장을 이긴 싱가포르 정부

세계에서 가장 혹독한 주거난을 겪는 도시는 어디일까요? 대한민국 서울을 꼽는 사람도 있겠지만 영국 런던은 우리보다 더합니다. 5평짜리 원룸이 5억 원에 거래되고 2평짜리가 3억 원에도 거래되는 곳이지요. 그런 한편 런던에는 빈집이 8만 채 이상 있습니다. 심지어 런던에서 가장 비싼 거리인 비숍 애비뉴(Bishop Avenue)에만 최소 120채, 약 6천억 원 가치의 주택들이 빈집으로 방치되어 있다고 합니다. '세계에서 가장 비싼 쓰레기장'이라는 말이 나올 만큼 정말 이상한 현상이 벌어진 곳이지요.

부자들이 집을 마구 사들여 세도 놓지 않고 방치해둔 집들은 쓰레기장으로 변해갑니다. 세를 얻지 못한 사람들은 점점 런던의 외곽지대로 밀려나고 맙니다. 런던에서 방 한 칸짜리 집에 살려면 월세 200만 원은 기본이고, 보통 300만~500만 원 정도는 주어야 합니다. 아무리 국민소득이 높다고 하더라도 여간 부담되는 월세가 아니지요? 왜 그런 일이 발생했을까요? 바로 맨큐의 주장대로 정부가 모든 주택가격을 시장에 맡겼기 때문입니다. 심지어 국제시장에서 런던의 주택이 자유롭게 매매되도록 했기 때문이죠. 그 결과 세금도피처로 알려진 바하마와 같은 이상한 섬들로부터 부동산 취득세조차 내지 않는 뭉칫돈들이 런던의 부동산 시장으로 들어온 것입니다. 이들의 목적은 오로지 시세차익뿐입니다. 월세를 주지도 않습니다. 월세수입을 올려서 복잡하게 세금을 내는 것도 귀찮고, 나중에 부동산을 매매할 때 세입자들이 방해가 될까

두렵기도 하다는 것입니다. 부동산 전문 회사들의 주장에 따르면, 런던에 새로 지어지는 건물의 50% 이상이 거주가 아닌 순수한 투자 목적으로 건설된다고 합니다.

정부의 완전한 자율 부동산정책이 세입자에게는 지옥을, 외국 부동산투자자와 일부 런던 부동산 부자들에게는 천국을 만들어 주었습니다. 빈부격차가 발생하는 것도 문제지만 더 큰 문제는 자원의 효율적 배분에 실패했다는 것입니다. 런던의 중심가가 텅 비어 있어야 하겠습니까, 아니면 전문직과 부가가치 높은 사무직에 종사하는 사람들의 노동생산성을 높일 수 있게 사무실과 거주지로 꽉 차야 하겠습니까? 쇠퇴하는 영국의 한 단면을 보여주는 것이라 할 수 있겠죠. 왜 영국, 그것도 런던에서 스쿼팅(squatting)★

★ 1830년대 급격한 산업화로 도시 빈민이 증가하자, 자본가들의 빈집을 점거하여 거주한 것에서 유래한 운동. 2008년 금융위기 이후 스페인, 네덜란드, 영국 등 유럽을 중심으로 확산되고 있으며, 특히 2015년 스페인 지방선거에서는 스쿼팅을 지지하는 아다 콜라우(Ada Colau)가 바르셀로나 시장으로 당선되어 화제가 됐다.

이라고 불리는 빈집 점거운동이 활발하게 진행되는지 알 수 있습니다.

런던 못지않게 실거주자의 지옥으로 꼽히는 도시가 있습니다. 바로 홍콩이지요. 초고층 아파트의 도시이자 세계에서 아파트 평당가격이 가장 비싼 도시★로 꼽히는 홍콩답게 서민이 살기에는 정말 지옥 같은 곳입니다. 최근 현지의 한 사회단체(SoCO)★★가 홍콩 내 주거문제를 언급하며 서민들이 주로 사는 가우룽싱(九龍城) 구, 야우짐웡(油尖旺) 구, 쌈써이포(深水埗) 구와 같은 비교적 외곽지역의 주거환경을 발표했습니다. 놀랍게도 이 지역의 평균 임대료는 1제곱미터당 800홍콩달러(약 12만 원)입니다. 한국의 고시원 평균 면적★★★인 3평짜리에서 월세를 산다면 100만 원이 훌쩍 넘는 돈을 내야 한다는 것이지요. 우리나라와 비교하면 세 배 정도 비싼 가격입니다.

그래서 지금 많은 홍콩의 젊은이들이 홍콩을 떠나고 있는지도 모릅니다. 홍콩 영자 일간지 〈사우스차이나모닝포스트(SCMP)〉

★ 홍콩의 아파트는 제곱피트(0.028평)당 평균 290만 원 수준을 기록하고 있다. 한 평이 약 35.6제곱피트임을 감안하면, 홍콩의 아파트가격은 평당 약 1억 원을 넘어가는 셈이다. 홍콩에서 가장 비싼 아파트는 2017년 11월 기준 약 790억 원에 거래된 마운트 니컬슨 단지다. 해당 아파트의 면적은 119.2평으로, 평당가격으로 따지면 6억 6천만 원 수준이다.

★★ SoCO(Society for Community Organization)는 1972년 설립되어 인권보장을 위해 빈부격차를 해소하고 사회적 불평등을 해결하고자 하는 비영리단체다. 현재 시민권리 교육, 노인복지, 공공주택 배분운동 등을 통해 홍콩 내의 빈민층들이 최소한의 인권을 보장받을 수 있도록 노력하고 있다.

★★★ 경기도가 2010년 조사한 바에 따르면, 고양시 내 고시원은 약 6천여 개, 평균 면적은 10제곱미터(약 3평)다. 특히 1인당 평균 화장실 면적은 0.9제곱미터(약 0.27평), 1인당 평균 주방 면적은 0.84제곱미터(약 0.25평)였다. 평균 면적당 월세 평균은 32만 원으로 조사됐으며, 월세 30만~50만 원대의 고시원이 전체의 52%를 차지한 것으로 나타났다.

의 2018년 2월 말 보도에 따르면, 부동산가격 폭등을 견디다 못해 2017년 외국으로 떠난 이민자수가 5년 내 최대라고 합니다. 왜 이런 현상이 벌어질까요? 많은 사람들은 '홍콩은 땅덩어리가 좁은데 사람이 많기 때문이다'라는 대답을 내놓습니다. 인구밀도 세계 4위★인 도시니까 어쩔 수 없다는 이야기입니다. 과연 그럴까요? 인구밀도 세계 3위를 기록한 싱가포르의 상황을 보겠습니다.

인구밀도만 보면 싱가포르의 주거난은 홍콩보다 더 심각해야 할 것 같습니다. 하지만 상황은 정반대입니다. 한국의 경우 높은 주택보급률(102.6%)에도 자가점유율이 57.7%에 불과하지만 싱가포르는 주택보급률 104.1%에 자가점유율 90.7%를 기록하고 있습니다. 국민 대부분이 자기 집에서 산다는 것이지요. 이게 어떻게 가능했을까요? 정부의 공공주택정책 덕분입니다. 싱가포르 국민의 79%는 공공주택에서 살고 있습니다. 공공주택은 우리나라 LH(한국토지주택공사)에 해당하는 주택개발청(Housing and Development Board, HDB)에서 공급하는 아파트로 보통 시중 주택의 50% 수준에 제공되며, 또한 주택가격의 80% 수준까지 실질금리 1% 미만의 낮은 금리로 대출까지 되는★★ 아파트(한국 기준 27평짜리)입니다. 부유층을 제외하고는 이 주택에서 살고 싶어 하

★ 2017년 기준 세계 인구밀도 순위(1제곱킬로미터당)는 1위 모나코(2만 5천970명), 2위 마카오(2만 752명), 3위 싱가포르(8천155명), 4위 홍콩(7천14명)이며, 대한민국(524명)은 23위를 기록했다.

★★ 싱가포르에서는 집값의 20%만 있으면 집을 살 수 있고, 국가에서 1%대 금리로 대출도 해준다. 공공임대주택은 65~110제곱미터 규모, 방 2~4개 및 거실로 다양하게 구성된다. 부모 부양시 혜택이 제공되며, 방 5개짜리도 있다. 완전한 소유권 이전이 아니라 최장 99년 동안의 사용권을 부여하는 장기임대 형식으로, 시중 가격의 절반 수준에서 분양된다.

겠죠.

그래서 싱가포르에서는 부유층의 경우 민간주택에 살고, 대부분의 국민은 바로 이 공공주택에서 살고 있습니다. 공공주택에 살고 있는 사람들의 경우 이 집을 팔아 시세차익을 얻어서 민간주택으로 가고 싶은 욕망도 있겠죠? 이를 막기 위해 싱가포르 정부는 공공주택 구입 후 5년 이내에는 반드시 HDB에만 되팔 수 있게 했습니다. 시세차익을 가져가지 못하게 하는 것이지요. 5년이 지나야 시중에 팔 수 있는데, 그때도 수익금의 일부는 HDB에 주어야 합니다. 그리고 그 기회는 일생에 단 두 번으로 제한했습니다. 그 결과 오늘날 싱가포르는 부동산정책의 모범국가로 꼽히지요. 물론 대한민국과는 사정이 달라서 이 모델을 단번에 적용할 수는 없지만 많은 시사점을 주고 있습니다.

싱가포르의 토지가격과 아파트가격은 분명 비쌉니다. 그러나 거기에 살고 있는 사람들이 심각한 주거난을 겪으면서 살아가지는 않습니다. 바로 정부가 시장을 이겼기 때문이지요. 그 배경에는 1966년 토지수용법을 제정하면서 전 국토의 80%가 국유화됐기에 공공주택을 손쉽게 제공할 수 있었다는 사실과 더불어 정부 예산의 약 4%를 주거예산으로 투입한 싱가포르 정부의 결단이 있었습니다. 시장을 이기는 정부가 서민의 주거난을 어떻게 해결하는지 보여주는 나라가 싱가포르입니다.

맬서스와 리카도의 곡물법 논쟁

19세기 초, 유럽 대륙을 지배하던 나폴레옹에게 가장 골칫거리는 바로 영국이었습니다. 당시 영국은 산업혁명으로 인해 유럽 최고의 경제력을 자랑하고 있었기 때문이지요. 나폴레옹은 영국에 경제적 타격을 주기 위해 유럽 내 국가들과 영국 간의 교역을 금지하는 '대륙봉쇄령'을 실시하지만, 결국 1815년 워털루 전투에서 패배하고 유럽과 영국 간의 무역은 재개됩니다.

그런데 교역을 재개하면서 영국경제에 문제가 생기기 시작합니다. 대륙봉쇄령 당시 영국은 자체적으로 생산한 곡물을 소비하면서 살 수밖에 없었고, 이로 인해 주곡인 밀의 가격이 대륙봉쇄령 이전의 가격인 쿼터당 120실링으로 올라갑니다. 그러다 교역이 재개되면서 유럽의 값싼 밀이 들어오고, 밀 값은 대륙봉쇄령 시기의 절반인 쿼터당 67실링으로 떨어지지요. 이렇게 되면 누가 가장 많은 피해를 보게 될까요? 농민? 아니지요. 당시 대부분의 토지는 귀족이나 지주가 보유하고 있었으므로, 피해를 본 것도 그들이었습니다.

귀족과 지주의 이익을 대변한 영국 정부는 '농가를 보호하기 위해'

라는 명분을 걸고 1815년 '곡물법(Corn Law)'을 제정합니다. 곡물법은 밀을 수입할 때 쿼터당 80실링 이하로는 수입할 수 없게 한 법입니다. 즉 최고가격제를 실시해버린 셈이지요. 당연히 다른 유럽 국가들이 가만히 있지 않았습니다. 보복 조치로 영국으로의 곡물 수출을 끊고, 영국 공산품 수입을 규제합니다. 이로 인해 노동자들은 밀 값이 올라가서 피해를 보고, 자본가들은 노동자들의 임금인상 요구와 더불어 공산품 수입규제 때문에 소득이 감소해 이중으로 피해를 보았습니다. 결국 자본가와 지주 사이에서 곡물법 폐지를 두고 논쟁이 벌어집니다. 이 논쟁의 대표주자가 바로 『인구론』의 저자로 유명한 토머스 맬서스(Thomas Malthus)와 '비교우위론'으로 유명한 데이비드 리카도(David Ricardo)입니다.

먼저 맬서스의 주장부터 보겠습니다. 그의 기본 생각은 '기술이 발달하면 인구가 증가할 거야. 그런데 농산물이 생산되는 데는 한계가 있기 때문에 식량보다 인구가 더 많아질 것이고, 그러면 우리는 모두 죽게 되겠지?'입니다. 맬서스의 입장에서 인류가 모두 멸망하지 않으려면 인구감소는 필연적인 것입니다. 곡물가격이 비싸지면 노동자들의 지니계수(빈부격차와 계층 간 소득의 불균형 정도를 나타내는 수치)는 올라갈 것이고, 삶의 질이 향상되지 않기 때문에 출산율은 줄어들 것입니다. 맬서스에게 곡물법은 아주 유익한 정책이었지요.

반면 리카도의 생각은 달랐습니다. 그는 외국의 농산물이 수입되면 노동자들의 지니계수는 내려갈 것이고, 그러면 다른 곳에 돈을 쓸 수 있으므로 결국 경제 활성화에 도움이 될 것이라 판단했습니다. 또한 곡물 수입으로 인해 영국의 농업이 피해를 볼 수 있겠지만, 반대로 영국의 공산품을 해외로 수출할 수 있으므로 손해 볼 것이 없다고 생각했지요.

이 논쟁에서 누가 이겼을까요? 안타깝게도 둘 다 논쟁의 끝을 보지 못하고 세상을 뜹니다. 하지만 곡물법은 제정된 지 31년 만인 1846년 폐지됩니다. 어떻게 보면 리카도가 이겼다고 볼 수도 있겠네요.

"어떤 것이 사실이기를 바라기 때문에 그것을 믿는다는 것은 매우 위험한 일이다. 오직 진실만이 비판을 견딜 수 있다. 자신에게, 그리고 권위 있는 다른 이들의 생각에 의문을 가지지 않는다면 우리는 스스로를 속이게 될 것이다."

_ 칼 세이건(Carl Sagan), 미국 천문학자

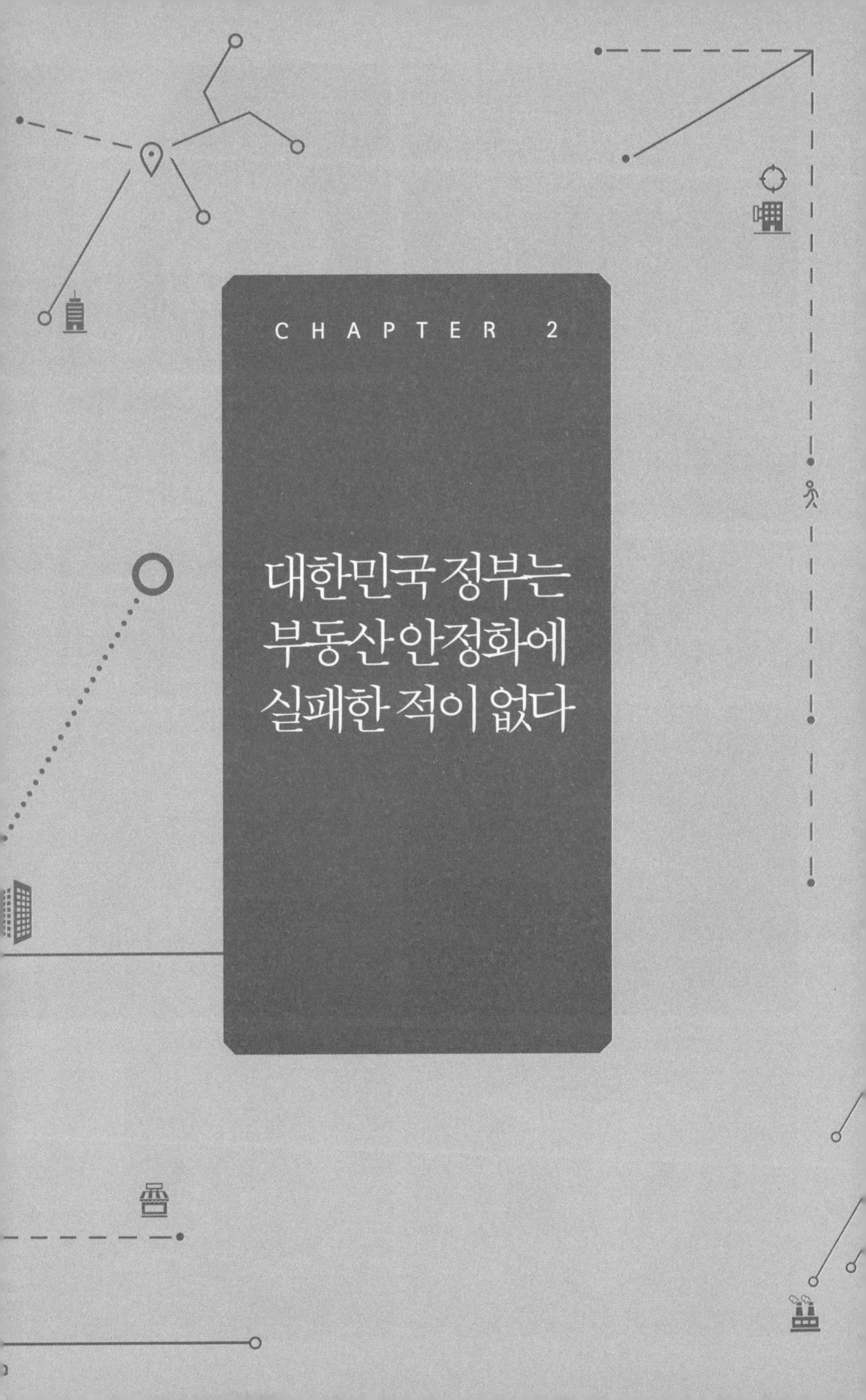

CHAPTER 2

대한민국 정부는 부동산 안정화에 실패한 적이 없다

FINANCE

부동산에 대한 국민정서, 오해와 진실

부동산정책만큼 정부가 욕을 많이 먹는 정책이 없습니다. 진보정권이 들어서든 보수정권이 들어서든 부동산정책은 항상 욕을 먹지요. 모든 정권의 부동산정책이 다 실패한 것으로 보이기 때문입니다. '부동산 안정화를 이루겠다', '누구나 내집마련의 꿈을 실현시킬 수 있게 하겠다', 정부에서는 늘 이렇게 외칩니다. 그러나 많은 사람들에게 이러한 정권의 외침은 언제나 공염불로 끝났다고 여겨집니다. 과연 역대 정부는 부동산가격의 안정화에 실패했을까요? 서민들이 내집마련의 꿈을 실현시키지 못했을까요? 심리의 잣대가 아니라 실증의 잣대로 진실을 찾아가보도록 하겠습니다.

'하늘 높은 줄 모르고 치솟는 부동산! 갈수록 멀어지는 내집마련의 꿈! 그리고 이를 방치하거나 잘못 건드려 악화시키는 무능한 정부!' 우리는 흔히 대한민국 부동산 시장과 정부를 이렇게 바라봅니다. 물론 우리가 실제로 그렇게 느끼고 있는 것은 분명하지만, 반드시 사실과 부합하는 것은 아닙니다.

자동차를 운전하는 동안 열 대의 차량을 추월하고 열 대의 차량으로부터 추월당했다고 가정해봅시다. 내 차의 속도가 다른 차량에 비해 빠르다고 느낄까요, 느리다고 느낄까요? 아마 느리게 간다고 생각할 것입니다. 왜냐하면 내가 추월한 차량은 눈앞에서 사라지지만 나를 추월한 차량은 계속 눈앞에 보이고 있거든요. 추월한 기억은 금방 잊혀도 추월당한 기억은 끈질기게 이어집니다. 우리는 실제로 열 대를 추월하고 열 대에 추월당해 평균 속도로 가고 있음에도 불구하고 속도가 너무 느리다고 생각합니다. 어쩌면 부동산 시장에서도 이런 일이 벌어지고 있는 것은 아닐까요?

하늘 높은 줄 모르고 치솟는 부동산가격?

몇 해 전 선풍적인 인기를 끌었던 드라마 〈응답하라 1988〉 마지막 회의 한 장면을 보겠습니다. 성동일 가족이 판교로 이사를 가려고 하자 이삿짐을 가득 실은 트럭 운전사는 '판교에 농사지으러 가냐'고 웃으면서 묻습니다. 만일 그때 이사를 간 성동일 가족이 지금도 판교에 살고 있다면 아마 부자가 되어 있을 것입니다. 이유는 말할 필요도 없겠지요. 저 또한 제 친구들처럼 "우리 아버지

❖ 1986~2014년 전국 주택가격지수 추이

출처 : KB국민은행

는 강남에 땅 좀 안 사두고 뭘 하셨지?"라는 말을 달고 살았습니다. 그 시절 부동산은 황금 알을 낳는 거위였으니까요. 하지만 이런 생각 또한 진실의 한쪽 면만을 바라본 것에 불과합니다.

위의 그래프를 보면, 주택가격의 상승률보다 물가상승률이 더 높다는 것을 확인할 수 있습니다. 주택가격을 물가지수로 나눈 실질주택가격지수는 1990년대에 지속적으로 낮아지다가 2000년 이후로도 크게 오르지 않았지요. 이는 30년 동안 주택가격도 평균 2.7배로 많이 올랐지만 물가가 더 많이 올라서, 주택가격의 상승률이 물가상승률을 쫓아가지 못했다는 것입니다. 국제결제은행(BIS)의 최근 조사에서도 2017년 한국의 실질주택가격지수는 2010년에 비해 3.9% 상승한 것으로 나타났습니다. 이는 꽤나 안정적인 수치입니다. 그런데 왜 사람들은 부동산가격이 많이 올랐다고 느끼고, 그것이 큰 문제라고 생각할까요? 그 이유는 물가를 예로 들어 설명하겠습니다.

경제학에 '탄력성(elasticity)'★이라는 개념이 있습니다. 아주 간단히 이야기하면 '사람들이 가격변화에 민감하냐, 둔감하냐'를 보여주는 개념입니다. 가격변화에 민감한 재화를 탄력적 상품이라고 하고, 그렇지 않은 재화를 비탄력적 상품이라고 합니다. 우리는 콩나물가격 변화에 민감할까요, 휘발유가격 변화에 민감할까요? 당연히 휘발유가격 변화에 민감할 것입니다. 전체 소비에서 콩나물이 차지하는 비중은 얼마 되지 않지만 휘발유가 차지하는 비중은 크니까요. 우리는 "치사하게 콩나물가격까지 깎나?"라고 말하면서도 기름 값이 조금이라도 싼 주유소를 부지런히 찾아 헤맵니다. 주유 경고등을 초조하게 바라보면서 말이지요.

이렇듯 경제활동에서 차지하는 비중이 큰 재화일수록 우리는 그 재화의 가격변화에 민감하게 반응합니다. 그럼 우리 경제활동에서 차지하는 비중이 가장 큰 재화는 무엇이겠습니까? 휘발유와는 비교도 안 될 정도로 큰 재화 말입니다. 당연히 부동산이겠지요. 자가든 전세든 월세든 마찬가지입니다. 그래서 우리는 부동산가격에 민감할 수밖에 없으며, 특히 주택가격이 상승할 경우 느끼는 중압감은 다른 재화의 경우를 압도할 만큼 클 수밖에 없는 것입니다.

★ 특정 변수가 변화했을 때 이에 대응하는 종속변수가 변화하는 정도를 나타내는 개념. 종속변수의 변화율이 클수록 '탄력성이 크다'고 표현한다.

부동산가격에 초미의 관심이 쏠리는 두 번째 이유는 부동산가격의 등락폭이 다른 상품에 비해 크기 때문입니다. 부동산은 가격이 들쑥날쑥합니다. 올랐다 내렸다 그 정도가 심하지요. 특히 강남 재건축시장의 경우 하룻밤 사이에도 몇 천만 원이 올랐다 내렸다 합니다. 부동산처럼 가격 등락폭이 큰 상품에 우리는 더 민감해질 수밖에 없습니다.

'장바구니 물가지수'★라는 것이 있습니다. 우리 식탁에 오르는 농수산물의 경우 가격의 등락폭이 다른 상품보다 크지요. 앞에서 차량 추월과 체감 속도에 관해 이야기한 바와 같은 맥락으로, 가격이 오른 상품은 오랫동안 기억해도 가격이 내린 상품은 금방 잊어버립니다. 김장철에 배추 값이 오르면 '올해 김장은 어떻게 하느냐'고 난리가 납니다. 하지만 배추 값이 떨어진 해에는 별다른 반응이 없지요. 이처럼 가격 등락폭이 작은 상품보다는 큰 상품에 대해, 그리고 그 상품의 가격이 올랐을 때 기억은 더욱 선명하게 남습니다.

한마디로 콩나물가격보다는 휘발유가격에, 그리고 휘발유가격도 내렸을 때보다는 올랐을 때 더 민감하게 반응한다는 것입니다. 임대료가 떨어졌다는 소식은 잘 들리지도 않지만 들려도 별 관심이 안 가고, 거꾸로 임대료가 올랐다는 소식이나 혹은 임차인이 쫓겨났다는 소식은 우리의 뇌리에서 좀처럼 사라지지 않습니다.

부동산은 인간 심리와 도덕 기준이 얽혀 있는 상품이라는 점에

★ 전체 소비자물가 460개 품목 중 소득과 관계없이 지출하는 141개 품목을 기반으로 하여 산출된 물가지수. '생활물가지수'라고도 한다.

서 매우 특수합니다. 나는 소나타를 타는데 옆 사람이 벤츠를 타는 것보다, 나는 점심으로 백반을 먹었는데 옆 사람이 호텔 뷔페를 다녀온 것보다, 옆 사람이 나보다 더 좋은 집에 살 때 훨씬 배가 아픕니다. '오늘 점심 뭐 먹었어?'라는 질문을 던지기는 쉽지만, '어디 아파트 몇 평에 사니?'라는 질문은 정말 던지기 어렵습니다. 이유는 간단합니다. 차는 더 만들면 되고 식료품도 더 많이 생산할 수 있지만 땅은 한정되어 그러지 못하기 때문입니다.

자본가와 노동자가 합심하기 위해서는 다음과 같은 조건이 선행돼야 합니다. '우리 같이 노력해서 파이를 키워 나누자. 나누는 비율은 나중에 이야기하더라도 말이야.' 그런데 이것이 토지시장에서는 불가능합니다. 토지라는 파이는 키울 수 없기 때문입니다. 즉 토지시장은 같이 이길 수 있는 윈-윈게임(win-win game)★이 아니라, 가진 자가 있으면 반드시 잃은 자가 생기는 고스톱과 같은 제로섬게임(zero-sum game)★★이 벌어지는 곳입니다. 윤리적인 문제가 개입되면 사람들은 그 가격에 더 민감해질 수밖에 없습니다. 그래서 우리는 젠트리피케이션(gentrification)★★★이 발생했을 때도 민감하게 받아들이고, 그 젠트리피케이션에 '연예인이나 사회지도층이 얽혀 있다'고 하면 더욱 분노하게 되는 것입니다.

★ 서로 다른 경쟁 주체가 동시에 이익을 얻을 수 있는 형태의 게임 혹은 그러한 상황.

★★ 게임에 참가한 주체들의 이득과 손실을 더하면 0이 되는 게임 혹은 그러한 상황. '영합 게임'이라고도 한다.

★★★ 낙후된 도심 지역이 재개발 등으로 인해 활성화되면서, 원래 거주하던 주민이나 자영업자들이 내몰리는 현상.

❖ 1986~2016년 소비자물가, 전국 주택가격, 강남 아파트가격 추이

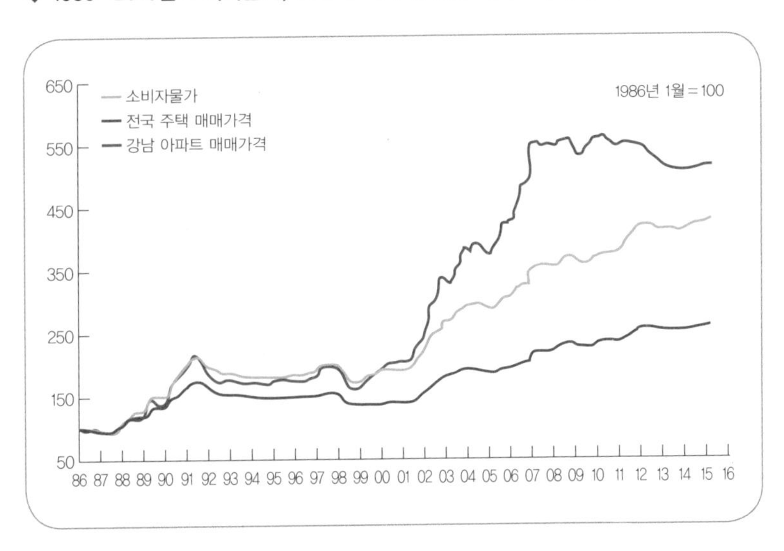

출처 : KB국민은행

부동산가격이 민감하게 받아들여지는 세 번째 이유는 상품 차별화가 급속도로 작용하는 시장이라는 점입니다. 한마디로 오르는 곳은 많이 오르고, 오르지 않는 곳은 그대로라는 것이지요. 평균을 내보면 얼마 오른 것 같지 않지만, 오른 지역은 상당히 많이 올랐다는 것을 위 도표를 보면 간단히 알 수 있습니다. 강남 아파트가격은 전국 주택가격보다도, 소비자물가보다도 많이 올랐죠. 이런 경우 우리는 강남 아파트가격의 상승을 전체 주택가격의 상승으로 오해할 수 있다는 것입니다.

자, 정리해보겠습니다. 실제로 대한민국 부동산가격의 상승률은 물가상승률을 넘지 못했습니다. 하지만 우리가 부동산가격이 많이 오르고 있다고 느끼는 이유는 다음과 같습니다.

✔ 전체 경제활동에서 부동산이 차지하는 비중이 크기 때문에

✔ 부동산은 가격의 등락폭이 큰 상품이기 때문에

✔ 부동산은 도덕 기준이 얽혀 있는 상품이기 때문에

✔ 강남, 그것도 아파트라는 대표상품의 가격이 많이 올라서

내집마련의 꿈이 사라진 부동산 시장?

여러분은 지금 어떤 주택에 살고 있나요? 자가인가요, 전세인가요, 월세인가요? 웬만큼 친하지 않은 사이라면 던지기 힘든 질문일 것입니다. 그만큼 개인에게 있어서 주거형태가 어떤지는 굉장히 중요한 문제지요. 집 없는 설움은 말로 다 설명할 수 없습니다. 저 또한 서울의 수많은 아파트들을 보면서 '아, 저렇게 많은 아파트 중에 어떻게 내집 하나 없지?' 하고 생각하기도 했지요.

문재인 대통령은 2017년 6월 김현미 국토교통부 장관에게 임명장을 수여하면서 다음과 같이 말합니다. "아파트가격도 중요하지만 그보다 자가(自家)점유율★이 더 중요하다고 본다." 주택보급률★★은 102.6%지만 자가점유율은 57.7%밖에 되지 않는 현실을 고려한 이야기입니다. 집 없는 40% 이상의 가구가 집을 갖도

★ 일반 가구 중 자기 소유의 주택에 자기가 사는 비율. 주택보급률이나, 살지는 않지만 자기 주택을 소유한 비율인 자가보유율과 달리 실질적인 주택수요를 파악할 수 있다.

★★ 국가 내지는 지역의 주택수가 가구수에 비해 많은지 적은지 보여주는 지표. 전체 주택수를 전체 가구수로 나눈 다음 100을 곱해 계산한다.

❖ 1975~2016년 대한민국 자가점유율 추이

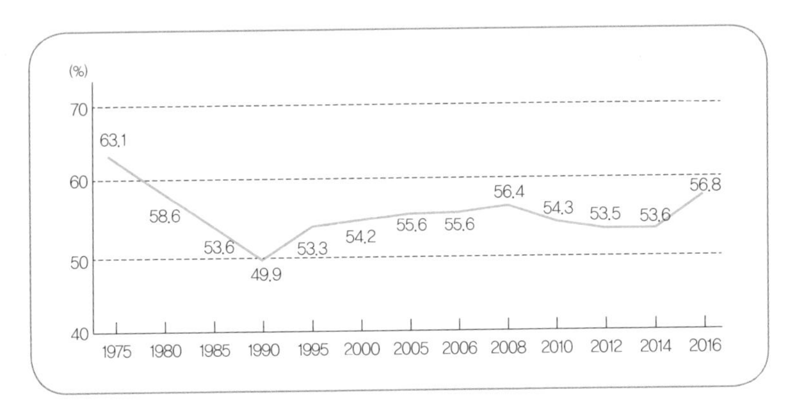

출처 : 통계청

록 자가점유율을 높여 안정된 주거환경을 가져오겠다는 뜻이겠지요. 그렇다면 이 말이 '대한민국에서 내집마련은 더 이상 이룰 수 없는 꿈'이라는 점을 시사하고 있는 걸까요?

오늘날 자가점유율 수준이 60%도 안 되는 것은 맞습니다. 하지만 1990년 이후의 자가점유율 추이를 보면 '자가점유율이 낮아지고 있다'는 주장에는 동의하기 어렵겠죠? 국가별 자가점유율을 살펴봐도 특별히 문제가 될 만한 수준은 아닙니다. 다른 OECD 가입국들의 자가점유율 역시 우리보다 그리 높다고 할 수는 없으

❖ 국가별 자가점유율

국가	호주	캐나다	프랑스	미국	영국	일본	터키	한국	독일	홍콩	스위스
자가점유율 (%)	65.0	66.5	64.9	64.2	63.4	61.9	60.4	57.7	51.7	49.2	42.0

출처 : 트레이딩 이코노믹스

❖ 2000년 이후의 소득 및 부동산가격 변화율

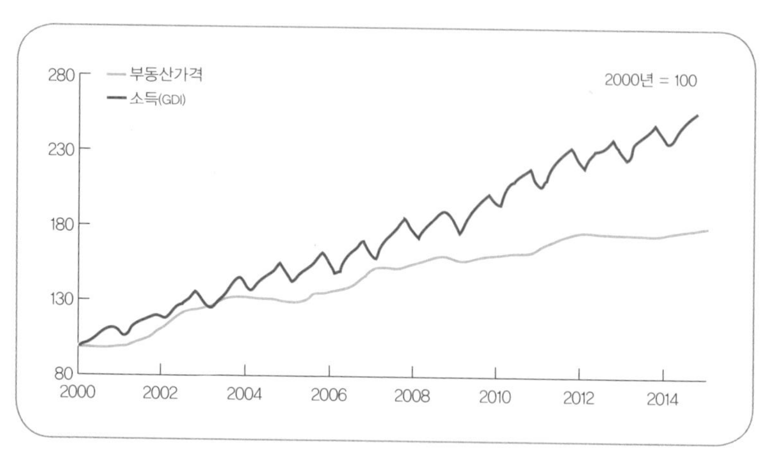

출처 : SK증권

니까요.

사실 자가점유율이 높은 나라들은 사회주의 국가 혹은 사회주의를 경험했던 국가들입니다. 중국이 90%이고, 러시아가 87%에 이릅니다. 막상 살아보라고 하면 살기 쉽지 않은 집들이 대부분이지만 어쨌든 자가점유율은 높습니다. 자가점유율이 더 높아져야 한다는 점은 분명하지만, 그렇다고 '한국은 자가점유율이 낮아서 집 없는 사람들이 너무 많다'라는 표현은 사용하기 어려울 것 같습니다.

다음으로 '소득은 제자리인데 집값이 너무 올라 집을 사기가 너무 힘들어졌다'는 말이 진짜인지 알아보겠습니다. 위의 그래프는 2000년의 GDI★와 부동산가격을 100으로 두고, 2000년 이후

★ 국내총소득(Gross Domestic Income). 한 나라가 만들어낸 최종 생산물의 가치(GDP)에서 환율·수출입단가 등 교역조건 변화로 인해 발생한 손익을 더해 산출한 금액이다.

의 소득 및 부동산가격 변화율을 보여주고 있습니다. 집값의 상승속도보다 소득증가율이 더 높다는 것을, 또 그 차이가 점차 커지고 있다는 것을 확인할 수 있죠. 즉 소득을 기준으로 보았을 때, 점점 집을 사기 쉬워지고 있음을 알 수 있습니다. 강남 아파트 같은 일부 집들을 사기에는 더 어려워졌을지 모르지만, 소득을 바탕으로 한 내집마련은 더 쉬워졌다는 것입니다.

'대한민국에서 내집마련이 쉽다고? 말도 안 되는 소리!'라는 말이 절로 나오지요? 오해하지 마세요. 내집마련이 쉬운 일이라고 말하는 것이 아닙니다. 다만 지표를 통해 보면, 과거에는 내집마련이 지금보다 더 힘들었다는 것입니다. 내집마련 지원책이 필요없다는 이야기도 결코 아닙니다. 현재 상황에 대한 객관적 인식이 바로서야 올바른 대안을 마련할 수 있지 않겠습니까? 예전에는 주택복권이 있었습니다. 이는 복권에 당첨되지 않으면 집을 사기 어려운 세상의 반영이 아니었을까요?

자, 이제 주목해야 할 것은 주택보급률의 변화입니다. 주택보급률은 1980년대 중반 이후 자가점유율에 비해 뚜렷하게 높아졌습니다. 자가점유율은 거의 변화가 없는데 주택보급률이 늘어난 것을 어떻게 설명해야 할까요? 긍정적인 측면과 부정적인 측면으로 나뉩니다.

1986년부터 1994년까지 꾸준히 인기를 끌었던 드라마가 있습니다. 〈전원일기〉와 더불어 서민 드라마로 장수했던 〈한 지붕 세 가족〉입니다. 제목 그대로, 집주인이 살고 있는 한 집에 두 집이 세를 들어 싸우기도 하면서 정을 나누는 이야기였습니다. 〈한 지

❖ 1970~2016년 주택보급률 추이

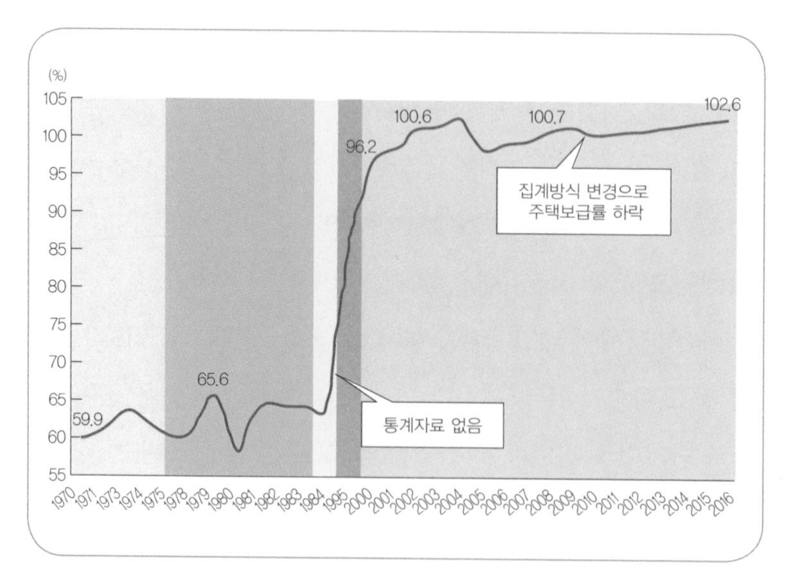

출처 : 통계청

붕 세 가족〉이 방영된 기간에 한국의 주택보급률은 80%를 넘지 못했습니다. 그 기간에 자가점유율이 50% 내외였다는 사실은 많은 사람들이 세를 들어 집주인과 함께 살아야 했다는 뜻입니다.

지금처럼 주택보급률이 100%를 넘는 상황에서 자가점유율이 60%에 가까워지고 있다는 이야기는, 좋게 말하면 세를 살아도 더 이상 집주인과 같이 살 필요는 없다는 것이죠. 이 책을 읽는 여러분 중에서도 젊은 분들과 조금 연배 있는 분들이 '전세'라는 개념을 조금 다르게 받아들일 수밖에 없는 이유입니다. 연배 있는 분들은 젊은 사람들이 집을 안 사고 전세나 월세를 산다면 이해를 못 하고 싫어하는 경향이 강하죠. 부모세대가 겪었던 집 없는 설움과 요즘 젊은 세대가 느끼는 집 없는 설움의 기준이 다르기 때문입니다. 그런 의미에서 이 지표는 전월세 사는 사람들의 삶의 질이 나아졌다는 점을 보여줍니다.

하지만 반대로 이 지표는 대한민국 부동산문제의 현실을 적나라하게 드러내기도 합니다. 즉 1980년대 이래 주택보급률이 많이 높아졌는데 자가점유율은 별로 높아지지 않았다는 것은, 주택을 충분히 건설해 국민들에게 공급했는데도 '새로 지어진 주택이 집 없는 사람에게 돌아가지 않고 이미 집을 가진 사람에게 추가로 돌아가고 있다'는 것입니다. 바로 여기에 주목해야 합니다. "아파트가격도 중요하지만 그보다 자가점유율이 더 중요하다고 본다"는 문재인 대통령의 발언은 앞으로의 주택공급은 집 없는 사람에게 우선적으로 돌아가야 한다는 의미로 이해할 수 있습니다.

같은 맥락에서 주택보급률은 높아졌는데 자가점유율은 여전하다는 것은 '주택이 거주의 수단에서 투기의 수단으로 변질됐다'는 것을 보여줍니다. 새로 공급된 주택이 집 있는 사람에게 돌아갔다는 것은 1가구 2주택자가 늘어났다는 말과 같지요. 1가구 2주택이 왜 필요합니까? 부부가 따로 살거나 자녀들이 따로 사는 경우도

있겠지만, 거주하는 집 이외의 집을 투자 혹은 투기 목적으로 매입했다는 이야기겠지요. 결국 '부동산 시장이 투기의 장으로 변질됐다, 혹은 그렇게 되고 있다'라고 할 수 있는 것입니다.

대한민국 부동산 시장은 물가에 비해 생각만큼 많이 오르지도, 소득에 비해 생각만큼 사기 어려워지지도 않았다는 것을 알았습니다. 하지만 우리가 부동산가격이 하늘 높은 줄 모르고 상승하고 있으며 내집마련의 꿈이 점점 사그라지고 있다고 느끼는 이유는 높아진 주택보급률에 비해 자가점유율은 제자리걸음을 걷고 있는 것이 그 원인입니다. 그 결과 부동산이 점차 거주의 수단이 아닌 투기의 현장으로 변했고, 이러한 상황을 대표하는 곳이 바로 강남 아파트시장이라고 할 수 있습니다.

한국의 독특한 주거문화, 전세제

한국에 거주하게 된 외국인들이 전세(傳貰)제도를 보고 놀라는 경우가 많습니다. 그들의 관점에서 전세는 '공짜로 집을 빌려주는 제도'로 보일 것입니다. 집을 제값보다 싼 가격에 빌리고, 심지어 나가면서 원금을 돌려받을 수 있기 때문이죠. 물론 해외에도 유사한 제도는 있습니다. 볼리비아의 '안티끄레띠꼬(Anticretico)'라는 제도는 전세와 유사하게 무이자대출을 해주고, 그 기간 동안 거주지를 임대하는 제도입니다. 다만 등록세나 부가가치세, 재산세 등의 세금을 내야 하기 때문에 전세제와 똑같다고 보기는 어려우며 거의 사라지기도 했습니다.

전세제의 기원에 대해서는 여러 이야기가 있으나 학계에서는 고대 중국의 전당(典當)제도가 삼국시대에 전래되어 변형된 것으로 추측하고 있습니다. 즉 돈을 빌려주는 대신 그 대가로 집을 담보로 잡고, 거기서 거주하는 형태였던 것이지요. 이러한 관습은 후대에도 내려와, 1910년 조선총독부 관습조사보고서에 "전세란 가옥 임차시 차주로부터 일정 금액을 가옥 소유주에게 기탁하여 별도의 차임을 지불하지 않고 가옥 반환시 그 금액을 반환하는 제도"로 기록되어 있습니다.

그렇다면 전세제는 대한민국에서 왜 이렇게 발전했을까요? 이는 우리나라의 급격한 경제성장과 함께 생각해보면 알 수 있습니다. 1960~1970년대에 급격한 도시화와 공업발전으로 인해 수많은 사람들이 일자리를 찾아 농촌에서 도시로 이동했습니다. 당시 국가에서는 돈이 필요해 시민들의 저축을 장려하고, 모든 자본을 산업발전에 쏟아 붓는 정책을 시행하고 있었지요. 가계 입장에서는 도시에서 살 집을 마련해야 합니다. 그런데 정부에서는 은행에 가계대출을 금지시킵니다. 개인이 담보를 들고 찾아가도 대출을 해주지 않는 반면, 기업에는 저금리 대출을 몰아줍니다.

이 과정에서 많은 가계들이 자기 집을 구입하면서 다른 가계에 돈을 빌리고, 그 대신 집을 사용할 권리를 주었습니다. 그러면 집주인은 집을 저렴하게 구매하고, 집값은 올라가므로 나중에 다시 팔아도 차익이 남습니다. 또 세입자는 돈이 모자라도 지금 가진 경제력보다 더 좋은 집을 구할 수 있습니다. 이런 이해관계로 인해 발달한 전세제는 어느덧 한국에만 존재하는 특수한 부동산제도로 자리 잡았습니다.

부동산을 잡은 정부, 부동산을 사랑한 정부

부동산은 필수재인 동시에 자산재입니다. 이러한 특징은 부동산 시장을 이해할 때 중요한 부분입니다. 주식시장이 급등할 때 주식을 갖고 있지 않으면 시세차익을 누리지 못한다는 아쉬움은 있겠지만, 그렇다고 해서 생존이 위협받는 것은 아닙니다. 채권이나 금 같은 자산상품들도 마찬가지지요. 하지만 부동산은 투자상품인 동시에 생존에 필수적인 상품이기 때문에, 가격이 큰 폭으로 등락하면 삶에 매우 큰 영향을 미칩니다. 게다가 부동산 시장은 금융시장과 관련이 깊다 보니 국민경제 전반에 영향을 미치지요. 그래서 정부가 부동산 시장에 강력하게 개입하는 것입니다. 이제부터는 대한민국 역대 정부가 어떻게 부동산 시장에 개입했고 부동산가격을 결정해나갔는지 알아보겠습니다.

역대 정부의 부동산정책은 어떤 그림을 그렸나

먼저 대한민국 부동산가격의 변화 양상을 살펴봅시다. 다음 도표를 보면 부동산가격이 안정화된 시기를 확인할 수 있을 것입니다. 노태우 정부 후기부터 김대중 정부 중기까지 부동산가격이 크게 오르지 않았습니다. 많은 사람들이 알다시피 노태우 정부 당시 '200만 호 주택건설정책'의 효과 때문입니다. 그리고 또 한 번의 안정기가 있습니다. 노무현 정부 후기부터 이명박 정부 중기까지인데, DTI(총부채상환비율)와 LTV(주택담보대출비율)로 대표되는 부동산억제책이 효과를 보았기 때문입니다.

❖ 1986~2016년 역대 정부의 부동산가격 변화 양상

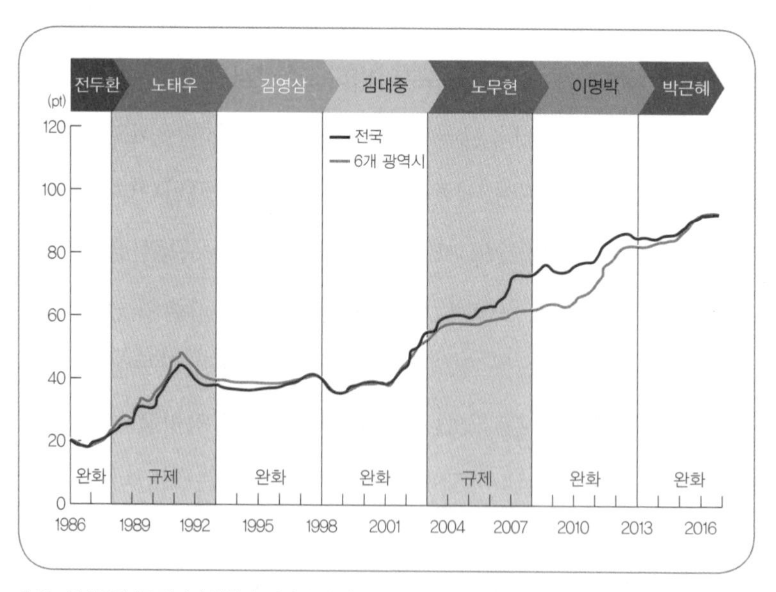

출처 : 현대증권, '주택시장 현황과 전망의 변수'

그래프에 나타난 모습만 보면 의문이 생길 것입니다. '두 노(盧) 정권만이 부동산을 안정화한 것이라면, 다른 정권에서는 부동산 정책이 실패한 것인가?' 그런데 사실 이런 질문 자체가 성립될 수 없습니다. 이 두 정권을 빼고는 부동산 안정화정책을 실질적으로 취한 정부가 없기 때문이지요.

역대 정부가 취한 부동산정책을 살펴보면 모든 정권이 부동산 안정화를 위해 최선의 노력을 다한 것으로 보입니다. 하지만 그 내용을 상세히 들여다보면 다릅니다. 축구 경기를 관람하다 보면 종종 페널티 에어리어 안에서 반칙을 당하지도 않은 선수가 마치 심각한 반칙을 당한 것처럼 나뒹구는 모습을 볼 수 있습니다. 페널티 킥을 얻기 위한 '할리우드 액션'이지요. 훌륭한 심판이라면 할리우드 액션에 넘어가지 않듯, 여러분도 정부의 '위장' 부동산 억제책에 넘어가서는 안 됩니다. 모든 정부가 부동산 안정화를 외쳐왔지만 진짜 부동산규제를 정권의 주된 임무로 본 정권은 이전

❖ **역대 정부의 부동산정책**

부동산정책	발표 시기
부동산 투기억제 특별조치법	1967년
토지 및 주택 문제 종합대책	1983년
부동산 종합대책	1988년
부동산 실명제	1996년
주택시장 안정대책	2002년
국민참여 부동산정책	2005년
주택거래 정상화 및 서민 · 중산층 주거안전 지원 방향	2012년
서민 주거안정 부동산정책	2015년

에는 노태우 정부와 노무현 정부밖에 없었습니다. 나머지 정권은 '서민을 위해 부동산 안정화정책을 펼치겠다!'는 할리우드 액션만을 취했지, 실질적으로는 정부의 목표로 하지 않았습니다.

먼저 전두환 정부를 볼까요? 흔히 이 정권을 '개발독재' 정권이라고 부릅니다. 여기서 주목해야 할 것은 '독재'보다는 '개발'이지요. 개발이라는 말에는 자연스럽게 부동산개발이 포함되어 있을 수밖에 없습니다. 전두환 씨의 부인 이순자 씨의 별명이 무엇이었습니까? '연희동 빨간 바지'지요. 연희동에서 빨간색 바지를 입고 하도 복덕방을 드나들어서 붙었던 별명입니다. 복부인인 아내를 둔 남편이 부동산을 잡는다는 말은 어불성설이겠죠.

이번에는 김영삼, 김대중 정부를 봅시다. 두 전 대통령은 비슷한 점도 많고 다른 점도 많지만 부동산과 관련해서는 공통점이 크다고 봐야 합니다. 두 전 대통령 모두 부동산 안정화정책을 본격적으로 취한 적이 없기 때문입니다. 왜 없을까요? 오른 적이 없어서지요. 김영삼 정부와 김대중 정부 내내 부동산가격이 오르지 않은 이유는 노태우 정부 때의 부동산 안정화정책 효과가 이어졌기 때문입니다. 김대중 정부 후기에 부동산가격의 상승세가 보였지만 본격적인 부동산 안정화정책은 나오지 않았습니다. 왜냐하면 이때 부동산가격이 오르는 것은 오히려 고마운 일이었기 때문입니다. IMF 금융위기가 터지고 경기가 죽어 있을 때 부동산가격이 오르는 것은 좋은 일이지요. 경기가 형편없는데 부동산이라도 오르고 있으면 자산효과가 생겨 경기부양이 이뤄집니다. 그러니 부동산을 왜 잡겠습니까? 이 두 정부는 내심 부동산이 오르기를 바랐지만 오르지 않았던 시절로 봐야 할 것입니다.

결국 부동산가격을 잡으려고 했던 정부는 노태우 씨와 노무현 대통령, 두 노(盧) 정권뿐입니다. 그리고 실제로 잡았습니다. 그럼 이 두 정부는 부동산가격을 왜 잡으려고 했을까요? 그 이유를 제대로 분석하기 위해서는 정치경제학★적인 측면에서 부동산정책을 바라봐야 합니다.

부동산을 잡은 첫 번째 정권 _ 노태우 정부

노태우 정부는 왜 부동산가격을 안정화하려고 했을까요? 물론 가장 직접적인 이유는 가격이 폭등했기 때문입니다. 80년대 후반부터 시작된 3저호황과 87년 노동자 대투쟁 이후의 급격한 실질임금 상승으로 물가는 전반적으로 상승하고 있었습니다. 그중에서 가장 두드러진 품목은 역시 부동산이었지요. 연간 물가상승률이 7%대인 와중에 전국 지가상승률이 30%대를 웃도는 대폭등의 시기였습니다. 전세가격이 2-3배씩 뛰어오르고, 거리로 쫓겨나게 된 가구가 집단자살하는 일이 비일비재하게 신문지상에 오르내리던 비극적 시기이기도 합니다. 주택가격 폭등은 사회적 문제로

★ 원래 경제학(economics)은 다양한 사회집단의 자원 생산 및 분배, 소비 등을 연구하는 학문으로, 정치경제학(political economics)과 동의어로 사용됐다. 애덤 스미스, 데이비드 리카도, 칼 마르크스 모두 경제와 사회의 관계를 논했다. 경제학과 정치경제학이 본격적으로 분리되기 시작한 것은 신고전학파의 창시자인 영국의 경제학자 알프레드 마샬(Alfred Marshall) 이후의 일이다.

비화하고 있었으며, 정권의 안위에도 큰 영향을 끼치고 있던 시기입니다. 그러니 부동산 가격폭등이 일어나고 있으니, 가격안정을 해야 한다는 정부의 선택은 너무 당연한 말이어서 동어반복처럼 들립니다. 그러나 이것이 전부는 아닙니다.

노태우 정부가 1987년 6월 항쟁, 즉 대통령 직선제 쟁취 이후 성립된 정부라는 것부터 출발해야 합니다. 민주세력의 분열로 인해 군부 출신 노태우 후보가 당선된 것과 별개로, 이 시기를 기점으로 해서 국민들의 투표행태가 크게 바뀌었지요. 그 전에는 이른바 '여촌야도(與村野都)'★라는 현상이 있었습니다. 시골에서는 박정희가 이끄는 민주공화당이 다 이기고, 도시에서는 김영삼·김대중이 이끄는 신민당이 다 이기는 선거구도였습니다. 그러다가 노태우 후보가 당선되는 과정에서 지역갈등이 본격화합니다. 경상도는 민정당으로 대변되는 여당이, 그리고 전라도는 김대중을 필두로 한 야당이 반드시 이기는 양상이 전개되기 시작해 오랫동안 이어져왔습니다.

이런 기본 구도 아래서 선거의 승패를 가르는 지역은 바로 서울·경기권입니다. 때맞춰 1980년대 후반 이후 한국경제의 발전과 더불어 중산층이 떠오르기 시작합니다. 이제 수도권의 중산층을 누가 장악하느냐가 정치권력의 향방을 좌우하게 됩니다. 참고로 어떠한 경제문제도 경제적 관점만으로 접근해서는 정답을 찾기 힘듭니다. 반드시 정치적·사회적 관점을 동원해서 바라봐야

★ 지역주의 선거양상이 대두하기 전까지 농촌 지역은 여당에, 도시 지역은 야당에 투표해온 현상.

답을 찾을 수 있습니다. 경제학의 옛 이름이 괜히 '정치경제학'인 게 아닙니다.

지금도 그렇지만 중산층이 되기 위해 가장 필요한 것은 무엇일까요? 번듯한 집 한 채 아니겠습니까? 노태우 정부 집권당의 목표는 명확합니다. '싼값에 주택을 보급해서 지지층을 만들자!' 이를 성공시켜야 군부정권이라는 도덕적 약점과 비난을 회피하는 동시에 선거 승리의 기반이 마련되기 때문이지요.

이에 대한 외국 학자의 견해를 소개하겠습니다. 한국사회를 연구한 프랑스 지리학자 발레리 줄레조(Valerie Gelezeau)는 2007년 『아파트 공화국』이라는 책에서 이렇게 설명했습니다.

"한국의 권위주의 정권은 인구 증가를 관리하고 봉급생활자들이 경제발전에 헌신할 수 있도록 가격이 통제된 아파트를 대량공급했다. 중간계급들을 대단지 아파트로 결집시키고, 이들에게 주택 소유와 자산소득 증가라는 혜택을 줌으로써 정치적 지지를 획득할 수 있었다. 또한 이런 상호혜택의 구조 때문에 한국의 도시 중산층은 아파트 단지를 중심으로 하층의 사회계층과는 공간적으로 분리될 수 있었다."

그래서 노태우 정부는 주택 200만 호를 건설합니다. 2016년 말 기준 대한민국 총 주택수★가 1천988만 호인데, 1980년대 초만 해

★ 2008년부터 도입된 '신주택보급률'에 따라 주택수 산정방식이 바뀌었다. 종전에는 동수(소유권 기준)로 집계했지만, 변경 후 호수(구분거처 기준)로 집계하고 있다. 즉 등기부등본상에는 한 채의 다가구주택일지라도, 실제로 독립된 다수의 가구가 거주하고 있으면 여러 채의 주택으로 간주하는 것이다.

도 600만 호 정도였습니다. 200만 호의 주택을 건설한다는 것은 당시 주택량의 3분의 1을 몇 년 사이에 새로 공급하는 것입니다. 건설에 필요한 모래가 부족해서 바닷모래로 집을 짓는다는 얘기도 나왔습니다. 레고로 집을 짓듯이 아파트를 끝없이 쌓아 올린 시대였습니다.

이렇듯 대량으로 공급된 아파트는 부동산 안정화를 가져오는 데 결정적인 역할을 합니다. 아파트를 공급하는 데는 보통 2년 내지 2년 6개월쯤 걸립니다. 그래서 아파트 입주가 본격화한 노태우 정부 후기부터는 부동산가격이 안정되기 시작한 것입니다. 그 안정 기조는 김영삼 정부를 지나 김대중 정부 중기까지 10년 동안 이어집니다.

주택공급정책은 노태우 정부의 주력사업이었습니다. "새 도시 성남 분당, 고양 일산에 18만 가구 10월 착공 91년 입주"라는 제목으로 실린 1989년 4월 28일자 〈조선일보〉 기사에는 눈에 띄는 부제가 달려 있습니다. "새 도시 건설해도 투기 안 잡히면 대통령 긴급명령권 발동", 정권의 결연한 의지 표명입니다. 서민을 위하는 마음의 발로일 수도 있겠으나 정치적 이유를 배제할 수는 없을 것입니다.

주택 200만 호의 대부분은 수도권에 지어집니다. 당시로는 획기적인 신도시 건설계획과 더불어 진행됩니다. 분당 등의 지역에 젊은 전문직 종사자와 샐러리맨들을 중심으로 한 새로운 도시가 건설됐지요. 그리고 분당 선거에서는 늘 여당이 이겼습니다. 수도권 중산층에 부동산을 저렴하게 공급함으로써 기존 여촌야도의 구도가 깨지고, 오히려 도시에서 여당이 승리하는 선거구가 속속 등장합니다. 2011년 손학규 당시 민주당 후보가 재보궐선거에서 당선되기 전까지 분당은 야당의 무덤이었습니다.

노태우 정부의 부동산 안정화정책은 공급 측면에서만 이루어진 것이 아닙니다. 수요 측면에서도 이루어졌습니다. 대표적인 것이 바로 '토지공개념' 도입입니다. 2018년 4월 헌법 개정안을 둘러싼 여야 공방을 생각하면 아이러니하게도, 당시 토지공개념을 도입하고자 했던 정당은 자유한국당의 뿌리인 민주정의당입니다. 여당이 선수를 쳐서 토지공개념을 도입하려고 하자 야당은 마지못해 이를 찬성하면서 여론 형성 주도권을 상실했지요. 최근 토지공개념을 '사회주의적 발상'이라고 몰아붙이는 정당에서는 이를 어떻게 생각하고 있는지 모르겠습니다.

어쨌든 토지공개념을 들고 나온 노태우 정부는 그 개념을 뒷받침하기 위해 택지소유상한법★, 토지초과이득세법, 그리고 개발이익환수법★★ 등을 시행합니다. 상당히 급진적인 정책이었습니다. 이러한 공급과 수요 정책으로 노태우 정부는 가볍게 부동산을 잡았습니다. 대한민국 정부는 부동산 안정화를 하고자 하면 이렇게 했습니다.

★ 서울시 및 광역시에서 가구당 200평 이상 택지소유자에게 7~11%가량 세금을 부과하는 제도. 국민재산권을 침해한다는 이유로 1999년 헌법재판소에 의해 위헌 결정을 받았다.

★★ 택지개발사업, 관광단지 조성 등 29개 개발사업을 시행하는 사업자에게 개발이익의 25%에 해당하는 개발부담금을 부과하는 제도. 기업의 부담을 덜어준다는 이유로 비수도권은 2002년부터, 수도권은 2004년부터 부담금 부과를 중지했다.

부동산을 잡은 두 번째 정권 _ 노무현 정부

사실 노무현 정부 시절 부동산가격은 꽤 많이 올랐습니다. 그래서 부동산정책이 실패했다고 많은 사람들이 오해했습니다. 그나마 요즘은 당시 부동산가격 상승이 세계적인 추세 때문이었으며, 세계적인 상승률보다는 오히려 낮았다는 사실이 알려졌습니다. 다음 도표를 통해 그 상황을 일목요연하게 확인할 수 있습니다.

2000년부터 2006년까지 OECD 국가의 평균 실질주택가격 상승률은 42%이고, 스페인은 무려 90%였지만 한국은 OECD 평균의 절반에 불과한 21%에 그쳤습니다. 당시는 세계적인 호황과 더

❖ 2000~2006년 OECD 주요국 실질주택가격 상승률

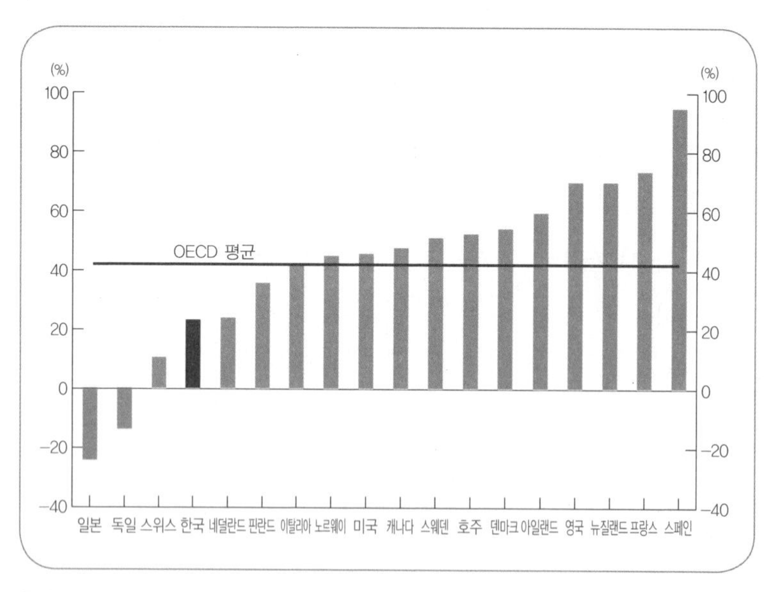

출처 : OECD 경제조사

불어 미국 중앙은행인 연방준비제도이사회(Federal Reserve Board, FRB) 의장 앨런 그린스펀(Alan Greenspan)의 초저금리정책으로 인해 전 세계적으로 부동산 버블이 확산되던 시기였지요. 그 결과 미국은 2008년 글로벌 금융위기를 촉발한 '서브프라임 모기지론(subprime mortgage loan) 사태'를 겪게 되고, 남유럽 국가들은 심각한 재정적자로 'PIGS(Portugal · Italy · Greece · Spain)'라는 불명예스러운 별명을 얻게 됩니다.

그럼 노무현 정부는 부동산가격을 어떻게 잡았을까요? LTV(Loan To Value ratio)와 DTI(Debt To Income)로 대표되는 금융규제책★을 우선 들 수 있을 것입니다. 부동산 시장이 발달할수록 금융규제책의 중요성이 커질 수밖에 없습니다. 부동산은 기본적으로 자산재인 동시에 금융재이기 때문입니다. 현금만으로 집을 사는 사람은 거의 없으니까요. LTV는 김대중 정부 시절부터 있었던 부동산정책으로, 노무현 정부 때는 LTV 조건이 강화됩니다. 주택가치에 따른 대출을 제한하겠다는 것입니다. 실제로 더 무서웠던 것은 DTI였지요. DTI는 '소득이 없으면 대출 안 해주겠다, 돈 버는 사람에게만 대출해주겠다'는 것입니다.

DTI는 대출자 입장에서는 못마땅해 보일 수도 있습니다. '소득이 없는 것도 서러운데 대출조차 제대로 안 해주겠다니 도대체 내 집마련의 꿈은 언제 이루란 말이야?', 이런 생각이 들 법도 합니

★ LTV(주택담보대출비율)의 경우 도입은 2002년에 이루어졌으나 2003년 5월에 한도를 50%로, 10월에는 40%로 낮추는 식으로 사용했다. DTI(총부채상환비율)의 경우는 2005년 8월 '부동산 종합대책'에서 적용하기 시작해 2006년 3월 투기지역에 6억 원 초과 아파트 구입시 40% 상한을 적용했다.

다. 하지만 사회적으로는 부동산 버블을 일으키는 폰지투자(Ponzi finansing)★를 없애는 가장 좋은 방법입니다. 소득 없이 대출을 받는다는 것은 실질적으로 원리금상환능력 없이 대출을 받겠다는 것입니다. 이 경우 거주 목적이 아니라 오로지 집값 상승만을 목적으로 부동산을 매입한다는 점에서 당연히 투기수요로밖에 볼 수가 없습니다. 집값이 오르지 않으면 갚을 수 없을 테니까요.

DTI가 중요한 또 한 가지 이유는 사회정의 차원에서도 올바른 일이기 때문입니다. 투명한 소득을 가지고 세금을 정상적으로 납부하는 사람에게 우선적인 기회를 주겠다는 점에서 부동산 안정화와 더불어 거래의 투명화라는 두 가지 목적을 가졌다고 볼 수 있습니다.

실제로 부동산투기를 하는 사람들에게 노무현 정부가 실행했던 가장 무서운 정책은 부동산 실거래가 신고제였습니다. 지금도 장관이 되려면 이 제도를 제대로 지켰는지의 기준을 통과해야 합니다. 많은 후보자들이 억울하다고 합니다. 자신이 부동산을 거래했을 때는 이 제도가 없었다는 것입니다. '모 장관 후보자 알고 보니 다운계약서 작성, 10억 아파트 매매하면서 3억으로 신고해', 이런 기사가 보도되면 부도덕한 사람으로 몰린 후보자는 "그때는 그게 관습이었다"고 얘기합니다. 바로 그 관습을 끊고자 한 것이 이 법의 핵심이었습니다.

★ 원금뿐 아니라 이자를 갚을 능력도 되지 않는 상황에서의 투자. 투자수익으로 기존 대출을 상환하지 않고 신규 대출을 받아 상환하는 비정상적인 행위를 일컬어 찰스 폰지의 유명한 사기행각에서 이름을 딴 '폰지게임(Ponzi game)'이라고 한다.

노무현 정부는 1가구 다주택자들의 부동산 양도세를 50~60% 수준까지 끌어올렸습니다. 그리고 실거래가로 신고하라고 법을 바꾸었습니다. 이렇게 하면 부동산투기가 얼마나 어려워지는지 봅시다. 어떤 사람이 5억 원짜리 아파트를 사면서 신고는 2억 원으로 했습니다. 가격이 8억 원으로 오르자 팔려고 합니다. 그런데 이제는 다운계약서를 쓸 수가 없습니다. 8억 원으로 신고해야겠지요. 매입한 금액이 계약서상으로는 2억 원이니까 차익인 6억 원의 50%인 3억 원을 세금으로 내야 합니다. 8억 원을 받아봤자 원래 들어간 돈 5억 원에 세금 3억 원을 내고 나면 남는 것이 하나도 없습니다. 본전이라면 다행이겠지만 중개수수료와 취득세 등을 손해보고 나오게 될 것입니다.

이렇게 보면 노무현 정부는 주택공급정책★도 활발하게 추진했지만 노태우 정부와는 달리 부동산 수요정책을 우선했다는 것을 알 수 있습니다. 노태우 정부가 중산층 포섭을 위해 공급확대전략을 폈다면, 노무현 정부는 자신의 지지기반인 서민층 보호를 위해 수요억제전략(투기억제책)을 더 중시했다고 볼 수 있죠. 노무현 정부의 부동산정책은 LTV, DTI, 그리고 종합부동산세(종부세)★★와 실

★ 역대 정부의 연평균 주택공급량을 보면 김영삼 정부는 62만 호, 김대중 정부는 45만 호, 노무현 정부는 53만 호, 이명박 정부는 45만 호를 기록했다. 노무현 정부 시절이 이명박 정부 시절보다 많았다는 점이 눈에 띈다. 특히 노무현 정부의 주택공급정책은 수도권에 공공택지를 꾸준히 공급해 그곳에 국민임대주택을 지어 보급하거나, 저소득층 또는 생애최초 주택구매자에 대한 금융지원을 늘리는 등 서민지원책을 우선했다.

★★ 일정 금액 이상의 부동산 및 토지를 소유한 사람에게 공제금액 초과분만큼 과세되는 세금. 최초 시행 당시에는 1~3%가량의 세금이 부과됐으며, 2018년 5월 기준 0.5~2%가량의 세금이 부과되고 있다.

거래가 신고제를 바탕으로 한 투기억제책, 서민층 중심의 공급정책으로 정리할 수 있을 것입니다. 한마디로 투기수요를 없애서 부동산가격 안정화를 이루는 한편 서민의 안정적인 주거를 추진한다는 이야기였지요. 그렇게 해서 부동산 안정화를 이루어냈습니다.

앞서 언급했듯이 정부가 부동산을 잡고자 하면 부동산은 결국 잡힐 수밖에 없습니다. 노무현 정부의 부동산정책 시행 의지는 2003년 이후 크게 일곱 차례, 총 30여 차례의 부동산 안정대책, 정책 내 부동산가격 안정을 위한 모든 방안이 총동원되었다는 점에서 잘 알 수 있습니다. 그 성과로 대한민국은 다른 대부분의 OECD 국가와 달리 부동산 버블붕괴를 피할 수 있었습니다. 하지만 부동산투기를 악(惡)으로 보아 근절해야 한다는 초강경책과 서민을 위한 주택공급정책이라는 대의명분이 노무현 정부에 좋은 결과만을 가지고 왔을까요?

노무현 정부 당시 종부세를 실시하려고 하자 보수언론에서는 일제히 '세금폭탄'이라는 말을 써가면서 그 부당함을 지적했습니다. 반면 그때 많은 정치평론가들이 "1가구 다주택자에 해당되지도 않는 사람들이 부자증세를 반대하는 것은 계급배반"이라고 이야기합니다. '가난한 사람들이 부자를 위해 투표하는 바보짓을 또 반복하고 있다'는 말이었습니다.

저는 그러한 의견에는 동의할 수 없습니다. 일종의 엘리트주의라고 생각하기 때문입니다. '종부세의 진실을 말하는 자기들은 엘리트이며, 종부세를 반대하는 이들은 자신이 서민이라는 것을 잊고 부자들 편을 드는 바보들이다', 이런 견해가 잘못된 방향으로 한 발 더 나아가면 민주주의를 중우정치(衆愚政治)로 폄하할 수도 있다고 봅니다. 당시 종부세를 반대했던 중산층과 서민은 종부세 대상자가 부자들이라는 것을 몰랐을까요? 그렇지 않았을 것입니다. 특히 중산층의 경우 자기 재산의 대부분을 차지하는 부동산에도 자칫 종부세의 여파가 밀어닥칠지 모른다는 판단이 들었겠지요. 종부세 부과대상에 자기가 가진 주택이 당장은 포함되지 않아도 확대되면 포함될 수도 있고, 설령 자신이 종부세 대상자가 되지 않더라도 종부세와 같은 세금이슈가 전체 부동산가격의 하락을 가져와 자기 이익을 침해할 것으로 보았기에 종부세를 반대하지 않았을까요? 중산층과 서민은 정치인이나 지식인이 생각하는 만큼 어리석진 않습니다.

여기서 노무현 정부의 불행이 시작됐는지도 모릅니다. 서민의 주택마련과 투기세력의 단절이라는 대의명분에 바탕을 둔 부동산정책을 내세웠지만, 당시 중산층의 이해와 욕구에는 부합하지 않는 부동산정책이었기 때문에 민심이탈을 불러왔다는 것입니다. 세계적인 부동산 호황의 물결에 몸을 맡겨 신분상승의 에스컬레이터를 타보겠다는 소박한 그 욕망을 외면했다는 말이지요. 이는 결과적으로 거대한 반작용을 불러옵니다.

부동산을 사랑한 정권 _ 이명박 · 박근혜 정부

2007년 이명박 후보를 당선시킨 대선은 '부동산 대선'으로 불리기도 합니다. 당시 이명박 후보는 서울 강남에는 종부세 폐지를, 강북에는 뉴타운 개발을 통한 자산증대를 약속합니다. 한마디로 중산층과 서민에게 부동산을 통한 불로소득으로 신분상승의 기회를 만들어주겠다고 한 것이지요. 노무현 정부의 강력한 부동산억제책이 효과를 발휘하기 전 시작된 세계적 부동산 호황과 주택가격 폭등, 집 있는 자와 없는 자 혹은 집 있는 사람들 간에 벌어진 격차, 그 사이에 존재했던 '욕망'의 틈새를 정확히 찾아낸 것입니다.

2008년 집권여당인 한나라당이 승리한 18대 총선도 정확히 그 연장선에 있습니다. 당시 서울 지역의 뉴타운 광풍은 거셌습니다. 심지어 야당 의원들이 여당 의원보다 더 강력한 뉴타운 공약을 내세울 정도였으니까요. 하지만 뉴타운의 본류인 이명박 대통령의 한나라당을 이길 수는 없었습니다. 서울 48개 지역구 중 40곳을 싹쓸이했던 여당 의원의 대부분이 뉴타운 덕을 본 셈입니다. 이렇듯 부동산은 정치와 밀접한 관련을 가지고 있습니다.

이 같은 과정으로 집권한 이명박 정부, 그리고 이를 계승한 박근혜 정부에서 부동산 안정화정책을 기대한다는 것은 정말 연목구어(緣木求魚)를 넘어 '사막에서 고래 찾기'라고 불러야 하지 않을까 싶습니다. 박근혜 정부는 중산층과 서민의 욕구에 속속들이 맞춘 부동산정책을 내놓습니다.

그러자 정책의 효과는 금방 나타납니다. '최경환 효과에 부동산 시장 훈풍', '서울 재건축매매가 26개월 만에 3천만 원대 회복', '부동산규제 완화로 주택구매심리 꿈틀', '강남 3구 거래량 전년 동월 대비 204% 폭증', 이런 기사들이 연일 도배되었습니다. 부

❖ 박근혜 정부의 부동산규제 완화정책

DTI 완화	수도권 50%, 지방 60%, 제2금융권 60~85% → 70% 일괄 고정
LTV 완화	서울 50%, 경기·인천 60%, 제2금융권 50~65% → 60% 일괄 고정
부동산규제 개선 방안	• 청약제도 개선 • 1주택자 디딤돌대출 허용 • 재건축·재개발 규제 완화 • 국민주택기금 활용 확대 • 부동산 투자이민제 대상 확대 • 부동산 관련 법안 처리

동산을 사랑한 정부가 내놓은 부동산정책 덕분에 투기심리는 오랜만에 활짝 꽃을 피웠지요. 누군가는 이 기회에 주택구입의 꿈을 이루고, 누군가는 돈방석에 앉았을지도 모르겠습니다. 하지만 또 다른 이들에게 내집마련은 'N가지 포기' 대상 중 하나가 돼버렸습니다.

지금까지 대한민국 정부의 부동산정책과 부동산 시장의 관련성에 대해 살펴보았습니다. 부동산 시장을 이해하기 위해서는 집권하고 있는 정부의 정치적 이해관계를 고려하는 것이 필수적이란 점을 알 수 있었을 것입니다. 부동산 안정화정책을 제대로 실시한 정권은 노태우 정부와 노무현 정부뿐이었으며 실제로 부동산을 안정시켰다는 것도 확인했습니다. 부동산 시장 또한 정부가 시장을 이길 수 있다는 이야기입니다. 과거를 공부하는 이유는 현재를 제대로 알기 위해서지요. 다음 장에서는 문재인 정부의 부동산 핵심정책이 무엇인지, 왜 그럴 수밖에 없는지, 이는 어떻게 진행될 것인지 추적해보도록 하겠습니다.

"문제는 비명을 지르지만 해법은 속삭인다. 그래서 간과하기 쉽다."

_ 데이빗 본스타인(David Bornstein), 솔루션저널리즘네트워크 창업자

CHAPTER 3

부동산 시장에 새로운 질서가 시작된다

FINANCE

‘J노믹스’를 알아야 부동산의 미래가 보인다

문재인 정부 초대 국토교통부 수장인 김현미 장관의 발언을 한번 볼까요?

“부동산정책은 투기를 조장하는 세력이 아니라 정부가 결정해야 한다.”

“서민들은 평생 벌어도 내집마련은커녕 전월세가격 인상률도 따라잡지 못하는데, 한편에서는 ‘아파트 사재기’가 이뤄지고 있다. 이는 살기 위한 집이 아니다.”

“정부는 집을 거주공간이 아니라 투기수단으로 전락시키는 일은 용납하지 않겠다.”

이명박 정부 시절 강만수 기획재정부 장관의 발언과 비교해보겠습니다.

"강남에 눌러앉은 사람들이 투기를 했나, 가격을 올렸나?"
"종부세라는 조세는 우리나라밖에 없다."

이번에는 박근혜 정부 시절인 2014년 6월, 당시 최경환 경제부총리 겸 기획재정부 장관 후보자의 발언입니다.

"지금은 부동산이 불티나게 팔리던 한여름이 아니고 한겨울이다. 여름이 다시 오면 옷을 바꿔 입으면 되는데, 언제 올지 모른다고 여름옷을 계속 입고 있어서야 되겠나."

정권에 따라 장관들의 발언이 이렇게까지 다를 수 있다니 신기할 따름입니다. 다시 문재인 정부 100일 기자회견장으로 가보겠습니다.

"저는 이번에 정부가 발표한 부동산대책이 가장 강력한 대책이기 때문에 그것으로 부동산가격을 충분히 잡을 수 있을 것이라고 확신합니다. 만약 부동산가격이 그럼에도 불구하고 또다시 오를 기미가 보인다면, 정부는 더 강력한 대책도 주머니 속에 많이 넣어두고 있다는 말씀을 드립니다."

이렇듯 부동산 안정화에 대한 문재인 정부의 의지는 강력해 보입니다. 과연 문재인 정부의 부동산정책은 성공할 수 있을까요?

나무를 제대로 보기 위해서는 반드시 숲을 보아야 할 것입니다. 문재인 정부의 부동산정책을 제대로 이해하기 위해서도 반드시 문재인 정부의 전체적인 경제전망 속에서 부동산정책을 이해해야 합니다. 그렇다면 문 정부의 경제정책은 무엇일까요? 바로 'J노믹스'라고 불리는 '소득주도 성장론'입니다. 이것이 무엇인지부터 알아봐야겠습니다.

소득주도 성장론이란 무엇인가

야당인 자유한국당의 홍준표 대표는 "소득주도 성장론은 유럽과 남미에서 이미 망한 제도"라고 비판한 바 있습니다. 우파 성향이 강한 어느 인터넷 방송에서는 모 교수가 "소득주도 성장론은 허구다"라고도 했습니다. 좀 더 학문적인 비판도 보겠습니다. 한 명문대 교수는 "소득불평등이나 소득재분배는 성장동력보다는 주로 정당성의 문제이기 때문에, 소득주도 성장을 성장정책으로 해석하고 접근한다면 장기적인 경제성장에 긍정적 영향을 미치지 못할 것"이라고 비판합니다. 또 다른 교수는 "1990년대 이후 미국과 유럽에서 발표된 자료를 보면 임금인상이 고용을 감소시켜 근로자의 소득이 별로 늘지 않거나 줄었다. 임금인상은 확실히 기업이윤을 감소시키기 때문에 결과적으로 전체 소득에 미치는 효과는 불확실하고 소비는 오히려 줄어들 수 있다"고 합니다.

도대체 소득주도 성장론이 무엇이기에 이러한 비판을 받을까

요? 소득이 주도하는 성장이라는 말은 무엇을 의미할까요? 원래 소득주도 성장론은 '임금주도 성장론'에서 나온 말입니다. 그런데 우리나라 경제구조는 자영업자가 많다는 특징이 있지요. 그래서 임금이 주도하는 성장이라고 말하면 임금소득자가 아닌 자영업자를 소외시킨다는 의미로 이해될 수 있으니 소득주도 성장론이라고 이름 붙인 것으로 보입니다. 소득주도 성장론을 임금주도 성장론과 같은 개념으로 생각하면 훨씬 쉽게 이해할 수 있습니다.

경제에는 세 가지 생산요소가 있습니다. 자본, 토지, 노동입니다. 자본에서는 이윤이, 토지에서는 지대가, 노동에서는 임금이 나옵니다. 임금주도 성장론은 바로 이윤과 지대가 아닌 임금이 주도하는 성장을 말합니다. 파이의 크기가 똑같다면 이윤과 지대를 줄이고 임금을 높여야 성장한다는 게 임금주도 성장론의 본질입니다. 이윤과 지대를 우선하는 '자산주도 성장론'의 반대 개념으로 이해하면 됩니다. 자산주도 성장론이 이명박 정부와 박근혜 정부 시절 늘 강조하던 '낙수효과'에 기반한 이론이라면, 임금주도 성장론은 '분수효과'에 기반한 이론이라고 할 수 있습니다.

임금주도 성장론은 임금에 의존하는 노동자의 소득이 향상되면 수요가 늘 것이고, 수요가 늘면 기업이 투자를 활성화할 것이고, 투자가 활성화하면 고용이 증대될 것이고, 그러면 그것은 다시 수요를 활성화해서 경기의 선순환을 일으킨다는 것입니다. 한마디로 임금소득자의 임금을 높여 사회 전체적으로 수요를 증가시켜 경기를 좋게 만들자는 것이지요.

문재인 정부의 실질적인 첫 경제조치는 인천공항에서 근무하는 비정규직을 정규직으로 바꾸겠다는 것이었습니다. 정규직으로 전환된다고 해도 급여상의 큰 변동은 없을 것입니다. 신분상의 변화가 있을 뿐입니다. 그러나 정규직이라는 신분이 가져다주는 생활의 안정은 미래 기대소득의 증가를 불러와 소비를 증대시킬 것입니다. 경제학적 표현을 쓰면 저소득자의 소득향상으로부터 기업경제를 활성화하는 효과를 기대하겠다는 것이지요. 대기업이 돈을 벌면 그 돈이 아래로 떨어지고 또 떨어져 가난한 사람에게까지 갈 것이라는 낙수효과와 정반대인 분수효과★를 노리는 것입니다.

이것이 바로 임금주도 성장론 또는 소득주도 성장론의 핵심이고, 지금은 이를 노동단체가 아닌 다보스포럼(Davos Forum)에서도 주장하고 있습니다. 신자유주의의 첨병 격인 다보스포럼에서

★ 낙수효과가 부자의 소비로 인해 빈자의 소득을 창출하는 부(富)의 흐름을 추구한다면, 분수효과는 빈자의 소득이 기업 및 자산가의 매출 향상으로 이어지는 부의 흐름을 추구한다. 더불어 낙수효과가 기업에서 가계로의 부의 흐름을 추구한다면, 분수효과는 가계에서 기업으로의 부의 흐름을 추구한다.

조차 이제 임금(소득)이 주도하는 성장을 해야 한다고 말합니다. 국제노동기구(International Labor Organization, ILO)에서 본격적으로 제기되어 UNCTAD★를 비롯해 오늘날 다보스포럼에서도 말하는 임금주도 성장론을 문재인 정부가 가져온 것입니다.

'문재인 정부 경제정책의 본질이 무엇인가'라는 질문의 가장 간단한 대답은 '이명박 · 박근혜 정부의 경제정책과 반대'라는 것입니다. 인천공항에 달려간 이후 문재인 정부는 2018년 최저임금을 시간당 7천530원으로 올렸지요. 이는 2017년 최저시급 6천 470원보다 16.4% 오른 금액으로, 2000년 9월부터 2001년 8월까지 16.6% 인상한 이후 17년 만의 최대 인상폭입니다. 이 역시 경제 활성화를 위한 조치로 이해돼야 할 것입니다. 임금주도 성장론이 성공하기 위해서는 고소득자의 임금보다 저소득자의 임금을 높여야 합니다. 왜냐하면 저소득자의 소비성향(propensity to consume)★★이 더 높기 때문입니다. 임금을 높여 소비로 전환하기 위해 가장 필수적인 것은 소비성향이 높은 비정규직과 최저임금 인상 수혜자들의 소득을 안정화하고 높여주는 것이지요.

그런데 저소득자의 소비성향은 왜 높을까요? 소득이 낮을수록

★ 국제연합무역개발회의(United Nations Conference on Trade and Development)는 세계 국제무역 불균형 해소를 목적으로 1964년 설립된 유엔 산하의 정부 간 협의체다. '원조보다는 무역'이라는 기치 아래 무역을 통한 개발도상국의 경제발전을 추구하고 있다.

★★ 가처분소득 중 소비가 차지하는 비중을 나타낸 지표. 통계청이 밝힌 2016년 한국의 소득 분위별 소비성향은 평균 71.1%, 소득 하위 20%인 1분위 가구는 105.6%, 2분위는 80.3%, 3분위는 75.0%, 4분위는 70.4%, 소득 상위 20%인 5분위 가구는 59.9%로 나타났다. 소비성향이 100%이면 벌어들인 소득을 전부 소비한다는 의미이며, 0%이면 소득액 전부를 저축한다는 의미다. 따라서 1분위 가구의 소비성향이 100%를 넘었다는 것은 가처분소득을 전부 쓰고도 빚을 내 소비했다는 뜻이다.

생계를 위해 들어가는 돈 외의 여윳돈이 없기 때문입니다. 보건복지부가 발표한 2018년 4인 가구 기준중위소득은 451만 2천202원으로, 최저생계비★는 60%인 271만 1천521원입니다. 하지만 이는 법정 수준이고, 생계수급대상 가구의 경우 30%인 135만 5천761원입니다. 최저생계비를 겨우 벌어들이는 저소득 가정의 경우 소비성향이 100%에 육박할 것입니다. 소득이 전부 지출로 이어지는 한계소비성향 계층이니까요. 이마저 벌지 못할 경우 평균 소비성향은 100%를 넘어서겠죠. 즉 빚으로 버티는 적자가구가 된다는 뜻입니다.

반면 고소득 가정은 어떨까요? 소득이 두 배로 늘면 소비도 두 배가 될까요? 아닙니다. 월급이 두 배 올랐다고 하루 세 끼 먹다가 하루 여섯 끼 먹지는 않습니다. 물론 좀 더 고급스러운 음식을 사먹겠지만 식비가 소득증가율만큼 오르지는 않을 것입니다. 월급이 두 배 올랐다고 휴대전화도 두 대, 차도 두 대 사는 일은 드물겠지요. 그저 전보다 좀 더 비싼 휴대전화를 사고, 좀 더 고사양의 승용차를 타고 다닐 것입니다. 즉 내구재를 비롯해 소비지출액은 소득증가율보다 낮은 경향을 띠는 것이 보통입니다. 참고로 소득증가율보다 소비증가율이 높은 재화를 사치재라고 합니다. 하지만 주로 소비하는 재화가 모두 사치재는 아니기 때문에 소비증

★ 국민기초생활보장법에 따르면, 최저생계비는 국민의 건강하고 문화적인 생활을 유지하기 위해 소요되는 최소한의 비용이다. 다시 말해 생존 혹은 인간다운 삶을 위해 최소한으로 지출해야 하는 돈인 셈이다. 2015년 보건복지부는 절대적 빈곤 개념인 최저생계비를 상대적 빈곤 개념인 기준중위소득을 토대로 산정하도록 했다. 이에 따라 기초생활보장제도 생계수급대상을 선정하는 기준 또한 최저생계비에서 기준중위소득의 30%로 바뀌었다.

가율이 소득증가율을 초과하는 경우는 흔하지 않습니다.

소득이 높아질수록 소비성향은 점차 낮아지고, 이는 곧 저축 여력이 늘어남을 의미합니다. 저축이 안정적일수록 미래소득은 더욱 증가합니다. 또한 이를 바탕으로 미래를 위한 투자에 더욱 집중할 수 있습니다. 따라서 저소득층은 하루 빨리 적자가구에서 탈출해 저축 여력이 생길 정도의 소득과 소비 균형을 갖추는 것이 중요합니다. 물론 저소득 가계 스스로의 노력이 우선되어야겠지만 적정 수준의 정부 지원도 반드시 필요하다고 볼 수 있습니다.

자, 아직 자영업자가 남았습니다. 김상조 공정거래위원장은 중소기업중앙회에서 열린 가맹분야 상생협력 간담회에서 "시장환경이 어려울수록 본부와 점주 간의 상생협력은 보다 강화된 모습으로 나타나야 한다"면서 가맹시장 혁신을 당부했습니다. 이에 19개 프랜차이즈 업주들은 로열티를 내리고 최저수입을 보장하겠다고 합니다. 이 역시 영세 자영업자의 소득을 안정시켜 자영업자도 적극적인 소비에 나설 수 있게 하려는 의도로 파악해야 합니다.

재벌개혁을 주장하는 강경파로 손꼽히던 김상조 위원장이 공정거래위원회의 수장이 되자, 많은 사람들은 우선적으로 재벌개혁과 관련된 발걸음을 보일 것으로 예상했습니다. 그런데 의외로 중소기업 프랜차이즈 문제를 다루었습니다. 혹자는 '재벌개혁 의지가 쇠퇴했다'고 평가하거나, 심지어 '재벌개혁 의지의 실종'으로 해석했습니다. 하지만 저는 김상조 위원장이 한국사회에서 전체적으로 줄어들고 있는 유효수요의 문제를 재벌개혁보다 더 시급한 문제로 바라보았고, 그것을 해결하기 위해서는 소득주도 성장이 필요하다고 보았기 때문이라고 생각합니다.

비정규직의 정규직 전환, 최저임금 대폭 상승, 프랜차이즈 상생 추구 등 일련의 흐름을 이해해야 문재인 정부 경제정책의 본질을 알 수 있습니다. 이쯤에서 독자 여러분은 이런 생각이 들 수도 있습니다. '아니, 저런 문제가 부동산하고 무슨 상관이람?' 이 책이 부동산 책이라는 점을 잊을 리 없지요. 이제 무슨 상관이 있는지 보겠습니다.

비정규직, 최저임금대상자, 영세 프랜차이즈 자영업자들이 소비를 못 하고 있는 가장 큰 이유가 무엇일까요? 바로 지대입니다. 한마디로 주거비용과 임차비용이 너무 비싸다는 것이지요. 비정규직과 최저임금대상자는 전월세비용으로, 영세 자영업자는 가게 임차비용으로 돈을 지불하고 나면 소비할 여력이 없습니다.

A씨의 월급이 100만 원이라고 가정합시다. 지금 20만 원밖에 소비를 못 하고 있습니다. 어떻게 하면 A씨가 50만 원을 소비하게 할 수 있을까요? A씨는 비정규직입니다. 그래서 정규직으로 전환하니 미래의 기대소득이 증가함에 따라 10만 원을 더 소비합니다. 또 A씨는 최저임금대상자입니다. 그래서 최저임금을 인상하니 월급이 10만 원 오른 만큼 10만 원을 더 소비합니다. 마지막으로 A씨가 거주하는 집의 월세를 10만 원 내리자 또 10만 원을 더 소비합니다.

소득주도 성장론은 그저 어렵게 사는 사람들을 도우려는 복지의 관점에서 만들어진 것이 아닙니다. 침체된 경제를 살리기 위해 최소비용으로 어떻게 가장 많은 수요를 창출할 것인가 하는 논리에서 나왔습니다. 소득이 주도하는 성장을 성공시키기 위해 정부는 지대수입을 최소화하려고 노력할 것입니다. 현재 지대수입으로 살아가는 사람들★은 문재인 정부가 앞으로 펼칠 부동산 관련 정책이 결코 반갑지 않겠죠.

'소득주도 성장이 성공할 것인가'의 문제는 결코 쉽게 답을 낼 수 없습니다. 낙수효과를 강조하고 기업을 편드는 일부 경제학자들의 비난처럼 '임금이 상승하면 국제경쟁력이 떨어져 나라가 망한다'는 식의 말도 안 되는 논리와는 상관없이, 이러한 정부의 노력이 과연 사회 전체의 수요 증가로 이어질 수 있는가에 대한 고민은 좀 더 해봐야 합니다. 이는 부동산 시장과도 관련되어 있지요.

비정규직이 실제로 정규직으로 전환된다고 가정했을 때 그들이 소비를 늘릴지 줄일지는 단정하기 어렵습니다. 미래의 기대소득이 커져 소비가 늘 수도 있지만, 한편으로는 신용이 좋아져 대출한도가 늘어난 것을 이용해 대출을 받아 내집마련에 나설 수도 있지요. 대출의 원리금상환을 위해 허리띠를 더 졸라맬 수도 있습니다. 이러면 오히려 부동산가격은 상승하고 소비는 줄어들겠

★ 사실 지대가 주 수입원인 사람들 중 많은 수가 평범한 사람들의 생각처럼 화려한 삶을 살지는 않는다. 이와 관련된 문제는 하승주 동북아정치경제연구소장이 쓴 『대한민국 부동산 7가지 질문(2017년 출간)』이라는 책을 참고할 수 있다. 우리는 늘 '그래서 부동산을 사, 말아?'라는 결론에 집착하지만, 그보다 중요한 것은 시장을 보는 눈을 기르는 것이다. 이 책은 대한민국 부동산이 왜 폭락하지 않았는지, 부동산 시장의 가격은 어떻게 결정되는지, 내집마련의 꿈이 어떻게 정치에 이용됐는지 등을 미국 · 유럽과 한국 부동산 시장을 넘나들며 분석한다.

지요.

경제는 결코 단순하지 않습니다. 이론은 분명 소비가 늘어나고, 투자가 활성화하고, 고용이 증대되고, 다시 수요가 늘어나는 경기의 선순환이 발생할 거라고 이야기하지만 어쩌면 그 반대 결과가 나올 수도 있습니다. 지난 정부에서 수요 촉진을 위해 금리를 낮췄더니 거꾸로 가계대출이 증가하고 그에 따라 부동산가격이 상승했던 것처럼 말이지요.

부동산정책이 선거 승리의 마중물

가난한 사람들의 소득을 올리기 위해 문재인 정부는 모든 노력을 기울일 것입니다. 왜일까요? 대통령이 착해서? 정의의 화신이라서? 그럴 수도 있지만 가난한 사람들의 소득이 올라가면 집권여당인 더불어민주당의 재집권 가능성 또한 틀림없이 올라갈 것이기 때문입니다.

❖ 2012년 18대 대선의 소득 분위별 지지율 여론조사

소득 분위	박근혜	문재인	기타
200만 원 이하	56.1%	27.6%	
201~300만 원	40.1%	47.6%	
301~400만 원	43.5%	47.3%	
401~500만 원	39.4%	50.6%	
501만 원 이상	40.8%	46.4%	

출처 : 〈동아일보〉, 2012년 12월 11일 리서치앤리서치 여론조사

❖ 소득 계층별 월소득 대비 월임대료 비율(RIR)

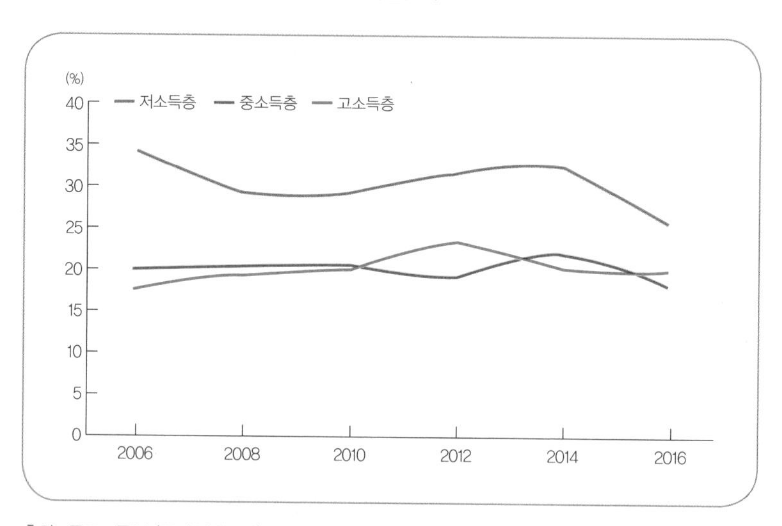

출처 : 국토교통부, '주거실태조사'

2012년 대선의 소득 분위별 지지율 여론조사 결과를 보면, 저소득층은 민주당을 아주 싫어한 것 같습니다. 서민을 위하는 정당이라고 늘 강조하는데도 막상 그 서민들은 다른 당에 표를 던

졌으니까요. 그러니 민주당의 핵심 브레인들은 이렇게 생각하지 않았을까요? '저소득층을 줄여야 우리가 정치적으로 유리하겠구나!' 추정컨대 2017년 대선 전에도 마찬가지로 생각했을 듯합니다. '선거도 이기고 경제도 활성화하려면 소득주도 성장론으로 가자!'

그럼 부동산과 관련해서는 어떤 생각으로 흐르는 게 자연스러울까요? '지대수익률은 떨어뜨려야겠지. 특히 저소득층의 경우 월소득 대비 월임대료 비율이 26.7%나 되는데 이 비율을 낮추지 않고서야 저소득층을 줄일 수 있을까? 저소득층의 전월세 부담률부터 확 낮추는 방법을 찾자!' 당연한 논리적 귀결입니다.

소득주도 성장론이 이명박·박근혜 정부 경제정책의 반대라고 이해하면 되듯이, 소득주도 성장론에 속한 부동산정책도 반대라고 보면 됩니다. 이 두 정부에서 부동산 안정화정책은 기대할 수 없었습니다. 정부의 핵심 지지기반이 연령대가 높은 부동산 소유

❖ 2012년 18대 대선의 연령대별 지지율 여론조사

연령대	박근혜	문재인	기타
60대 이상	72.3%	27.5%	
50대	62.5%	37.4%	
40대	44.1%	55.6%	
30대	33.1%	66.5%	
20대	33.7%	65.8%	

출처 : 〈동아일보〉, 2012년 12월 11일 리서치앤리서치 여론조사

주들이기 때문이었지요. 자신을 대통령으로 뽑아준 사람들에게 반하는 정책을 쓴다면, 그러고도 재선을 원한다면 정말 양심 없는 사람이 아니겠습니까? 이명박 · 박근혜 정부는 다른 이유는 제쳐두고 선거 승리를 위해서라도 부동산부양책을 써야 했습니다.

그럼 도대체 문재인 정부 집권기에는 아파트가격이 어떻게 될까요? 어느 지역의 아파트가격이 어떤 폭으로 움직일지는 알 수 없지만, 문재인 정부가 추구할 아파트정책이 무엇인지는 이야기할 수 있습니다. 재미있는 자료를 하나 볼까요? 2017년 19대 대선의 투표 결과를 분석한 도표입니다.

문재인 후보의 득표율이 홍준표 후보의 득표율보다 전반적으로

❖ 2017년 19대 대선 득표율과 아파트가격의 상관관계

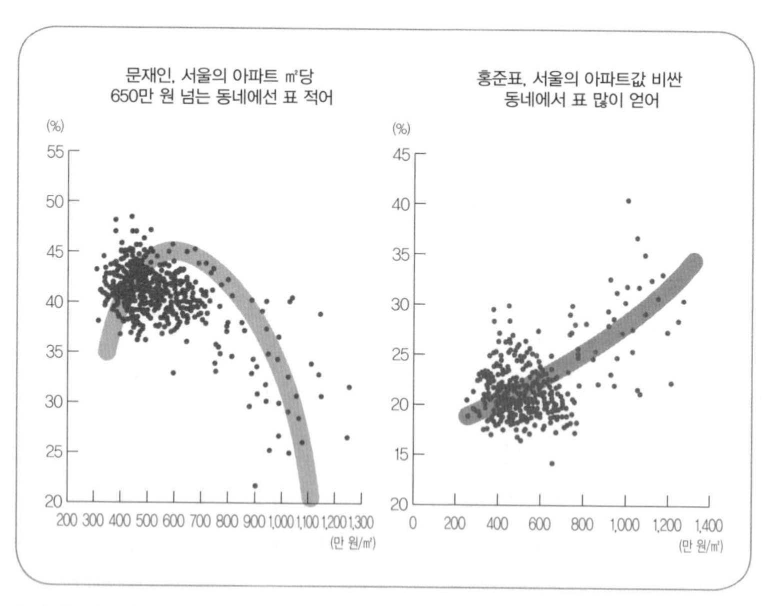

출처 : 〈중앙일보〉, 2017년 5월 18일자, 부동산114 제공 데이터(2017년 3월 기준)

높은 것은 차치하더라도 뚜렷이 보이는 특징이 있습니다. 가격이 싼 아파트 단지에서는 홍준표 후보의 지지율이 상대적으로 높고, 중간 가격대 아파트 단지에서는 문재인 후보의 지지율이 상대적으로 높습니다. 그리고 아파트가격이 비싼 곳에서는 다시 홍준표 후보의 지지율이 상대적으로 높은 것을 확인할 수 있습니다.

자, 이 같은 투표 결과를 볼 때 다음 대선에서 문재인 정부는 여당의 집권 연장을 위해 어떻게 해야 할까요? 비싼 아파트의 가격은 내리고 값싼 아파트의 가격은 더 떨어뜨리지 말아야 할 것입니다. 한마디로 '부동산가격 안정화'와 '부동산가격 폭락 방지'를 동시에 추구해야 합니다. 그럼 이제 문재인 정부의 이런 목표가 성공할 수 있을지 알아보겠습니다.

문재인 정부가 부동산을 잡을 수 있는 이유

문재인 정부는 '부동산가격 안정화'와 '부동산가격 폭락 방지'라는 목표를 달성할 수 있을까요? 쉽지는 않지만 가능할 거라고 봅니다. 그 이유를 알아보기에 앞서 한 편의 가상 시나리오로 시작하겠습니다.

'황금개띠의 해'가 밝았습니다. 많은 사람들이 결혼을 합니다. 신혼살림을 차려야겠지요. 예비 신혼부부들이 집을 구하러 다니자 집값이 올라갑니다. 거기다 다음 해는 '황금돼지띠의 해'라고 합니다. 그러니 혼인 건수가 더 많아지고 집값이 더 오를 것이라고 예상하는 사람들이 늘어납니다. 그 사람들도 집을 구매합니다. 이미 자기 집이 있지만 집값 상승에 대한 기대로 전세를 끼고 집을 사려고 합니다. 집을 사기도 어렵지 않습니다. 마침 신혼부부들의 수요가 많아 전세가격도 오르기 때문입니다.

그런데 주택수요가 폭발하면서 신혼부부들은 가격을 떠나 집 구하는 일 자체가 점차 어려워집니다. 이번에는 건설업자들이 본격적으로 주택건설계획을 잡습니다. '신혼부부가 살기에 적합한 아파트를 짓자'고 말입니다. 한편 많은 신혼부부들이 정부에 민원을 넣습니다. 전세 구하기가 너무 힘들다고, 이렇게는 못 살겠다고요. 그러자 선거를 앞둔 정부는 신혼부부를 위한 임대주택 공급계획을 내놓습니다. 정부와 민간업자에 의해 주택이 건설되기 시작합니다. 하지만 주택건설에는 2~3년이 걸리기 때문에 신혼부부들의 내집마련은 여전히 힘듭니다. 주택가격이 천정부지로 올라갑니다. 정부가 몇몇 대책을 내놓지만 집값은 이를 비웃기라도 하듯 더 올라갈 뿐입니다.

어느 순간 집값이 이상한 징후를 보이기 시작합니다. 민간업자들이 서둘러 지은 주택들이 하나씩 공급됩니다. 결혼하려는 사람들은 점점 줄어듭니다. 거기다 정부의 신혼부부 임대주택까지 공급되자 차츰 집값이 하락합니다. 전세를 끼고 집을 샀던 사람들 중 일부는 집값보다 전세가격이 비싸지는 말도 안 되는 현실을 겪습니다. 또 일부 집주인은 공공임대주택으로 집을 옮기겠다는 부부에게 빼줄 전셋돈이 없어 난리가 납니다. 깡통전세가 속출하고, 역전세난이 벌어지고, 일부 주택은 본격적으로 미분양이 시작됩니다. 결국 주택가격은 맥없이 폭락하고 맙니다. 그리고… 한참의 시간이 흘러 다시 '결혼하고 애 낳기 좋은 해'가 찾아옵니다.

이 시나리오와 문재인 정부의 부동산정책이 성공할 것이라는 전망이 무슨 상관일까요? 지금부터 부동산을 잡을 수 있는 세 가지 이유를 알아보겠습니다.

부동산 대세상승기가 아니다

가상의 시나리오를 통해 이야기하고 싶었던 것은 바로 '주택가격 순환 메커니즘'입니다. 경기순환과 주택가격의 상관관계를 도식화해보겠습니다.

❖ 경기순환 과정의 주택가격 변화

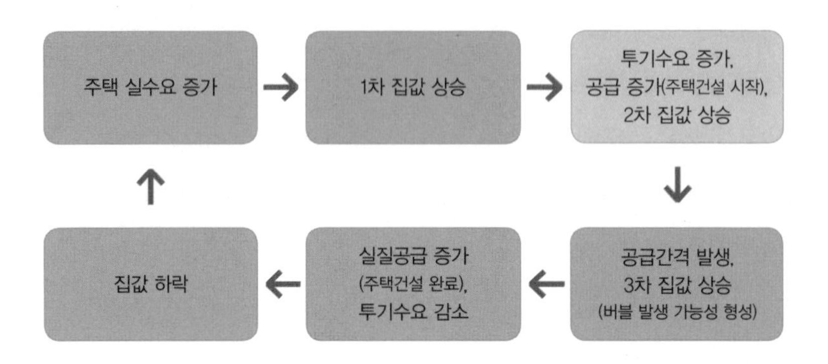

이 도표에서 주목해야 할 것은 일반적인 경기순환곡선과는 다른 두 가지 특징이 있다는 점입니다. 하나는 투기수요(가수요)가 발생해 2차 집값 상승을 가져온다는 점이고, 또 하나는 주택공급의 시작과 완료까지 2~3년의 공급간격(주택건설기간)으로 인해 3차 집값 상승을 가져온다는 점이지요. 주택이 왜 다른 상품보다 버블 형성이 쉬운가를 잘 설명할 수 있습니다.

그럼 아파트가격은 언제 가장 비싸고, 주택구입은 언제 해야 할까요? 다른 원인을 배제하고 주택가격과 경기순환의 상관관계만을 고려한다면, 주택건설이 시작되어 분양되기 전까지의 공급간격 발생시기에 사는 것을 피하고 실질적인 공급이 이루어지는 시점에 구입하는 것이 적기가 아닐까 싶습니다. 실제로도 그랬는지 전국 아파트가격 변화 추이를 살펴보겠습니다. 아래 도표를 보면 복잡한 내용 같지만 실은 아주 간단합니다. 2015년 12월 전국 아파트가격을 100으로 상정하고 이전과 이후의 월별 아파트가격을 지수화한 것입니다.

❖ 2000~2017년 전국 아파트가격 변화 추이

연도 \ 월	1월	2월	3월	4월	5월	6월	7월	8월	9월	10월	11월	12월
2000년	41.80	42.13	42.38	42.46	42.38	42.29	42.34	42.42	42.62	42.70	42.54	42.17
2001년	42.21	42.46	42.83	43.24	43.68	44.26	45.08	46.26	47.20	47.49	47.73	48.31
2002년	50.27	52.03	53.62	54.12	54.36	54.69	55.47	56.77	58.74	59.06	59.06	59.31
2003년	59.23	59.64	60.09	60.78	62.17	62.91	63.15	63.54	64.40	65.49	65.41	64.98
2004년	64.85	65.08	65.34	65.60	65.67	65.60	65.49	65.28	65.19	65.10	64.85	64.61
2005년	64.43	64.78	65.16	65.67	66.19	66.99	67.73	68.03	68.19	68.18	68.22	68.39
2006년	68.70	69.13	69.69	70.43	71.31	71.68	71.81	71.96	72.28	73.38	76.19	77.79
2007년	78.58	78.81	78.88	78.88	78.80	78.82	78.95	79.06	79.18	79.30	79.43	79.46
2008년	79.60	79.78	80.27	81.04	81.52	81.96	82.22	82.32	82.49	82.44	82.00	81.29
2009년	80.74	80.50	80.31	80.34	80.46	80.64	80.91	81.17	81.82	82.16	82.43	82.57
2010년	82.69	83.01	83.26	83.43	83.48	83.44	83.36	83.33	83.46	83.69	84.15	84.66
2011년	85.20	86.14	87.27	88.32	89.23	89.82	90.32	90.96	91.59	92.07	92.58	92.79
2012년	92.96	93.14	93.32	93.45	93.48	93.43	93.29	93.15	92.95	92.78	92.70	92.62
2013년	92.54	92.46	92.41	92.40	92.38	92.32	92.30	92.24	92.28	92.49	92.71	92.93
2014년	93.04	93.22	93.54	93.78	93.84	93.90	93.98	94.11	94.41	94.75	94.98	95.19
2015년	95.33	95.59	96.02	96.56	97.00	97.50	97.94	98.38	98.95	99.31	99.80	100.00
2016년	100.08	100.16	100.18	100.21	100.28	100.37	100.51	100.65	100.80	101.10	101.42	101.50
2017년	101.52	101.52	101.54	102.58	101.62	101.85	102.12	102.41	102.47	102.57	102.70	102.83

출처 : KB부동산

❖ 2000~2017년 전국 아파트가격 변화 추이

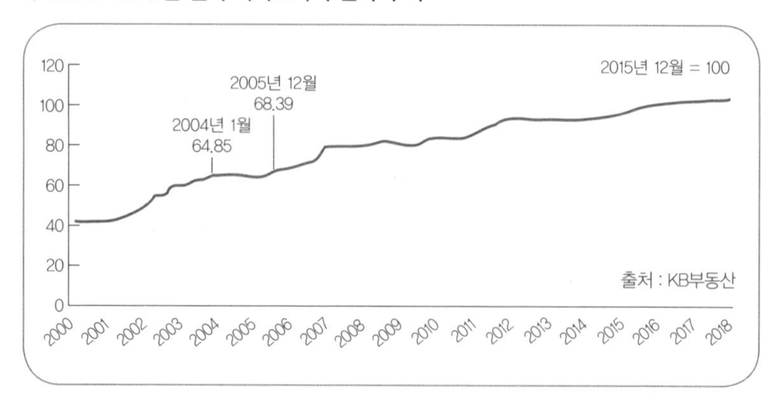

❖ 1990~2018년 전국 아파트 연간 입주물량

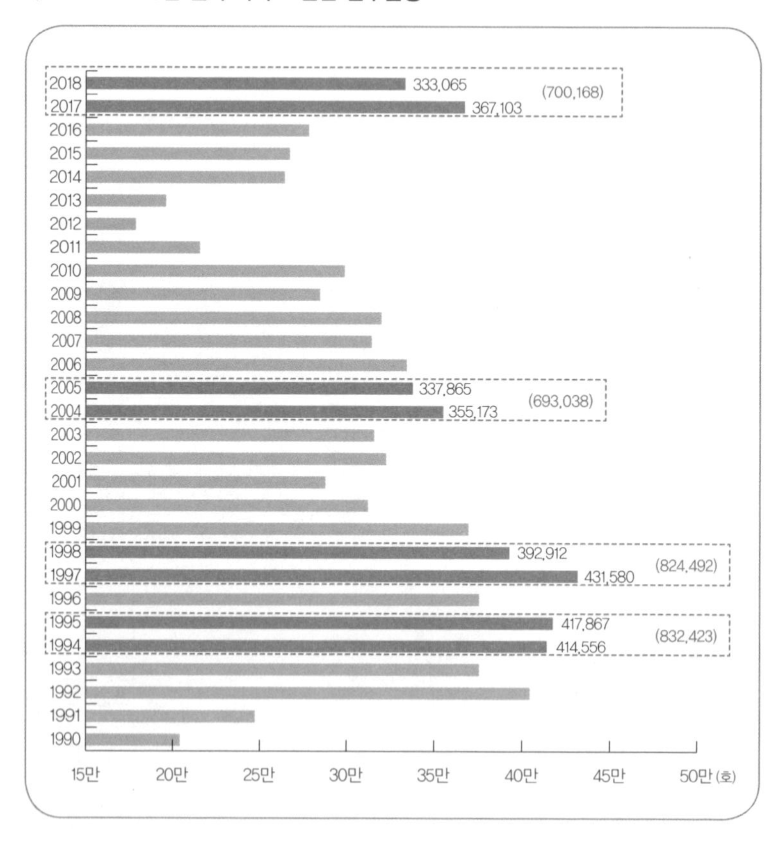

출처 : 부동산114

전국 아파트 연간 입주물량을 보면 실질적인 아파트공급이 2004~2005년에 걸쳐 크게 증가한 것을 확인할 수 있습니다. 해당 기간 동안 전국 아파트가격은 크게 오르지 않았죠. 2004년 1월 아파트가격지수는 64.85이고, 2005년 12월은 68.39입니다.

간단히 정리하면 부동산가격이 안정되어 매입하기 좋은 시기는 주택의 실질공급이 활발하게 이루어진 2004년과 2005년임을 알 수 있습니다. 또한 집을 사서는 안 되는 시기는 그 직전 공급간격이 발생한 시기였음을 알 수 있습니다.

그렇다면 지금은 어떤 시기일까요? 2006년 이후 아파트 입주물량 추이를 살펴보겠습니다. 2008~2010년 금융위기가 터지자 아파트 건설계획이 대폭 축소됩니다. 그 결과 2011년부터 2013년까지 아파트 입주물량 또한 대폭 감소된 것을 볼 수 있습니다. 이 시기 금융위기로부터 벗어난 사람들이 주택매입에 나설 것이라는

❖ 2006~2017년 전국 아파트 입주물량 추이

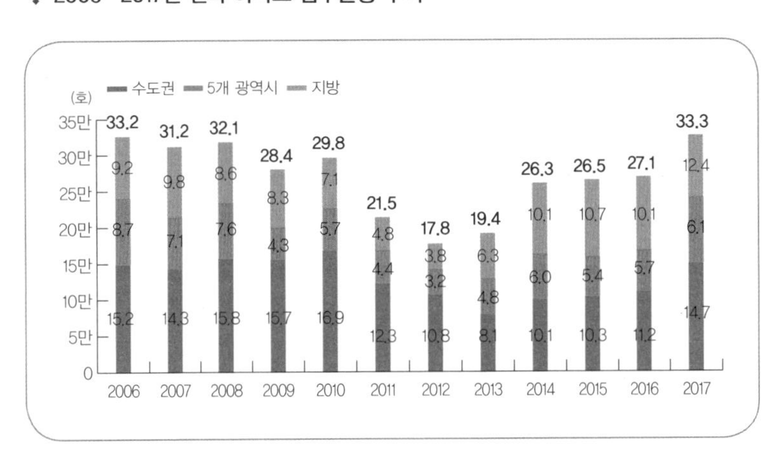

출처 : 부동산114

점을 쉽게 추론할 수 있겠죠. 이에 따라 실수요가 증가하고, 가격이 상승하기 시작합니다. 가격상승에 고무받아 이제 2단계로 가수요가 발생합니다. 2014~2015년으로 추정할 수 있습니다. 그러자 본격적으로 건설사들이 주택건설계획을 수립하고 아파트를 짓습니다. 이 아파트들은 대부분 2017~2018년 사이에 실질적으로 준공되어 공급이 본격화됩니다. 그렇다면 2016~2018년을 공급기간 격차가 발생하는 단계라고 볼 수 있습니다.

다시 원점으로 돌아가서 보겠습니다. 경기순환과 주택가격의 상관관계에 따르면, 2017~2018년에는 부동산가격의 상승이 어려운 시기에 접어들 것입니다. 문재인 정부가 부동산 안정화에 성공할 수 있는 첫 번째 이유는 지금이 부동산 대세상승기가 아니

❖ 2017~2018년 전국 아파트 월간 입주물량

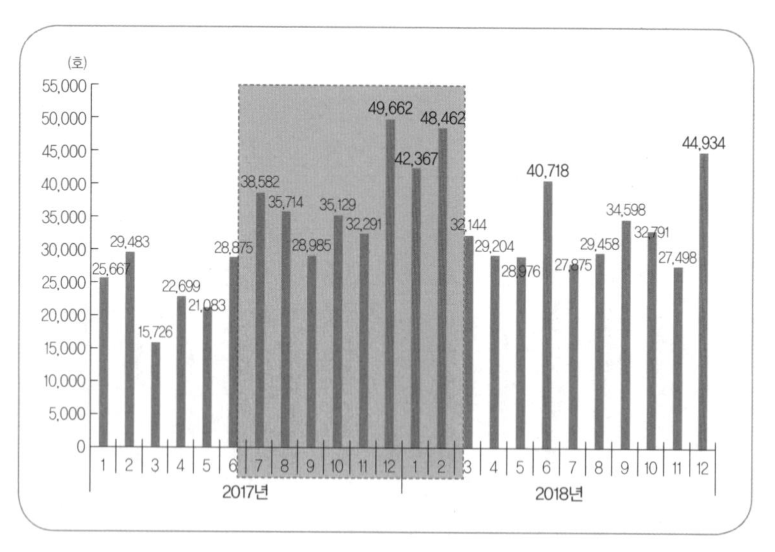

출처 : 부동산114

라는 점입니다. 노무현 정부는 여러 효율적인 부동산 안정화정책을 취했지만 효과를 얼마 보지 못 했습니다. 가장 큰 이유는 당시 대한민국은 물론 세계적으로 부동산 대세상승기였기 때문입니다. 같은 맥락에서 문재인 정부의 부동산정책은 참여정부 때처럼 강력하지 않아도 부동산 안정화를 쉽게 이룰 수 있을 것입니다. 문재인 정부의 부동산정책이 탁월해서라기보다는 시기가 좋아서라고 볼 수 있습니다. 운칠기삼(運七技三)이라고 하지 않습니까? 부동산정책에도 예외일 수는 없겠죠.

다만 2017년과 2018년에 쏟아지는 공급물량이 과연 엄청나게 많은 것인가에 대해서는 논란이 있습니다. 노태우 정부 시절에는 200만 호 주택을 건설했습니다. 1980년대 초반만 해도 대한민국 총 주택수가 600만 호 정도였지만, 지금은 2천만 호에 가까운 주택이 있습니다. 그러니 저 공급물량이 과연 많은가에 대해서는 고려해볼 여지가 있을 것입니다.

분명한 점은 2017~2018년에 공급되는 물량은 2011~2012년에 공급된 물량보다 거의 두 배 이상이라는 것입니다. 예컨대 2017년 경제성장률이 예상치인 2.8%보다 0.3%p★ 높은 3.1%로 나오자 혹자는 '0.3%p가 뭐 대수인가'라고 생각했을 수 있습니다. 매년 10%씩 경제성장률이 오르는 고도성장기에 0.3%p는 중요한 수치가 아닐 수도 있습니다. 하지만 2~3%씩 성장하는 저성장기

★ '증가율'은 증가량을 원래량으로 나눈 값이다. 그렇다면 '증가율의 증가율'은 어떻게 표현할까? 예를 들어 물가상승률이 4%에서 5%로 올랐다면 물가상승률의 증가율은 25%다. 이런 표현 방식은 매우 헷갈리기 때문에 상승률의 증가율은 %p 방식을 쓴다. 즉 물가상승률이 4%에서 5%로 변화했다면 물가상승률이 1%p 상승했다고 표현한다.

에 0.3%p는 매우 중요하겠지요. 마찬가지로 그 절대수치와 상관없이 2017~2018년의 공급물량 증가는 유의미한 지표라고 봐야 할 것입니다. 한편 공급물량이 많았던 1994~1995년, 1997~1998년, 2004~2005년에 부동산가격의 상승이 없었다는 점도 다시 한 번 생각해봐야 합니다.

오를 일밖에 없는 금리

물건의 가격은 기본적으로 수요와 공급에 의해 결정됩니다. 커피가격은 어떻게 결정될까요? 공급 측면에서 보면 커피농장이 많은 지역의 기후조건, 커피농장 노동자의 임금, 커피농장 재배면적의 변화 등을 고려해야 합니다. 그러한 변수들이 생산원가를 결정하니까요. 또한 수요 측면에서 보면 대체재인 홍차가격의 변화, 보완재인 설탕가격이나 우유가격의 변화, 사람들의 기호 변화 등을 생각해볼 수 있습니다. 그렇다면 아파트가격을 결정하는 것은 무엇일까요?

아파트를 매매하면서 가격을 논할 때 아무도 원가를 이야기하지 않는다는 점이 재미있습니다. 심지어 원가를 공개하니 마니 가지고 논쟁을 벌이고는 합니다. 모든 정보가 공개되는 완전경쟁시장이 효율적이라는 관점에서 보면 아파트 원가를 꽁꽁 숨기려고 하는 건설사의 의도는 분명 괘씸하지요. 하지만 과연 원가가 공개된다고 해서 아파트가격이 떨어질까요? '원가가 이렇게 싸단 말

이야? 건설사에 속았군. 다시는 아파트를 사지 않을 거야!'라고 생각하는 사람이 얼마나 있을까요? 아무튼 우리는 몇 억씩 주고 아파트를 사지만 그 아파트의 원가에는 관심이 크지 않습니다. 왜 일까요?

물건은 '사용가치'와 '교환가치'를 가집니다. 가령 컴퓨터를 사용하면서 느끼는 효용을 사용가치라고 한다면, 그 컴퓨터를 에어컨과 바꿀 경우 그것을 교환가치라고 할 수 있을 것입니다. 교환가치만을 가지는 물건이 하나 있습니다. 바로 돈이죠. 우리가 사용하는 돈은 종이 쪼가리에 불과합니다. 면화로 만들었으니 종이 쪼가리라는 말이 정확한 것은 아니지만 어쨌든 사용가치가 없지요.

커피, 책상, 노트북, 컵, 지갑과 같은 물건은 주로 사용가치를 생각해서 구매하지 교환가치를 위해 구매하지는 않습니다. '이 노트북을 나중에 팔면 얼마를 받을 수 있을 거야', 이렇게 생각하면서 노트북을 사지는 않는다는 것입니다. 그런데 아파트는 어떤가요? '전철역이 가까워서 우리 애들이 학교 다니기에 좋아', '좀 작아도 방이 세 개라 우리 가족이 살기 좋은데?', 이렇게 접근해서 주택을 구매한다면 사용가치를 고려한 것입니다. 하지만 대부분의 사람들이 그런 점만을 고려해 아파트를 사지는 않습니다. '여기에 새로운 전철 노선이 하나 더 들어오니까 가격이 오를 거야', '외국인학교가 들어서니까 가격이 오를 거야'라는 이유만으로도 불편을 감수하고 아파트를 사는 경우를 많이 볼 수 있지요. 사용가치보다 교환가치를 중시하기 때문입니다.

아파트는 단순한 물건이 아니라 의식주 중의 하나에 해당하는 필수재인 동시에 매매를 통해 이익이 창출되는 재산재에 해당합니다. 이 상품은 얼마에 팔지가 중요한 재화라서, 원가보다는 앞으로 수요와 공급이 어떻게 될지, 그리고 이에 따라 가격이 어떻게 변할지가 초미의 관심사가 될 수밖에 없습니다. 그렇다면 아파트가격을 결정하는 가장 큰 요인은 무엇일까요? 아파트의 공급과 수요를 결정하는 요인은요? 이 두 질문의 정답은 바로 돈의 가격, 즉 금리입니다.

아파트는 단독주택과 달리 개인이 지을 수가 없습니다. 대규모 자금조달이 필요하기 때문입니다. 그래서 우리나라에서는 '선분양·후입주'를 채택하고 있죠. 물건을 보지도 않고 먼저 사야 한다는 것입니다. 그러니 구매한 물건에 하자가 있으면 항상 논란이 발생하지요. 다른 제품이라면 말도 안 되는 방식입니다. 테슬라(Tesla)★의 CEO 엘론 머스크(Elon Musk)가 아마도 이 기법을 배워가서 써먹고 있나봅니다.

물론 선분양·후입주만으로 그 많은 아파트를 지을 수 있는 것은 아닙니다. 건설사가 아파트를 분양하기 위해서는 자기자본만으로는 불가능합니다. 금융기관에서 대출을 받아야 하죠. 당연히 돈의 가격인 금리에 큰 영향을 받을 수밖에 없습니다. 따라서 금리는 아파트의 공급을 결정하는 가장 중요한 변수입니다. 멋있는

★ 테슬라의 경우 새로운 모델을 공개하면서 늘 선예약을 받는다. 모델 3의 경우 예약금 1천 달러를 받았으며, 2016년 3월 31일 공개와 함께 예약을 시작했다. 예약제를 통해 테슬라는 공개 일주일 만에 140억 달러의 매출을 얻을 수 있었다. 하지만 모델 3의 출고는 매우 느리게 진행됐고, 2016년 말 진행하려던 대량생산 일정은 2018년 6월 말까지 미뤄졌다. 이쯤 되면 '자동차 선분양' 제도라고 할 수도 있을 것이다.

말로 '프로젝트 파이낸싱(project financing)'★이라고 부르는 건설 계획표를 저도 직장생활 중에 만들어본 적이 있습니다. 이때 계획의 성패를 결정짓는 변수가 바로 조달금리였습니다.

수요 측면에서는 더 말할 필요도 없을 것입니다. 집을 현금만으로 사는 사람은 삼성동에 주택을 구입한 박근혜 전 대통령 정도밖에 없습니다. 보통사람은 금융기관에서 대출을 받아 구입합니다. 사람들은 아파트를 구매할 때 금융기관의 대출금리에 대단히 민감하게 반응합니다. 신용카드대출이자에는 관심이 별로 없어도 아파트대출이자는 소수점까지 다 알고 있습니다. 아파트대출은 금액이 클 뿐만 아니라 기간도 장기적이기 때문입니다. 금리가 조금만 올라도 아파트를 구매하기 두려워지는 것이 현실이죠. 금리가 오르면 기존 대출을 끼고 아파트를 구매한 사람들의 이자 부담이 커집니다. 오래 버티지 못하고 보유한 아파트를 내놓을 수도 있습니다. 아파트공급이 추가로 늘어날 수 있다는 것입니다. 이처럼 수요와 공급 측면에서 아파트가격에 가장 큰 영향을 미치는 것이 금리입니다. 아파트는 필수재이자 재산재인 동시에 금융재이기 때문입니다.

2018년 4월 한국은행 기준금리는 1.5%입니다. 한마디로 더 내려갈 곳이 없는 초저금리지요. 정부가 부동산가격을 안정시키기 위해서는 금리인상을 해야 합니다. 금리인상을 하려면 당연히 금리인하 압력이 없어야 합니다. 현재 우리 경제는 금리인하 압력

★ 대규모 자금이 필요한 건설, 설비투자 및 부동산 프로젝트에서 미래의 수익을 담보로 잡고 자금을 투자받는 금융조달방식.

이 거의 없습니다. 그 이유로는 첫째, 대한민국의 경제가 지금 매우 좋다는 것입니다. 경제가 어려우면 금리를 낮춰 돈을 풀어야 할 텐데 현재 우리나라는 금리를 낮출 정책적 이유가 없습니다. '서민경제가 이렇게 어려운데 무슨 말이냐' 싶겠지만 한국경제는 2017년 3분기에 이전 분기 대비 1.4% 성장하면서 2017년 경제성장률 3.1%를 기록했습니다.

둘째, 세계의 돈값을 결정하는 미국의 금리가 대세상승기에 있다는 점입니다. 최근 10년 6개월 만에 한국과 미국의 금리가 역전됐습니다. 2018년 3월 21일 미국 중앙은행인· 연방준비제도이사회(FRB)의 연방공개시장위원회(FOMC)가 기준금리를 25BP(Basis Point)★ 인상함에 따라 미국 기준금리가 1.25~1.50%에서 1.50~1.75%로 변경됐습니다. 우리나라 기준금리인 1.5%보다 높아졌죠. 한국경제가 튼튼하기 때문에 당장 대규모 자본유출과 같은 일이 발생하지는 않겠지만 금리의 격차를 더 벌어지게 하는 금리인하는 불가능할 것입니다.

거기다 2017년과 달리 2018년에 일어난 작은 변화가 있습니다. 바로 통화량 증가율이 높아졌다는 점입니다. 2017년 M2★★ 증가율은 가계대출 증가세 둔화 여파로 8~12월 내내 4%대에 머물렀습니다. 그런데 2018년 1월 한국은행 발표에 따르면, M2가 월말

★ 이자율 계산에 사용하는 최소 단위. '1%=100BP'로 계산한다.

★★ 통화량은 통화를 어떤 것으로 규정하느냐에 따라 달라지며, 일반적으로 자산의 유동성 정도에 따라 통화지표를 구분한다. M1(협의통화)은 '현금+요구불예금+수시입출식 예금'이며, M2(광의통화)는 'M1+정기예적금+각종 금융상품 · 금융채 등'이다.

잔고 기준 2천568조 2천661억 원으로 1년 전 같은 달보다 6.7% 늘어나 최근 7개년 만에 가장 큰 폭으로 증가했습니다. 통화량을 조절하기 위해서라도 시중에 금리인상 압력이 발생하고 있다는 것을 알 수 있습니다.

이처럼 한국경제의 호조세, 미국 금리인상 지속, 통화량 증가 요인으로 인해 우리 경제는 금리인하 압력이 아니라 오히려 금리 인상 압력이 발생하고 있는 시점입니다. 부동산가격 안정화를 이루고 싶은 문재인 정부로서는 이전 정부들처럼 두 마리 토끼를 동시에 잡아야 하는 어려운 정책, 즉 '경기 활성화를 위해 금리는 인하하면서 부동산가격은 안정시켜야 한다'는 식의 정책은 시행하지 않아도 됩니다. 이런 면에서 문재인 정부는 행운이 따르는 정부라 할 수 있을 것입니다.

부동산 패러다임이 변했다

부동산가격의 상승 원인 중 하나가 투기열풍입니다. '가수요'의 문제라고 할 수 있죠. 이런 투기열풍은 객관적인 경제지표에 의해 움직이는 것이 아니라 사람들의 열정(?)에 의해 움직입니다. 뉴타운광풍이 불었을 때 그것이 불가능하고 또한 올바르지도 않다고 생각하는 많은 정치인들도 선거 때는 다른 후보들보다 더 강력한 뉴타운 공약을 내세웠습니다. 그만큼 부동산은 사람들의 여론에 의해 크게 움직여나갈 수밖에 없습니다. 그런데 이 부동산을 바라

보는 여론이 바뀌어나가고 있습니다.

노무현 정부 때를 한번 생각해봅시다. 종합부동산세를 시행한다고 했더니 난리가 났죠. '집값 잡겠다더니 집주인 잡았다!', '강남에 집 한 채 가지고 열심히 살았더니 세금폭탄?', 이런 비판론이 들끓었습니다. 단지 보수언론의 악의적 보도 때문이었을까요? 그래서 노무현 정부 시절 부동산정책에 대한 국민여론이 그토록 부정적이었을까요? 2005년 8월 31일 당시 노무현 대통령은 "하늘이 두 쪽 나도 집값은 잡는다"며 부동산대책을 내놓습니다. '8·31 부동산대책'으로 불리는 이 정책을 통해 종합부동산세의 과세대상을 기준시가 9억 원 이상에서 6억 원 이상으로 낮추고, 1가구 2주택자에게 양도세 50%를 중과하는 등의 안이 시행됐습니다. 서민을 위한 참 좋은 정책 같은데, 이 대책으로 인해 노무현 정부에 대한 여론은 더 악화됩니다.

당시 한 여론조사 업체에서는 8·31 부동산대책 전후로 노 대통령에 대한 긍정평가가 28%에서 23%로 떨어졌다고 발표합니다.

또한 '종합부동산세 과세기준을 6억 원에서 9억 원으로 올리는 것을 어떻게 생각하느냐'는 질문에 응답자의 68% 이상이 올려야 한다고 대답한 결과가 나옵니다. 종합부동산세 과세대상이 아닌 사람들도 대부분 종부세를 반대하는 여론이 형성된 것입니다.

거기다 헌법재판소까지 '종합부동산세 세대별 합산과세는 위헌'이라고 판결합니다. 즉 종부세의 경우 부부가 따로따로 과세해야 한다며 정부의 반대편에 섰습니다. 심지어 당시 여당인 열린우리당에서조차 심각한 중산층 민심이탈을 걱정하면서 종합부동산세 완화를 건의하던 시절입니다. 앞에서도 이야기했지만 이러한 여론은 대다수의 국민이 보수언론의 이데올로기에 넘어가서라기보다는 정부가 중산층과 서민의 욕망을 간과한 데 따른 것입니다. 부동산가격 상승을 통해 부자가 되겠다는 꿈을 가진 이들이 종합부동산세 인상이 부동산가격 하락의 빌미가 되어 자신들의 꿈을 이루지 못할 가능성이 커진다고 판단했기 때문입니다.

10여 년의 세월이 흐르는 동안 국민들의 인식에도 많은 변화가 있었습니다. 한 일간지가 여론조사기관에 의뢰해 '종합부동산세나 재산세 등 부동산 보유세를 인상하는 방안에 대해 어떻게 생각하느냐'고 질문했는데, 찬성한다는 응답이 78.5%, 반대한다는 응답은 18.6%가 나왔습니다. 놀랄 만한 변화입니다. 자신의 이념적 성향이 보수라고 말하는 사람들도 69.3%가 찬성했다는 점에서 특기할 만한 상황으로 볼 수 있습니다. 또 하나 주목할 만한 여론조사가 있었습니다. '2017년 8월 2일 정부가 내놓은 부동산대책이 투기를 근절하는 효과가 있겠냐'는 질문에 효과적일 것이라는 응답자가 49.6%로, 비효과적일 것이라는 응답자 30.3%와 잘 모르겠다는 응답자 20.1%보다 압도적인 결과가 나왔습니다.

이 같은 여론조사 결과는 부동산정책에 대한 국민 인식이 많이 변했다는 것을 보여줍니다. 그동안 정부의 부동산정책이 발표되면 사람들의 반응은 대단히 냉소적이었습니다. '일시적으로 효과가 있을지는 몰라도 소용없을 거야'라든가 '또 정부가 헛다리 짚네'라는 반응이 대부분이었습니다. 이제까지 경험적으로 그래왔기 때문입니다. 또한 정부의 부동산억제책이 립 서비스나 할리우드 액션에 그친 경우가 더 많았기 때문이기도 합니다. 그런데 8·2 부동산대책에 대한 보수언론의 대대적인 폄하에도 불구하고 이런 결과가 나왔다는 점은 분명 정부의 부동산가격 안정화정책에 대해 보다 우호적인 여론이 형성되고 있다는 것을 보여줍니다.

여기서 한 가지 짚고 넘어갈 것이 있습니다. 앞서 이야기한 여론조사 결과에서도 보다시피, 많은 사람들이 부동산 보유세 강화에 동의하고 있음에도 불구하고 왜 정부는 이 카드를 꺼내지 않고 있느냐는 점입니다. 2017년의 8·2 부동산대책에도 보유세 강화 카드는 들어가 있지 않았습니다. 2018년 7월 6일 기획재정부에서 종합부동산세 개편 방안*을 발표했지만, '너무 찔끔 올렸다'라는 말이 언론에서 나올 정도로 정부는 이에 대해 조심스럽게 접근하고 있습니다. 정권이 바뀌어도 여전히 관료들은 부자들의 편이라 그럴까요?

---

* 종합부동산세 개편 방안과 관련해서는 유튜브에서 '2018 최진기의 생존경제' 26화, 27화를 찾아보면 보다 쉽게 이해할 수 있다.

보유세 강화는 사실 만만치 않은 일입니다. 만일 정부가 보유세를 강화하면 건물주는 어떤 행동을 보일까요? 순순히 세금을 내기보다는 세입자에게 그 부담을 전가시키려고 하겠죠. 건물주가 세입자를 불러 '세금이 올라서 월세를 더 내야 한다'고 통보합니다. 건물도 별로고 세도 비싸다고 생각하는 세입자는 나간다고 하겠죠. 부동산 공실률은 더 높아지고 지역이 더욱 슬럼화될 것입니다. 세입자가 더 나은 건물로 가면 마냥 좋은 일일까요? 건물주가 세입자에게 조세를 전가해서 올라간 그 건물의 월세는 더 올라갈 것입니다. 좋은 건물을 가지고 있는 건물주는 오히려 부를 더 축적할 수도 있게 됩니다. 즉 섣부른 보유세 강화는 지역별로 자칫 의도하지 않은 양극화를 가져올 수 있는 문제인 동시에 세입자에게 더 큰 피해를 주는 결과를 낳을 수 있는 정책인 것입니다.

여기까지 살펴본 것만으로도 문재인 정부가 이전 정부에 비해 부동산과 관련해 운이 따르는 상황임을 알 수 있습니다. 첫 번째로 부동산 경기순환의 대세상승기가 아니라는 점, 두 번째로 부동산 버블을 키울 금리인하 압력이 존재하지 않는다는 점, 마지막으로 노무현 정부 때와 달리 부동산 안정화에 대해 우호적인 여론이 형성되어 있다는 점 때문입니다. 부동산 안정화를 위한 정부의 노력이 결실을 맺기에 아주 좋은 조건을 가지고 있죠.

종부세의 파란만장한 역사

종합부동산세란 보유하고 있는 토지와 주택의 공시가격 합계가 일정 금액을 초과할 경우, 그 초과한 금액에 대해 과세하는 제도입니다. 즉 내가 가진 주택이 10억 원짜리인데 공시가격이 6억 원인 경우, 초과금액인 4억 원에 대해 세금을 걷는 제도지요.

우리나라 종합부동산세 이야기를 하기 위해서는 참여정부 시절로 되돌아가야 합니다. 노무현 정부 집권 초기, IMF 금융위기의 여파로 인한 주택공급 감소와 저금리, 그리고 김대중 정부 시절 시행했던 각종 규제 완화로 집값이 급등하기 시작했습니다. 이에 정부에서는 집값을 안정시키기 위해 보유세를 높이는 계획을 추진했지요. 그 결과 2003년 10월 29일 '부동산 보유세 개편방안'을 통해 종합부동산세의 도입을 발표했으며, 법안을 마련해 2005년부터 시행했습니다.

양도세와 종합부동산세의 차이는 무엇일까요? 이전부터 시행되던 1가구 2주택 양도세는 거래 이후 시세차익에 세금을 부과하는 제도였습니다. 따라서 다주택자가 매물을 거둬들일 경우, 부동산가격이 더욱 상승하는 부작용이 발생할 수도 있었지요. 하지만 종합부동산세는 부동산을 소유한 상태에서 내는 세금이므로, 다주택자들이 부동산을 처분하게끔 하고 이를 통해 공급을 증대시켜 부동산가격을 안정시키려는 것이었습니다.

그럼에도 불구하고 집값은 계속 상승했고, 결국 정부는 2005년 8 · 31 부동산대책을 발표합니다. 김병준 당시 청와대 정책실장이 말했듯이 "헌법처럼 바꾸기 힘든 부동산정책을 만들겠다"는 의지를 담아서 말이지요. 이 대책에서는 종합부동산세의 과세표준을 9억 원에서 6억 원으로 내리고, 과세방식 또한 개인별에서 세대별로 바꾸었습니다. 그 결과 여론은 물론 집권여당마저도 반대의 목소리를 내기에 이르렀고, 결국 다음 정권인 이명박 정부 때 과세기준을 9억 원 초과

로 되돌리고 세율 또한 0.5~1%로 감소시킵니다. 또한 헌법재판소에서도 종합부동산세에 대해 '세대별 합산과세는 위헌'이라는 판결이 떨어지면서 결국 유명무실한 제도가 되고 말았지요.

외국에서는 종합부동산세를 실시하고 있을까요? 우리에게 친숙한 미국의 경우부터 살펴보겠습니다. 미국은 주택의 실거래가를 기준으로 세금을 부과합니다. 뉴욕의 경우 실거래가를 4등급으로 나누어 세율을 달리하는데, 1등급 부동산의 경우 세율이 약 20%에 달합니다. 엄청나죠? 하지만 실거래가는 감정가와 공제가치 등을 고려해 감면이 들어가기 때문에 실질세율은 1%가량이라고 볼 수 있습니다. 이를 기반으로 계산해보면, 64만 7천 달러의 가치를 가지고 있는 주택의 보유세는 약 6천858달러가 나온다고 합니다. 또한 일본의 경우 부동산을 보유한 사람에게 1.4%가량의 단일 세율을 적용하고 있습니다. 다만 주택용지의 경우 실제 부과된 세금의 30%, 소규모 주택용지의 경우 약 16%만을 과세하고 있습니다. 일본에서 64만 7천 달러 가치의 주택을 보유하고 있다고 가정할 경우, 토지자산세를 제외하더라도 약 9천58달러의 보유세가 부과됩니다.

그렇다면 우리나라 기준으로 64만 7천 달러 가치의 주택은 세금이 얼마나 부과될까요? 계산하기 쉽게 1달러당 1천100원의 환율을 매겨 계산할 경우 약 7억 1천170만 원입니다. 즉 종합부동산세 과세대상이 아닙니다. 재산세를 계산해봐도 3억 원을 초과하는 주택은 57만 원에 3억 원 초과분의 0.4%를 더해 과세하므로 약 221만 원(약 2천15 달러)만 내면 됩니다.

실제로 OECD 통계에 따르면 한국의 GDP 대비 보유세 비율은 0.8%로, 전체 31개 국가 중 16위에 해당합니다. 미국이 2.48%, 일본은 1.87%로 우리보다 2~3배 이상 높은 수준이지요. 물론 다양한 감면조치 등이 있기에 실질적으로 우리나라가 보유세 부담이 낮다고만 이야기할 수는 없지만, 이러한 통계 결과는 '과연 우리가 부담하고 있는 부동산세가 과도한 것인가'에 대해 다시 한 번 생각해보게 합니다.

"나를 업고 가는 이에게 미안한 마음이 들었다. 그래서 그를 위해 무엇이든 하고 싶었다. 그의 등에서 내려오는 것만 제외한다면."

_ **레프 톨스토이**(Lev Tolstoy)

CHAPTER 4

부동산이라는 상품의 속성부터 파악하자

FINANCE

부동산가격, 정부가 얼마든지 통제할 수 있다

19세기 영국의 공리주의자 존 스튜어트 밀(John Stuart Mill)은 그의 저서 『자유론』에서 "남의 자유를 해치지 않는 한 모든 자유는 보장받아야 한다"고 주장합니다. 참으로 맞는 말입니다. 내가 하고 싶은 일이 남에게 피해를 끼치지 않는다면 하고 싶은 대로 할 수 있는 사회야말로 우리가 꿈꾸는 사회 아니겠습니까? 남의 자유를 해치지 않는다면 내 시간을 내 마음대로 쓰는 데 간섭을 당해서는 안 될 것이고, 내가 무슨 종교를 믿든 다른

사람이 참견해서도 안 될 것입니다. 내 돈을 내 마음대로 쓰는 것도 마찬가지입니다. 하지만 땅도 그럴까요? 남의 자유를 침해하지 않는다면 내 땅을 내 마음대로 써도 될까요? 우리 헌법은 그래서는 안 된다고 하고 있습니다.

헌법 제23조 3항

공공필요에 의한 재산권의 수용 · 사용 또는 제한 및 그에 대한 보상은 법률로써 하되, 정당한 보상을 지급하여야 한다.

헌법 제121조 1항

국가는 농지에 관하여 경자유전(耕者有田)의 원칙*이 달성될 수 있도록 노력하여야 하며, 농지의 소작제도는 금지된다.

헌법 제122조

국가는 국민 모두의 생산 및 생활의 기반이 되는 국토의 효율적이고 균형 있는 이용 · 개발과 보전을 위하여 법률이 정하는 바에 의하여 그에 관한 필요한 제한과 의무를 과할 수 있다.

우리 헌법은 타인의 자유를 침해하지 않아도 사유재산권 행사의 자유를 제한하겠다고 합니다. 또 우리 헌법은 타인과 자유롭게 소작관계를 맺을 수 없다고 합니다. 소작인이 간절히 원해도 안 된답니다. 나와 소작인 모두의 자유를 제한하고 있습니다. 토지에 대한 정부의 간섭은 당연하다고 이야기합니다. 이처럼 부동산에

* 농사짓는 사람이 밭을 소유함. 비농민의 투기적 농지소유를 방지하기 위한 헌법 및 농지법 규정의 원칙이다.

대한 정부의 간섭이 큰 이유는, 기본적으로 부동산이 다른 자원과는 달리 한정되어 있기 때문일 것입니다.

부동산이라는 상품의 가격은 항상 너무 비싸고 너무 빨리 오르기 때문에, 사람들은 부동산을 정부가 통제하기 어렵고 통제할 수도 없는 상품이라고 생각합니다. 뿐만 아니라 사유재산의 70~80%를 부동산으로 가지고 있는 대한민국에서 정부가 부동산 시장에 개입하기란 여간 어려운 일이 아니라고들 생각합니다. 정말 그럴까요? 알고 보면 부동산은 정부의 가격통제가 아주 쉬운 상품입니다. 실제로 그래왔다는 것을 앞에서도 설명했습니다. 자, 이제 정부의 규제를 더 많이 받을 수밖에 없는 부동산이라는 상품의 특징에 대해 알아보겠습니다.

부동산은 거래가 투명한 상품이다

달걀과 석유와 마약과 부동산이 있습니다. 정부가 가격을 통제하기 가장 어려운 상품은 무엇일까요? 두말할 필요 없이 마약일 것입니다. 마약은 기본적으로 암시장에서 거래되기 때문입니다. 암시장에서의 가격에는 정부가 거의 영향을 줄 수 없지요. 달리 표현하면 마약가격에는 세금이 붙지 않습니다. 어떤 상품들이 암시장으로 가는지 생각해볼 필요가 있습니다. 마약이 암시장에서 유통되는 이유는 무엇일까요? 인간의 몸을 해치는 나쁜 물건이라서? 그런데 따져보면 마약보다 더 많은 생명을 빼앗을 수 있는 물건도 존재합니다. 대포도 있고, 전투기도 있지요. 그러나 대포나 전투기는 암시장에서 거래되지 않습니다. 암시장에 유통되는 상품은 정부가 거래를 파악하기 어려운 상품이라는 특징을 갖습니다. 만일 사람 한 명을 환각상태로 빠뜨리기 위한 마약의 크기가 바위덩어리만 하면 암시장이 형성될 수 있을까요? 또 마약의 무게가 금괴보다 무거워 가져다 나르기 힘들다면 과연 암시장이 형성될 수 있을까요?

암표장사가 성행하는 이유가 무엇이겠습니까? 암표는 가볍고 이동이 편리하기 때문입니다. 그렇지 않은 물건은 암시장에서 거래되기 어렵죠. 그래서 부동산도 암시장이 형성되기 어렵습니다. 부동산(不動産)은 말 그대로 움직이지 않는 재산이기 때문입니다. 부동산에 대한 거래는 정부가 잡아내기 쉽습니다. 등기제도 덕분에 가능하지요. 대한민국에서 등기제도를 채택하고 있는 대표적인 상품이 바로 부동산과 자동차입니다. 그 결과 거래 내역까지도 정부가 아주 잘 알고 있습니다. 등기부등본만 떼어보면 해당 부동산이 얼마에, 어떻게, 언제, 몇 번이나 매매됐는지 한눈에 알 수 있지요.

그럼 달걀과 석유와 부동산 중 정부가 세금을 부과하기 가장 어려운 상품은 무엇일까요? 아마 달걀일 것입니다. 공급자가 너무 많아 일일이 조세를 매기기가 어렵기 때문입니다. 달걀은 양계업자만 생산하지 않느냐고요? 꼭 그렇지는 않습니다. 실제로 한때 미국에서는 닭을 몰래 키우는 가구가 늘어났던 시기가 있었습니다. 닭을 사랑하는 사람이 늘어서가 아닙니다. 직접적인 계기는

2008년 금융위기 이후 미국의 가계살림이 어려워졌기 때문이었습니다. 닭을 키우면 집 앞 채소밭에 쓰기 위해 사들이는 적지 않은 분량의 거름을 닭똥으로 대체할 수 있고, 달걀을 슈퍼마켓에서 구입하지 않아도 된다는 계산 때문이었습니다. 이렇게 공급자가 다양해 공급을 하나하나 파악하기 어려운 재화에는 일반적으로 거래세만 붙입니다. 거래는 비교적 투명하게 드러날 수밖에 없기 때문입니다. 그게 바로 부가세죠.

이제 석유와 부동산이 남았습니다. 둘 중 상대적으로 세금을 매기기가 쉬운 것은 석유입니다. 공급자가 투명하게 드러나기 때문이죠. 석유화학회사는 대한민국에 몇 개밖에 없지 않습니까? 그래서 정부는 교통세, 교육세, 주행세, 부가세 등 신나게 이 세금 저 세금 붙입니다. 휘발유가격은 겉으로는 수요와 공급, 특히 수요의 변화가 크지 않다는 점에서 기업의 공급가에 의해 주로 결정되는 것처럼 보이지만 사실은 정부가 가격을 결정합니다. 우리가 휘발유를 리터당 1천500원에 구입하고 거기에 세금이 1천 원가량 붙었는데, 수요와 공급에 의해 휘발유가격이 1천400~1천600원을 왔다 갔다 한다고 해서 그 가격을 정부가 아닌 시장이 결정한다고 말할 수 있겠습니까?

부동산은 마약이나 달걀과 달리 모든 거래가 등기제도에 의해 투명하게 관리되고 있습니다. 조세를 부과한다고 해서 암시장으로 매매가 옮겨갈 염려도 전혀 없습니다. 토지와 건물은 움직일 수가 없으니까요. 그리고 석유와 마찬가지로 공급자가 한정되어 있는 정도를 넘어 아예 공급이 정해져 있어 조세를 매기기에

너무 좋은 상품입니다. 조선시대는 물론이고 인류 역사에서 가장 먼저 등장하는 세금이 인두세와 토지세입니다. 국가권력이 그만큼 조세의 원천을 찾기 쉬웠기 때문이죠. 그래서 실제로 세금의 종류도 아주 많습니다. 부동산을 샀다고 붙는 취득세, 사고팔면서 이익이 발생하면 내야 하는 양도세, 가지고 있다고 붙는 보유세, 여러 개를 가지고 있으면 누진해서 부과하는 종합부동산세 등입니다.

하나 더 볼까요? 내가 토지를 쓰는 방식을 바꾸겠다고 하면 용도변경세가 붙습니다. 만약 책 한 권을 읽는 용도가 아니라 잠잘 때 베개로 쓰겠다고 해서 세금을 붙인다면 그게 말이나 되는 일입니까? 그걸 단속할 수도 없겠죠. 하지만 부동산은 그러한 일이 가능한 상품입니다. 토지를 농사짓는 용도가 아니라 집짓는 데 쓰겠다면 정부는 기다렸다는 듯이 세금을 부과할 것입니다. 물론 사전에 정부의 허락도 받아야겠지요. 이처럼 부동산 시장은 언제든지 정부의 조세정책으로 가격통제를 받을 수 있는 시장이라는 점을 기억해야 합니다.

부동산은 금융정책이 용이한 상품이다

경제학 교과서는 자본주의 사회에서 생산이나 소비 활동과 같은 경제생활은 기본적으로 시장에 맡겨야 한다고 이야기합니다. 시장이 정의를 구현하기 때문이 아니라 자원을 효율적으로 배분하기 때문입니다. 그러나 시장이 언제나 그럴 수 있는 것은 아닙니다. 독과점이 일어나거나, 공공재를 생산하지 못하거나, 외부효과(externality)★ 등이 생기면 시장은 자원의 효율적 배분을 할 수 없습니다. 경제학에서는 이러한 상황을 '시장실패'라고 합니다. 시장실패가 발생하면 정부는 적극적으로 시장에 개입합니다. 정부가 경제를 조절하는 방법은 크게 두 가지입니다. 재정정책과 금융정책이 그것이죠. 국민의 세금을 기본으로 하는 재정정책을 실시하는 주체는 기획재정부이며, 금리와 같은 금융수단을 기본으로 하는 금융정책을 실시하는 주체는 한국은행입니다.

다시 달걀과 석유와 마약과 부동산을 보겠습니다. 이 중 조세정책과 금융정책의 영향을 모두 받는 상품은 무엇이겠습니까? 마약의 경우 조세정책이나 금융정책 둘 다 영향을 받지 않을 것입니다. 단속에는 영향을 받겠죠. 단속이 강해지면 가격이 오를 것입니다. 한편 달걀과 석유는 조세정책의 영향을 받겠지만 금융정책

★ 거래 당사자가 아닌 주변의 제3자에게 거래로 인한 편익이나 비용이 전가되는 효과. 공장에서 물건을 생산하는 과정에서 배출된 오염물질이 주변 환경을 오염시켜 피해를 끼치는 사례가 가장 대표적이다. 외부효과가 제3자에게 긍정적인 이익을 가져다줄 경우 이를 가리켜 '긍정적 외부효과', 이때의 편익을 '외부경제'라고 한다. 반대로 외부효과가 제3자의 편익을 감소시키거나 비용을 증대시킬 경우 이는 '부정적 외부효과', 이때 감소된 편익을 '외부불경제'라고 한다.

의 영향을 받지는 않을 것입니다. 달걀 사면서 대출을 받아 사는 사람이 있을까요? 은행에 가서 달걀 사먹게 대출 좀 해달라고 하는 사람이 있을까요? 또 금리가 올랐다고 하루에 세 개 먹던 달걀을 내일부터 두 개만 먹겠다고 하는 사람도 없을 것입니다.

부동산의 경우 정부의 조세정책뿐만 아니라 금융정책에도 민감한 영향을 받는 상품입니다. 어떤 상품에 대한 조세정책은 사실 직접적인 가격통제정책입니다. 조세를 올리면 당연히 그 물건의 가격이 오를 수밖에 없으니까요. 하지만 가격통제정책은 직접적으로 눈에 띈다는 점에서 국민의 저항을 불러올 수 있습니다. 뿐만 아니라 제품가격의 상승에 따른 경기위축을 가져올 수 있다는 점에서 더욱 신중을 기해야 합니다. 이에 비해 금융정책은 간접적으로 규제를 할 수 있기 때문에 선진화된 정부라면 보다 선호하는 정책이라고 볼 수 있습니다.

기획재정부와 한국은행 중 힘이 더 센 조직은 어디일까요? 우리나라의 경우 박정희 정부 때와 같은 개발도상국 시절에는 기재부의 힘이 더 셌습니다. 정부가 직접적으로 시장을 통제해 경제를 이끌어나가던 시절이기 때문입니다. 반면 시장이 성숙할수록 조세정책보다는 금융정책을 더 선호합니다. 미국을 보면 금방 알 수 있습니다. 많은 이들이 미국 재무장관 이름은 몰라도 연방준비제도이사회 의장 이름은 압니다. 부동산 역시 선진시장으로 갈수록 조세정책보다는 금융정책에 의해 영향을 받습니다. 만약 정부가 부동산 시장에 금융정책이 아니라 조세정책을 쓴다면, 그만큼 '부동산 시장에 문제가 심각하다'고 보는 것입니다.

자, 지금까지 이야기한 부동산이라는 상품의 기본적인 속성을 정리해보겠습니다. 부동산은 필수재인 동시에 재산재(내구재)이자 금융재입니다. 말 그대로 움직이지 않는 상품이며, 공급이 한정된 재화라는 특징을 인식하고 있어야 합니다. 그 결과 거래가 투명하여 암시장이 원칙적으로 발생할 수 없는 시장입니다. 또한 조세정책과 같은 정부의 직접적인 통제에 놓이기 쉽고, 한편으로는 금융정책을 통해 정부의 간접적인 통제에 놓여 있는 상품이 바로 부동산입니다.

부동산 시장, 수요와 공급의 특수성

정부가 마음만 먹으면 얼마든지 가격통제를 할 수 있음에도 불구하고, 부동산가격은 왜 그렇게 예측하기 어려운 것일까요? 또 경제학자들 혹은 전문가들마다 왜 이렇게 견해가 다른 것일까요?

❖ 가격을 결정하는 수요와 공급

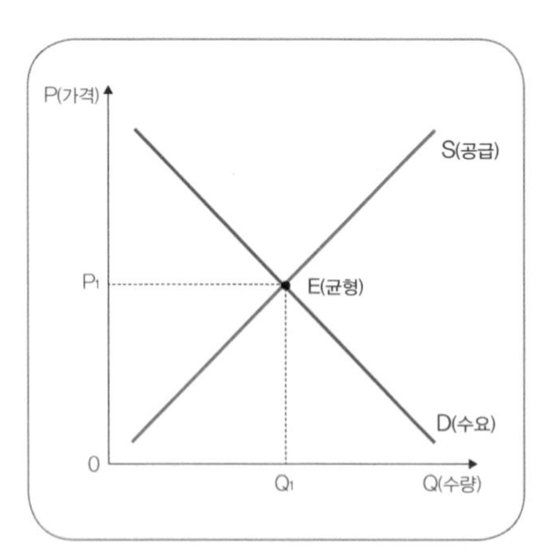

경제학 분야는 크게 거시경제학과 미시경제학으로 나뉩니다. 이 중 미시경제라고 하면 우리는 흔히 그래프를 통한 분석을 떠올리죠. 가장 기본적인 그

래프는 재화의 가격을 결정하는 수요·공급 곡선입니다. 부동산 시장에 대한 전망이 어렵고 사람마다 예측이 다른 데는 여러 가지 이유가 있지만, 그 중 하나는 바로 부동산 시장의 수요와 공급이 경제학 교과서에 나오는 기본적인 수요·공급 곡선과 다르기 때문입니다.

수요보다 가수요가 더 중요한 시장

수요를 먼저 보겠습니다. 수요 곡선(demand curve)에서는 보통 가격이 오르면 수요량은 감소합니다. 다시 말해 가격이 비싸지면 구매하려는 수량은 줄어듭니다. 가격이 P_1에서 P_2로 상승한다면 당연히 그 물건을 사려는 사람은 Q_1에서 Q_2로 줄어든다는 것입

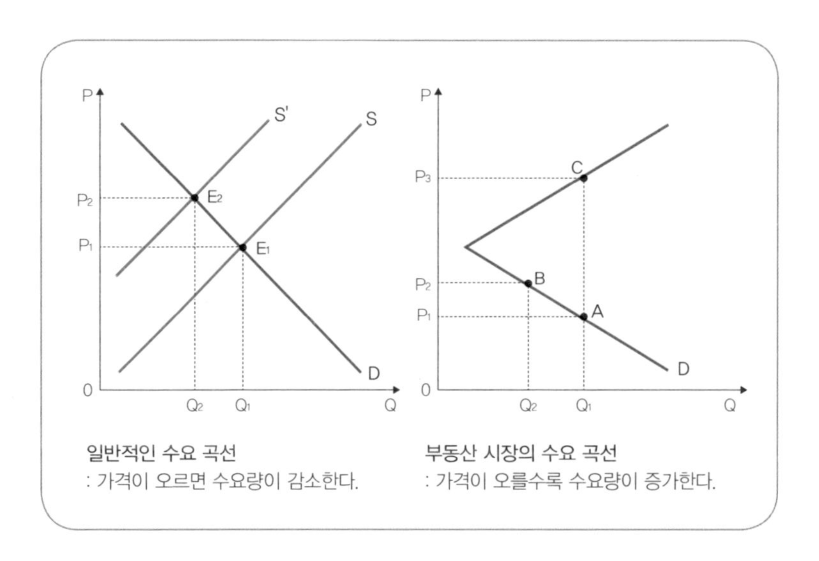

일반적인 수요 곡선
: 가격이 오르면 수요량이 감소한다.

부동산 시장의 수요 곡선
: 가격이 오를수록 수요량이 증가한다.

니다. 그런데 부동산 시장의 수요 곡선은 일반적인 그래프만으로는 다 설명할 수 없습니다. 부동산 시장에서는 부동산가격이 오를수록 오히려 사려는 사람, 즉 수요량이 증가하는 경우가 많기 때문입니다. 부동산의 경우 가격이 P_3로 더 올라가면 수요량이 줄지 않고 늘어나 다시 Q_1까지 이동합니다. 이런 현상이 일어나는 이유는 수요가 미래의 예상가격에도 크게 영향을 받기 때문입니다. 부동산가격이 오르면 오를수록, 또한 이러한 오름세가 지속될 것으로 예상된다면, 부동산에 대한 수요 자체가 증가해 부동산가격이 추가로 상승하는 것이지요.

조선 후기의 중상주의 실학자 박지원의 소설 『허생전(許生傳)』을 떠올려봅시다. 허생이 매점매석한 상품은 말총입니다. 그는 왜 말총을 샀을까요? 갓이나 망건을 만들려고? 당연히 가격이 오를 걸 기대해서겠죠. 전쟁이 터질 것 같으면 사람들은 슈퍼마켓에 가서 라면을 사재기합니다. 라면의 수요가 늘어날 것을 예상하고 미리 사두는 것입니다. 이걸 경제학에서는 '가수요'라고 합니다. 그런데 가수요보다 이를 더 잘 표현할 수 있는 용어가 있습니다. 바로 '투기'라는 단어지요.

투자와 투기의 차이는 뭘까요? 어떤 재화에 대해 열심히 공부해서 잘 알고 물건을 사면 투자, 아무것도 모르고 그냥 기분 내키는 대로 사버리면 투기인가요? 어떤 물건의 가격변동률이 작으면 투자, 크면 투기인가요? 자기 돈으로만 사면 투자, 대출을 왕창 끼고 사면 투기인가요? 주식시장으로 예를 들어봅시다. 주식 공부를 열심히 해서 사면 투자, 공부 안 하고 남이 사니까 따라 사면 투기입니까? 안정적인 대형주를 사면 투자, 위험성이 높은 소형주를 사면 투기입니까? 내 자산으로 빚 없이 사면 투자, 신용과 미수를 늘려서 사면 투기입니까?

투자와 투기에 대한 이런 정의도 아주 틀린 답은 아니지만 사회과학적으로 정답은 아닙니다. 그 이유는 양적 차이만을 기준으로 정의했기 때문입니다. 만일 가격변동률을 투자와 투기를 가르는 기준으로 삼는다면 변동률이 얼마일 때부터 투기일까요? 50%로 정한다고 합시다. 그러면 그 50%의 변동까지 걸리는 기간은 얼마로 정해야 할까요? 대출을 기준으로 한다면 원금 대비 대출 비율이 얼마일 때부터 투기일까요? 공부를 했는지 여부를 기준으로 한다면 얼마나 어떻게 공부해야 하나요? 시험 성적으로 투기와 투자를 구별해야 하나요? 이러한 방법은 투자와 투기를 구분하는 정확한 기준은 아닐 것입니다.

앞서 물건은 사용가치와 교환가치를 가진다고 이야기했습니다. 원칙적으로는 물건의 사용가치를 보고 구입하면 투자, 교환가치를 보고 구입하면 투기라고 합니다. 흔히 주식을 사면 투자라고 하지만 사실 주식을 사는 행위를 경제학에서는 투자라고 하지 않습니다. A가 B로부터 대한항공 주식을 산다고 해서 대한항공에 돈이 투자되는 것은 아니지요. 돈이 A에게서 B로 옮겨갔을 뿐입니다. 경제학에서는 발행되는 주식을 살 때만 투자라는 표현을 씁니다. 배당이익을 보고 주식을 산다면 투자에 해당하겠지만, 시세차익을 보고 주식을 산다면 투기에 해당할 것입니다. 카지노에서 칩을 사는 것을 보고 아무도 투자라고 하지 않는 것과 마찬가지입니다.

이는 부동산구매에 있어서도 마찬가지입니다. 거주 목적으로 집을 구매하면 투자, 시세차익만을 목적으로 하면 투기가 되는 것입니다. 그런데 거주만을 목적으로 집을 구매하는 사람보다는 시세차익을 목적으로 하는 사람이 더 많죠. 그 말은 바로 부동산 시장이 투기판으로 변했다는 것입니다. 그것이 우리가 발 딛고 있는 부동산 시장의 현실입니다.

공급이 완전비탄력적인 시장

2018년 새로 출시된 현대자동차의 그랜저IG에 대한 호평이 이어진다고 가정해봅시다. 성능이 개선됐고 연비와 소음도 적은 데다 승차감까지 뛰어납니다. 사람들이 서로 사려고 한다면 신형 그랜저의 가격은 폭등할까요? 아마도 그러기는 어려울 것입니다. 곧바로 생산가동률을 높이면 되니까요. 만약 현대자동차가 그렇게 하지 않는다면 다른 자동차회사들이 신형 그랜저와 유사한 자동차를 많이 만들어 공급할 것입니다. 경제학에서는 이렇듯 가격이 조금만 상승해도 공급량을 쉽게 늘릴 수 있는 재화를 '공급의 가격탄력성(price elasticity)이 높다'고 표현합니다. 다시 말해 어떤 재화의 가격이 조금만 변해도 그 재화를 공급하려는 사람이 확 늘어난다는 뜻입니다.

배추가격이 올랐다고 해서 갑자기 공급을 크게 늘릴 수 있을까

❖ 공급과 가격탄력성의 상관관계

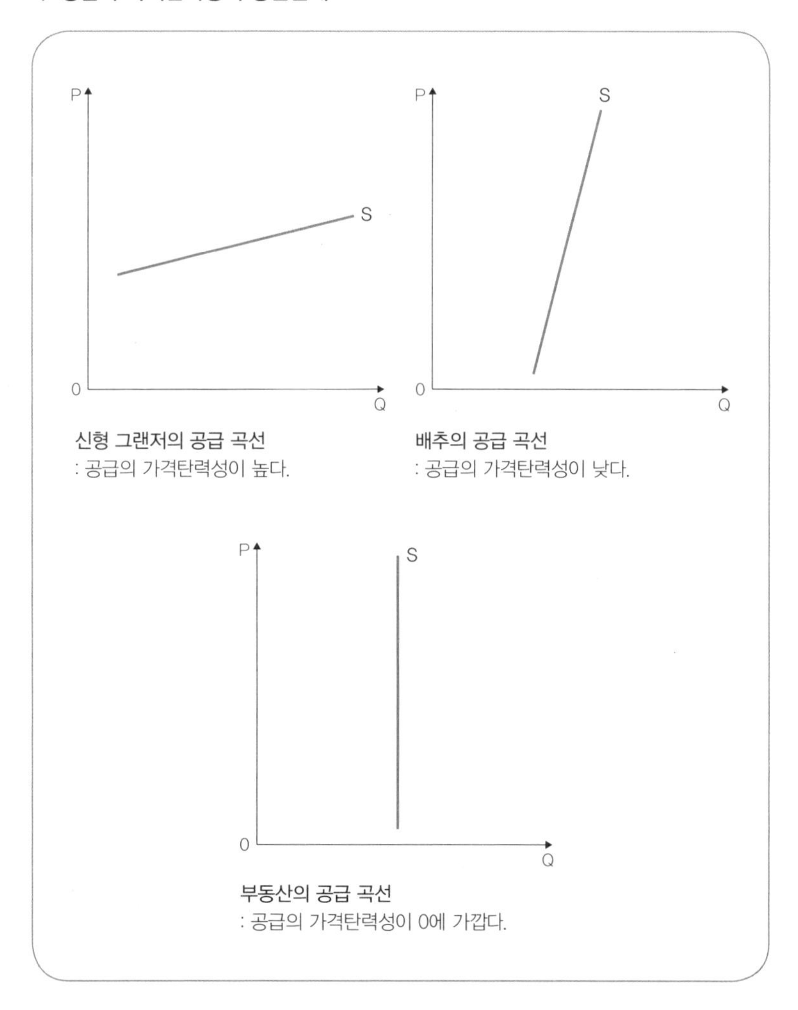

요? 그러지는 못할 것입니다. 배추는 자동차공장에서 자동차를 뽑아내듯이 바로 만들어낼 수는 없습니다. 농산물인 배추는 밭을 갈고, 씨를 뿌리고, 거름을 주어 기르고, 수확하기까지 많은 시간을 필요로 하기 때문입니다. 그래서 농산물의 경우 '공급의 가격탄력성이 낮다'고 표현합니다. 배추농사가 흉작이면 배추가격이 폭등하지요.

부동산은 신형 그랜저에 가까운 상품일까요, 배추에 가까운 상품일까요? 아파트가격이 오른다고 해서 당장 아파트를 공급할 수 있는 것은 아니지요. 아파트를 지어서 분양하기까지는 배추를 심어서 판매하기까지보다도 시간이 더 오래 걸릴 뿐 아니라 택지를 확보하는 데도 시간이 들 것입니다. 그래서 부동산의 공급탄력성은 거의 제로에 가깝다고 합니다. 이 점을 이해하면 부동산가격이 왜 쉽게 폭등과 폭락을 거듭하는지 알 수 있습니다.

일반적인 상품과 아파트의 수요가 일정한 비율로 증가했다고 가정합시다. 그러면 수요 곡선이 오른쪽으로 이동하면서 가격이 올라갈 것입니다. 오른쪽 그래프를 보면 일반적인 상품의 $P_1 \rightarrow P_2$로의 가격상승률보다 아파트의 $P_1 \rightarrow P_2$로의 가격상승률이 더 높다는 것을 금방 알 수 있습니다. 하지만 거꾸로 수요가 줄어들 때는 그만큼 가격하락폭이 커진다는 점도 명심해야 할 것입니다. 이러한 특성이 부동산 시장을 투기적으로 만드는 요인이기도 합니다.

아파트의 경우 수요가 증가할 때, 가격의 상승폭과 속도가 일반적인 상품보다 훨씬 빠르다는 것을 알았습니다. 그런데 이렇게 아파트가격이 상승할 경우에는 앞서 이야기한 것처럼 아파트시장에 가수요가 증가하기 시작합니다. 그러면 정말로 아파트가격은 폭등하게 됩니다. 가격이 A에서 결정돼야 정상적인 시장인데, 그 가격이 B에서 결정되는 것입니다. 서민들 입장에서는 화가 머리

❖ 수요 · 공급 곡선 변화

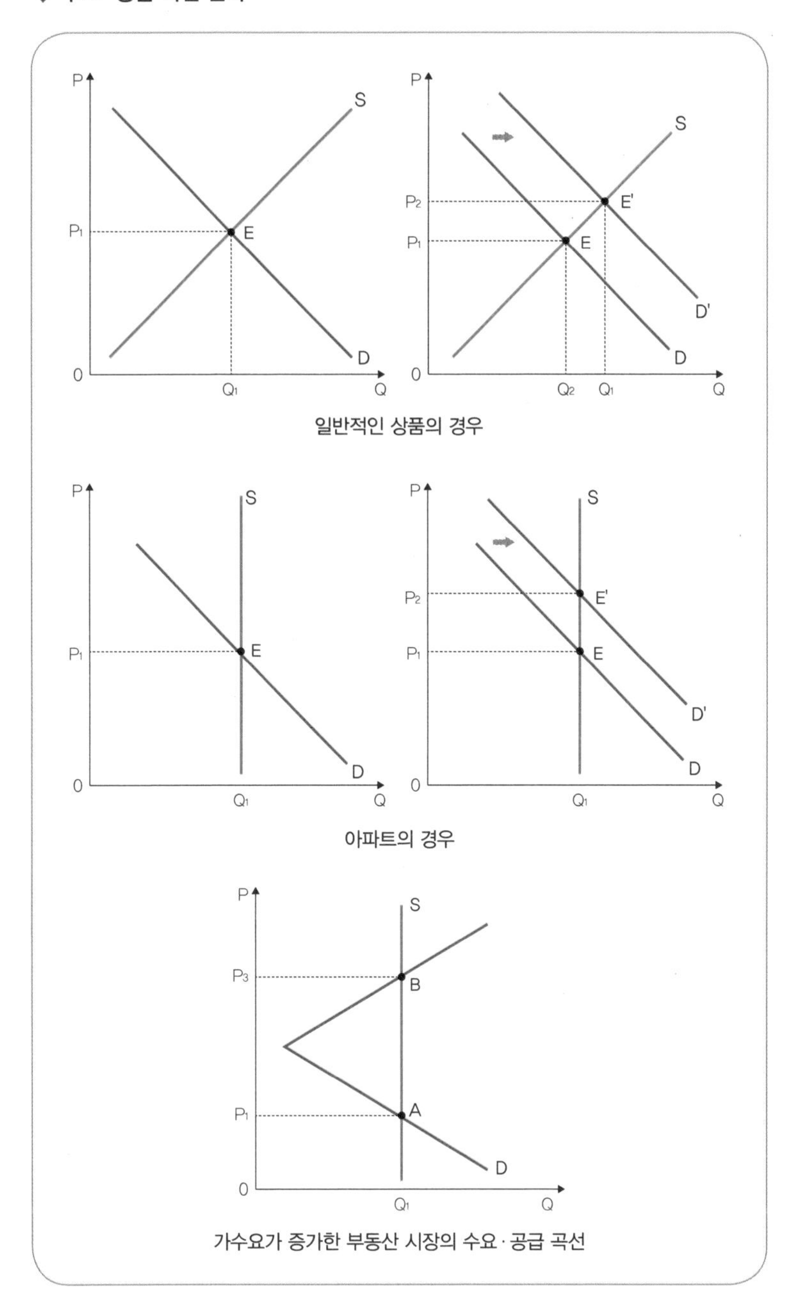

가수요가 증가한 부동산 시장의 수요 · 공급 곡선

끝까지 오르게 됩니다. 특히 택지가 제한되어 공급이 재건축과 재개발로 한정된 강남 아파트시장의 경우 폭등은 더 클 수밖에 없을 것입니다.

정리해보겠습니다. 부동산이라는 상품은 일반 상품과는 수요·공급 측면에서 다른 상품이라는 것을 알게 되었습니다. 다시 한 번 강조하자면, 부동산은 필수재인 동시에 재산재, 그리고 금융재입니다. 그리고 움직일 수 없는 재화입니다. 따라서 정부의 가격통제와 금융통제에 쉽게 노출되어 있는 재화입니다. 부동산은 일반적인 재화와 달리 수요보다는 가수요가 더 중요한 재화이고, 공급의 탄력성이 '완전비탄력'에 가까운 재화입니다. 항상 가격폭등의 잠재적 가능성을 가진 재화인 것입니다. 이제 어떻게 해야 부동산가격의 폭등을 막고 부동산 안정화를 이룰 수 있을지, 문재인 정부의 부동산정책 방향을 중심으로 알아보겠습니다.

가격탄력성으로 읽는 수요량과 공급량

구찌나 루이비통 같은 명품들의 가격대는 수십만 원에서 수백만 원대입니다. 남자들이 좋아하는 특정 명품 시계의 가격대도 수천만 원에서 억 단위를 호가하지요. 이러한 물건들의 가격이 어느 날 갑자기 10% 상승했다고 해도 반발하는 사람은 많지 않습니다. 하지만 어느 날 갑자기 자주 다니던 식당의 밥값이 10% 오르면 손님들은 예민하게 반응합니다. 이렇게 가격의 변화에 따라 어떤 상품은 민감하게 반응하고, 어떤 상품은 둔감하게 반응하는 이유는 바로 '탄력성' 때문입니다.

탄력성은 원래 물리학에서 사용하던 개념입니다. 경제학에서도 이를 응용하여 '가격탄력성'이란 개념을 널리 사용합니다. 즉 시장가격이 변할 때 수요량 혹은 공급량이 얼마나 민감하게 반응하느냐를 나타내는 것입니다. 가격의 변화에 따라 수요량이 변하는 것을 '수요의 가격탄력성', 공급량이 변하는 것을 '공급의 가격탄력성'이라고 합니다. 그럼 어떤 재화가 수요 또는 공급에 민감하게 반응할까요?

먼저 수요 측면부터 보겠습니다. 날씨가 더워지면 사람들이 시원한

콜라를 많이 찾습니다. 하지만 콜라회사에서 여름에 가격을 확 올려 버리면, 그때는 안 마시면 그만입니다. 대신 사이다를 사서 마시면 되지요. 반면 가스 · 수도 · 전기 값이 올랐다고 해서 가스 · 수도 · 전기의 사용을 포기하진 않습니다. 이처럼 대체할 상품들이 많은 재화, 즉 대체재가 있는 경우는 가격의 변화에 따라 수요가 크게 변화합니다. 경제학에서는 이를 '탄력적'인 재화라고 이야기합니다. 한편 가스 · 수도 · 전기와 같이 대체할 상품이 없는 재화, 즉 필수재는 가격의 변화에 따른 수요 변화가 작습니다. 이러한 경우는 '비탄력적'인 재화라고 부르지요.

가격에 탄력적인 재화는 또 있습니다. 앞서 언급했던 명품과 같은

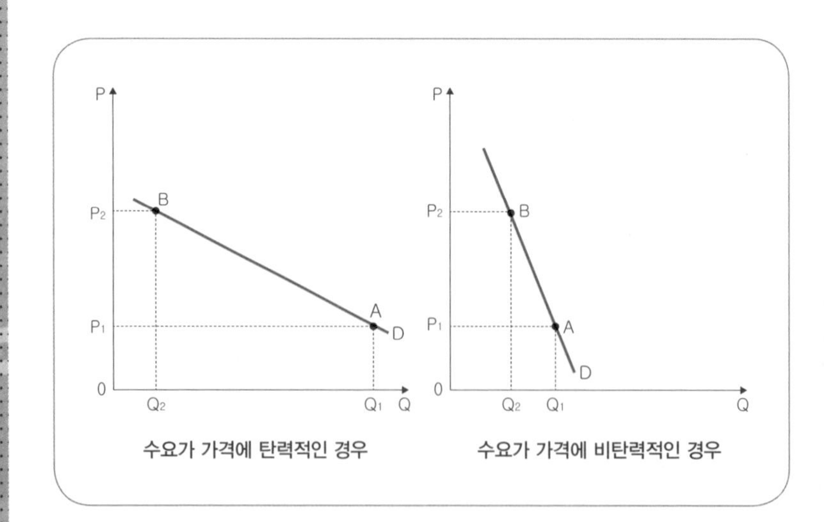

사치재지요. 샤넬, 에르메스 같은 명품은 있으면 좋지만 없다고 해서 큰일나지는 않습니다. 가격이 오르면 나중에 사면 그만입니다. 그래서 사치재도 가격에 탄력적인 재화라고 이야기합니다.

이번에는 공급 측면을 보겠습니다. 가격이 올라도 공급을 늘리는 데 시간이 걸리는 재화를 '공급이 가격에 비탄력적'인 재화라고 이야기하고, 반대의 경우를 '공급이 가격에 탄력적'인 재화라고 합니다.

어떤 재화가 가격에 탄력적일까요? 바로 공장에서 생산해내는 공산품입니다. 최근 미세먼지를 막기 위해 마스크를 쓰는 사람들이 늘어나고 있습니다. 수요가 증가하니까 가격이 올라가겠지요? 마스크를 만드는 기업은 24시간 공장을 돌려 수요만큼 물량을 만들어낼 수

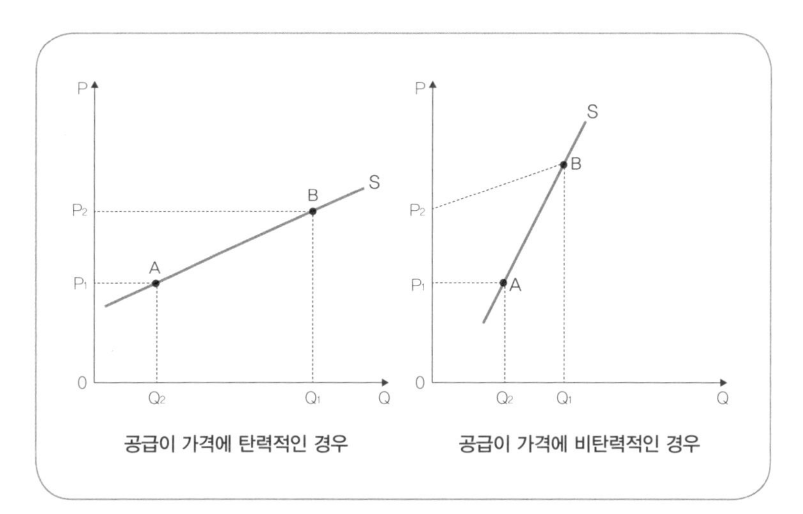

있습니다. 가격이 다시 하락하면 어떻게 하냐고요? 창고에 보관하면 됩니다. 마스크가 썩거나 부식하는 게 아니니까요. 이처럼 공산품은 공급이 가격에 매우 탄력적인 재화입니다.

반대로 공급이 가격에 비탄력적인 재화는 농산품입니다. 쌀 수확을 위해 걸리는 기간은 빨라도 6개월입니다. 그 기간 안에 갑자기 쌀 창고가 불타버려서 쌀값이 폭등하더라도 벼가 익기만을 기다려야 합니다. 이러한 상품들은 석유나 배추처럼 서민경제와 직결되는 상품들이 많습니다. 그래서 정부가 직접 수급을 관리하기도 하지요. 조류인플루엔자(AI) 바이러스로 인해 달걀가격이 폭등하자, 정부에서 직접 해외 계란을 수입해 공급한 사례를 생각하면 이해하기 쉬울 것입니다.

부동산 가수요를 억제하는 방법

먼저 문제 하나를 풀어보겠습니다.

〈질문〉 다음은 아파트가격 안정화를 위한 합리적 의사결정 단계를 나타낸 것이다. ㉠~㉤ 단계의 내용이 적절하지 않은 것은?

㉠ 문제 인식 : 아파트가격이 폭등하여 심각ㄴ한 사회문제가 되고 있다.

㉡ 정보 수집 및 분석 : 아파트가격 폭등의 원인으로는 가수요현상, 공급부족 등이 있다.

㉢ 대안 탐색 : 1) 양도소득세와 재산세를 강화한다. 2) 아파트 재건축 허용기준을 강화한다.

㉣ 대안 평가 : 1) 아파트수요는 감소하나 불법 주택거래가 증가할 것이다. 2) 건축자재의 수요가 감소하여 시장가격이 안정될 것이다.

ⓜ 반성 및 평가 : 거래가격을 실제보다 낮게 신고하는 문제에 대한 대책을 보완한다.

2008년 4월 경기도교육청 모의고사 경제 과목 기출문제입니다. 고등학생들이 푸는 문제지요. 부동산 안정화정책을 어떻게 해야 할지, 이 문제에 다 나와 있습니다. '아파트가격 폭등의 원인으로는 가수요현상, 공급부족 등이 있다'고 부동산문제의 원인을 진단하고, 가수요를 잡기 위해선 '양도세와 재산세를 강화한다', '아파트 재건축 허용기준을 강화한다'며 대안까지 제시해줍니다.

한마디로 가수요를 잡은 다음 공급을 늘려야 한다는 것입니다. 공급이 증가하기까지는 몇 년의 시간이 걸리기 때문입니다. 따라서 부동산을 잡는 방법은 단기적으로는 가수요를 잡고, 중장기적으로는 공급을 늘려야 한다는 것입니다. 정부가 이처럼 간단한 답을 모를 리 없겠죠. 자, 이제 가수요를 잡기 위한 문재인 정부의 기본 정책 방향이 어떤지 살펴보겠습니다.

부동산 가수요란 무엇인가

앞서 가수요는 다르게 표현하면 투기수요라고 이야기했습니다. 또 투기란 사용가치가 아니라 교환가치를 목적으로 물건을 구입하는 것이라고 정의했고요. 부동산 역시 거주 목적이 아니라 시세차익을 목적으로 구입하면 투기라고 했지요. 그렇다면 부동산 투

❖ 가구별 주택보유 현황

보유수량	1채	2채	3채	4채	5채	6~10채	11채 이상
가구수	797만 4천	200만 9천	45만 4천	12만 5천	4만 5천	5만 6천	3만 7천

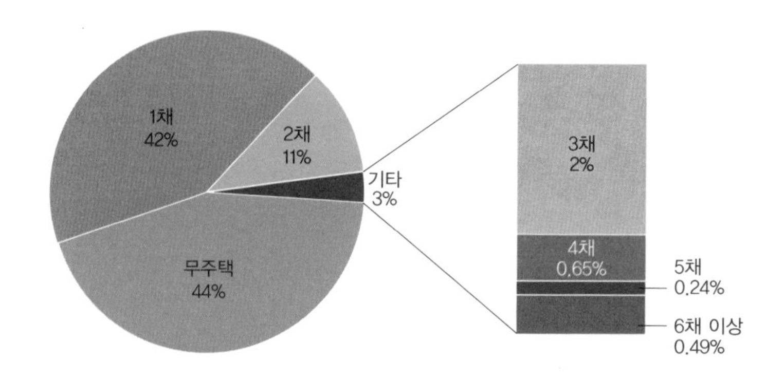

출처 : 통계청, '주택소유통계', 2015년

기수요는 투자수요(실수요)와 어떻게 구별할 수 있을까요? 아주 간단합니다. 1가구 1주택자가 아니라 그 이상을 보유하고 있는 다주택자의 경우, 본질적으로 투기수요라고 할 수 있습니다. 세대분리하지 않은 한 가구가 두 주택에서 사는 것은 현실적으로 주말부부나 특별한 사연이 아니면 거의 없는 경우겠죠. 그렇다면 한 가구가 또 다른 주택을 매입하는 이유는 무엇이겠습니까? 바로 시세차익을 목적으로 하기 때문입니다. 가구원들은 한 주택에 살고, 또 다른 주택은 전세나 월세를 주고 있을 것입니다. 특히 전세를 주고 있는 경우 여지없이 투기수요로 봐야 합니다. 전세금을 은행에 넣어 그 이자를 받을 목적으로 집을 사는 사람은 없으니까요.

2015년 기준 한국의 가구별 주택보유 현황을 보면, 1가구 1주

❖ 2006~2014년 전국 주택보급률 및 자가점유율 추이

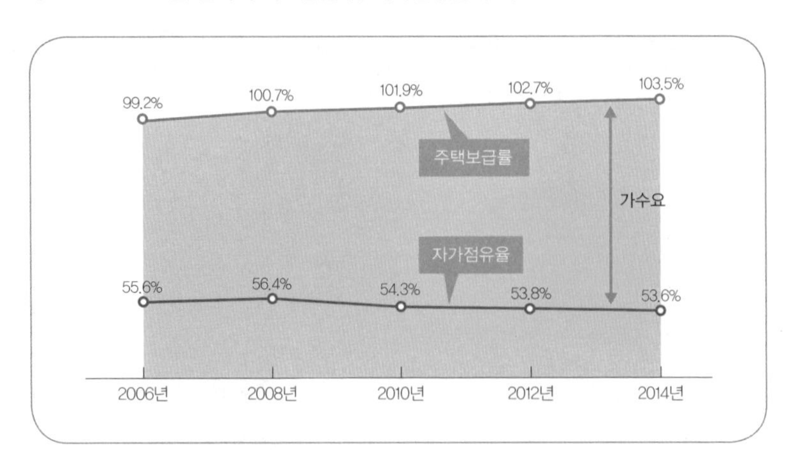

출처 : 통계청

택자는 42%(797만 4천 가구), 1가구 다주택자는 14%(272만 가구), 그리고 무주택 가구는 44%(841만 2천 가구)로 구성되어 있습니다. 즉 272만 가구가 투기를 목적으로 부동산 시장에 뛰어든 상태★라고 할 수 있을 것입니다. 거기다 앞서 이야기했다시피, 주택보급률과 자가점유율 차이가 크다는 것은 주택시장이 투기시장으로 변질되었다는 방증입니다.

2001년 노벨경제학상 수상자이자 세계적인 석학인 스티글리츠★★의 명언이 이러한 부동산문제에 시사점을 줍니다. "가격규제

★ 2017년 8월 말 기준 통계청 자료에 따르면, 700채를 보유한 경남 창원의 오십대 건물주가 '최다 집 부자'로 꼽혔다. 19세 이하 집주인도 501명, 가장 어린 집주인은 성남에 사는 두 살배기였다. 또 서울 강북구에서는 11세 집주인이 16채를, 광진구에서는 13세 집주인이 14채를 보유하고 있었다.

★★ 미국 컬럼비아대학교 경제학과 석좌교수이자 세계은행 부총재를 역임한 조셉 스티글리츠(Joseph Stiglitz)는 2001년 정보비대칭이론으로 노벨경제학상을 수상했다. 주요 저서로는 『불평등의 대가』, 『세계화와 그 불만』, 『끝나지 않는 추락』 등이 있다.

❖ 가수요가 증가한 부동산 시장의 수요 · 공급 곡선

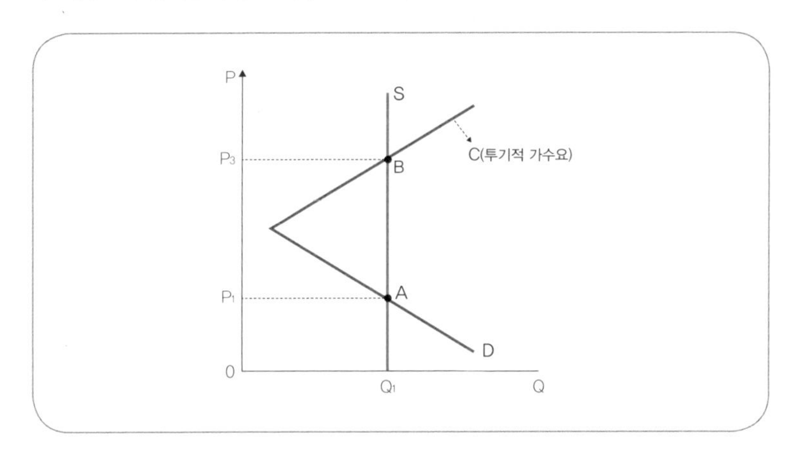

를 통해 집값을 잡으려는 것은 시장과 대척하는 정책이고, 투기적 가수요를 조절해 집값을 조절하려는 것은 시장의 힘을 이용하는 정책이다." 이 말은 한마디로 C를 없애서 시장가격을 B에서 A로 되돌려야 한다는 것입니다.

물론 장기적으로 보았을 때는 부동산의 공급을 늘려 서민들도 쉽게 집을 살 수 있도록 하는 것이 가장 이상적이겠지요. 하지만 앞서 살펴본 바와 같이 부동산은 하루 이틀 만에 뚝딱 만들어낼 수 있는 재화가 아닙니다. 그저 공급이 늘어나길 하염없이 기다리는 것은 정부의 바람직한 정책 방향이라고 볼 수 없습니다. 케인스★가 이렇게 말했지요. "장기적으로 우리는 모두 죽는다." 결국 가수요를 잡아야 단기적으로 부동산가격이 안정됩니다.

★ 영국의 금융경제학자인 존 메이너드 케인스(John Maynard Keynes)는 정부가 적극적으로 개입해 수요를 늘림으로써 생산을 더 활발히 하는 일종의 분수효과를 추구했다. 문재인 정부의 경제정책도 이러한 '케인스주의(케인스경제학)'에 토대를 두고 있다고 볼 수 있다.

LTV, DTI 강화는 왜 논란의 대상일까?

투기적 가수요를 잡기 위한 문재인 정부의 대표적인 부동산정책을 보겠습니다. 우선 가장 논란이 되는 LTV(주택담보대출비율), DTI(총부채상환비율) 강화에 대해 알아봅시다.

연소득이 1억 원이고 재산이 2억 원인 A, 연소득이 5천만 원이고 재산이 1억 원인 B가 있습니다. 두 사람 다 집을 사려고 합니다.

집값이 5억 원이라고 가정합시다. LTV가 80%면 집값 5억 원의 80%인 4억 원을 대출받을 수 있습니다. A는 재산이 2억 원이고, B는 재산이 1억 원이니 대출 4억 원을 받으면 둘 다 집을 살 수 있습니다.

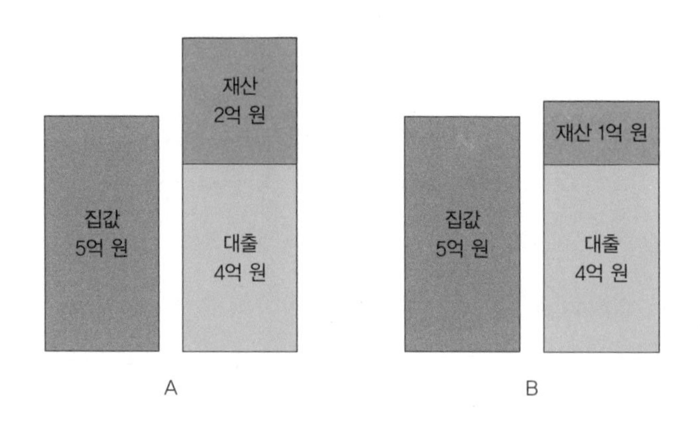

그런데 LTV 기준을 강화해 70%가 되면 대출받을 수 있는 금액은 3억 5천만 원입니다. A는 재산이 2억 원이니 집을 살 수 있지만, B는 재산이 1억 원밖에 없으니 대출 3억 5천만 원을 받아도 집을 못 삽니다.

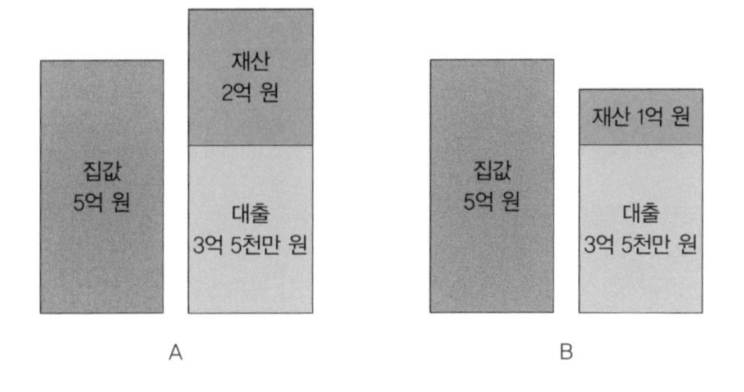

LTV 기준을 완화하면(주택담보대출의 문턱을 낮추면) 서민도 집을 살 수 있지만, LTV 기준을 강화하면 서민이 집 살 기회가 사라지거나 줄어든다는 이야기입니다. 집을 못 사게 된 서민이라면 화가 많이 날 것입니다. 당사자가 아니어도 서민을 응원하는 입장이면 화나겠죠. '서민들 위하는 정부라더니 왜 집 살 기회를 뺏는 거야?' 하고 말이죠. 실제로 많은 언론에서는 그런 비판기사를 내보냅니다. 서민이 집 살 기회가 줄어든다는 건 맞는 말입니다. 하지만 LTV 완화가 서민을 위한 방법이라는 건 틀린 말이기도 합니다.

상대적으로 A는 부자고, B는 서민입니다. 누가 집을 사야 합니까? 서민이 집을 사야 한다고요? 아니, 부자도 서민도 집을 사야 한다고요? 서민도 집이 필요한 것은 분명하지만 이러한 논리는 경제문제를 도덕의 잣대로 재단하는 도덕주의자들이 범하는 전형적인 실수입니다. 경제를 자꾸만 도덕으로 접근해서는 안 됩니다. 다시 질문하겠습니다. 집은 누구에게 가야 할까요? 실수요자일까요, 아니면 가수요자일까요? 집은 가난한 사람이 시장에서 가져가야 하는 것이 아니라 실수요자가 가져가야 하는 것입니다.

경제적으로 자원이 효율적으로 배분되지 않으면 결국 서민에게 더 큰 고통으로 돌아옵니다. 집은 서민도 가져야 하지만 그것은 시장에서 해결할 문제가 아니라 정부의 정책으로 해결해야 할 문제입니다. 시장에서는 갚을 수 없는 무리한 빚을 내지 않고 집을 살 수 있는 사람이 집을 가지는 것이 당연한 일입니다. LTV가 80%로 적용될 때 B가 집을 샀다고 가정해봅시다. 전 재산 1억 원이 전부 부동산에 투자됩니다. 집값이 오르거나 금리가 내린다면 다행히 문제가 없겠지만 집값이 하락한다거나 금리가 오른다면 큰 문제를 겪을 수밖에 없습니다. 만약 집값이 20% 하락한다면 B는 기존의 전 재산을 날린 것과 다름없어집니다. 그리고 집값 하락보다 더 무서운 건 금리가 오르는 상황입니다.

한국은행이 2018년 4월 30일 발표한 주택담보대출 가중평균금리는 3.45%입니다. 시중 은행의 주택담보대출 가이드금리(5년간 고정금리, 이후 변동금리)가 3.5~5.0%선이라면, B의 경우 A보다 대출금리가 더 높을 것입니다. 신용등급이 더 낮을 테니까요. B의 이자율을 비교적 높은 부동산대출금리인 5%라고 가정합시다. B가 지불해야 하는 이자는 '대출 4억 원×0.05=2천만 원'입니다. 연소득 5천만 원인 B의 경우 한국 가계평균소득을 고려하면 적지 않은 연봉★입니다. 하지만 연 2천만 원의 이자를 낸다면 가처분소득은 3천만 원밖에 되지 않을 것입니다. 여기서 금리가 3% 더 올랐다고 가정해봅시다. B의 대출이자는 '4억 원×0.08=3천200

★ 통계청이 발표한 '2017 한국의 사회지표'에 따르면, 우리나라 직장인의 월평균 임금은 335만 원, 가구소득은 440만 원, 가구당 소비지출은 255만 원 수준이다.

만 원'이 될 것입니다. B가 사용할 수 있는 돈은 이제 1천800만 원에 불과합니다. 원금은커녕 이자상환도 어려울 수 있습니다. 이렇게 본다면 B는 그 자신의 의도와는 상관없이 부동산구매에 있어서는 실소유자라기보다 집값이 오르기만을 기다리는 투기수요자라고 할 수 있습니다.

이처럼 LTV를 규제한다면 일시적으로는 서민들의 내집마련 기회를 빼앗는 것처럼 보이지만 투기수요자에게 자원이 배분되는 것을 막을 수 있고, 서민이 부동산 침체로 인해 파산하는 일도 막을 수 있습니다. 소득주도 성장론을 주장하는 문재인 정부가 집권하자마자 LTV와 DTI를 강화한 이유입니다. 부동산 시장 위축에 대한 우려도 있지만, LTV 규제로 인해 서민이 집 살 기회가 줄어드는 문제는 시장 밖에서 임대주택공급과 같은 정책으로 해결해야 합니다. 그래야 시장질서가 유지되고 자원의 효율적 배분으로 경제가 원활히 돌아갑니다. 이는 대한민국뿐만 아니라 1930년 이후 세계 경제정책의 주류를 이룬 케인스주의 정책(수정자본주의)의 기본입니다. 결론은 간단합니다. '시장에 자원의 효율적 배분을 맡기되, 그로 인해 발생하는 문제는 정부가 해결한다'는 것입니다.

무분별한 갭투자를 잡아야 한다

투기수요를 잡기 위한 조치로는 양도소득세 강화나 거래 투명화 등 여러 방안이 있지만 8·2 부동산대책에서 특히 주목할 만한 정책은 바로 정부가 '갭(gap)투자'에 대한 규제의 칼을 빼들었다는 것입니다. 갭투자는 시세차익을 목적으로 주택매매가와 전세가의 차액이 적은 집을 고른 후에, 전세를 끼고 주택을 매입한 뒤 주택가격이 오를 시 이를 처분하여 이득을 거두는 투자방식을 말합니다. 사실 이전에는 없던 용어입니다. 이 말이 등장하게 된 계기는 2012년 이후 전세가격이 폭등하면서 전세가율이 60~70% 수준으로 상승했기 때문입니다. 예전에도 전세를 끼고 아파트를 매입해 시세차익을 노리는 경우가 있었지만, 한동안 아파트 전세가율이 시가의 30~40%에 불과했기 때문에 거의 사라졌던 투자방법이 전세가율 상승에 따라 부활하면서 새로운 호칭까지 얻은 것입니다.

지금도 서점에 가면 갭투자로 많은 돈을 번 사람들이 쓴 책들을 볼 수 있습니다. '나는 갭투자로 수백 채의 집주인이 되었다'고 하면 귀가 솔깃해집니다. 투자 혹은 투기를 해서 돈을 버는 것이 전부 나쁘다는 것이 아닙니다. 저도 할 수만 있다면 언제든지 좋은 기회를 잡아서 하고 싶습니다. 누가 비난하든 말든 법을 위반하지 않는 범위 내에서라면 당연히 허용돼야 한다고 생각합니다. 하지만 갭투자에는 정부의 규제가 반드시 강력히 들어가야 합니다.

첫 번째 이유는 갭투자는 암호화폐처럼 너무나 위험한 투자라는 점입니다. 한마디로 레버리지(leverage)가 너무 큰 투자★입니다. 만일 전세가율이 70%인 집을 LTV 30%의 조건으로 1금융권이든 2금융권이든 대출을 받아 구매한다면 내 돈을 한 푼도 들이지 않고 집을 살 수 있다는 결론이 나옵니다. 이렇게만 구매할 수 있다면 갭투자를 통해 수백 채가 아니라 수만 채의 집주인이 될 수도 있을 것입니다. 하지만 실제로 그 건물의 주인은 갭투자를 한 사람이 아니라 전세입자와 금융권이지요. 부동산가격이 폭락하거나 금리가 조금이라도 오른다면 갭투자자들은 파산을 면치 못할 것입니다.

특히 갭투자를 하는 주된 연령층이 젊은 세대★★라는 점에서 국가는 갭투자에 대한 철저한 규제책을 펴야 할 것입니다. '흙수저가 부의 사다리를 오르는 길을 원천봉쇄할 셈이냐'는 불만도 나오겠지만, 국가는 국민을 보호할 의무가 있습니다. 그런 점에서 정부는 젊은 청춘들이 경제적으로 파산하지 않도록 암호화폐나 갭투자와 같은 위험한 투기행위를 못 하게 할 의무와 권리가 있다고 생각합니다.

두 번째 이유는 갭투자가 성공하기도 어려울 뿐만 아니라 한국 경제의 실핏줄 같은 경제활동인구에 큰 타격을 줄 수 있기 때문입니다. 강남 아파트에 갭투자를 했다는 사람은 아마 찾아보기 힘들 것입니다. 갭투자자들은 주로 소액투자자들로, 강남 아파트 같은 대형 매물은 건드리기 어렵습니다. 또 강남 아파트는 전세가율

★ '지렛대'를 이용해 실제 가진 힘보다 몇 배나 무거운 물건을 들 수 있듯이, 부채를 끌어다가 자산을 매입하는 레버리지효과를 이용해 실제 가진 돈보다 몇 배나 큰 투자수익을 발생시킬 수 있다. 투자 레버리지는 총 투자액을 자기자본으로 나눠 계산한다. 투자한 금액 중 자기자본 비중이 작으면(부채 비중이 크면) 레버리지가 큰 투자다. 레버리지가 커질수록 투자수익률은 가격변동률의 몇 배로 증가하고 리스크 또한 커진다.

★★ 2017년 5월 말 기준 30세 미만 부동산임대업자는 1만 6천135명으로, 전년 동월(1만 3천532명) 대비 19.2%(2천603명) 증가했다. 이는 전체 부동산임대업자의 같은 기간 증가율인 8.2%의 두 배 이상이다.

이 높지 않습니다.★ 전세금을 레버리지로 활용하는 갭투자자들에게 강남 아파트는 그저 그림 속의 꽃에 불과한 것입니다.

전세가율이 높다는 것은 집값 상승 가능성이 낮다는 것을 의미합니다. 전세가율이 100%라 전세가와 매매가가 똑같다고 가정합시다. 집을 사겠습니까, 아니면 전세로 살겠습니까? 집을 산다고요? 만약 앞으로 집값이 오르지 않는다면 전세처럼 좋은 것이 어디 있습니까? 집에 하자가 생기면 집주인이 고쳐주고, 주택 관련 세금도 집주인이 다 내주는데 저라면 당연히 전세로 살 것입니다.

집을 사서 전세를 준다는 것은 집값이 오를 것이라는 확신을 가지고 있기 때문입니다. 그래서 집값 대세상승기에는 사람들이 다 집을 사서 전세를 주려고 합니다. 그러면 전세물량이 많아져 전세가격은 떨어질 수밖에 없지요. 자연스럽게 전세가율도 떨어집니다. 반대로 집값의 하락이 예상된다면 아무도 집을 사서 전세

★ 2018년 2월 기준 서울 아파트 평균 전세가율은 69.3%이며, 강남 53.3%, 서초 55.9%, 송파 57.6%, 용산 56.7%로 나타났다.

를 주려고 하지 않겠지요. 그러면 자연스럽게 전세공급이 줄어들면서 전세가가 오르고, 전세가율 또한 높아집니다. 다시 말해 전세가율이 높다는 것은 '갭투자 하기 좋다'는 말인 동시에 집값 하락이 예상된다는 것입니다. 그러니 부동산 갭투자로 돈을 번다는 것은 사실 모래 속에서 바늘 찾기보다 어려운 일일 것입니다. 주식시장에서든 어디서든 소액투자자가 레버리지를 최대한 일으켜 베팅해서 돈 버는 일은 하늘의 별 따기입니다. 높은 수익률과 성공투자의 전설에 현혹되는 순간 남는 것은 파산뿐입니다.

소액투자자인 갭투자자들이 주로 노리는 부동산은 서울 강남이 아니라 서울의 부심 또는 수도권 신도시 지역의 소형 오피스텔이나 소형 아파트입니다. 이곳에 사는 이들은 연령대로는 이십대 후반에서 사십대 초반, 경제적으로는 사회의 뿌리 부분에서 활발하게 활동하는 사람들입니다. 갭투자가 실패하기라도 하면 투자자뿐 아니라 그 집에서 거주하던 경제활동인구까지도 고통을 겪기 십상입니다.

출퇴근이 편하다는 이유로 소형 오피스텔이나 소형 아파트 전세를 구하는 독자 여러분은 혹시 집주인이 갭투자자는 아닌지 확인해보세요. 어떻게 확인하느냐고요? 일단 집주인의 연령대를 보고, 당연히 시세와 전세가격 그리고 주택담보대출을 확인해야죠. 만약 집주인이 갭투자자로 의심되면 그 즉시 전세구매를 포기하기 바랍니다. 수백 채 가진 갭투자자가 되길 원할 수는 있겠지만 갭투자자가 가진 수백 채 중 하나에서 전세를 사는 사람은 되지 않는 것이 좋습니다.

부동산억제책 비판기사 톺아보기

LTV·DTI 규제 강화 "월급쟁이만 봉인가"

10년차 직장인 나서민 씨(38세, 남)는 내년 초등학교에 입학하는 자녀를 둔 가장이다. 나 씨의 연봉은 4천600만 원이며, 얼마 전 재취업에 어렵사리 성공한 아내 경단녀 씨(35세, 여)의 연봉과 합치면 가구 연소득은 7천200만 원가량이다. 아이가 행여나 학교에서 기죽을까봐 올해 아파트를 장만하려는 찰나 주택담보대출 요건이 또 바뀌었다고 한다. 나 씨와 경 씨 부부는 분명 서민이고 주택구입도 실거주 목적인데 소득수준이 발목을 잡는다. 거기다 서울의 5억 원 이하 아파트 매물 찾기는 모래밭에서 동전 줍기보다 힘들다. 울며 겨자 먹기로 성동구 7억 원대 아파트를 알아보았는데, 정부의 LTV · DTI 규제 강화로 인해 1금융권의 대출한도가 이전보다 훨씬 줄었다. 나 씨와 경 씨 부부의 내집마련 고민은 탈출구가 보이지 않고 있다.

정부의 부동산대책을 비판하는 이 기사에서 언급한 사례를 보면 몇 가지 문제점이 눈에 띕니다. 먼저 투기지역인 성동구 7억 원대 아파트구입자를 서민이라고 할 수 있을까요? 서민 · 실수요자의 기준은 부부합산 연소득 6천만 원, 생애최초 주택구입시 7천만 원 이하입니다. 따라서 이 부부에게는 LTV 40%가 적용되겠죠. 2016년 기준 가구당 보유자산은 3억 6천187만 원입니다. 만일 이 부부가 성동구의 7억 원짜리 부동산을 산다면 평균 가구당 보유자산의 두 배를 가지게 되는 셈입니다.

만약 LTV 기준이 60%라면 이 부부가 대출받을 수 있는 금액은 '7억 원×0.6=4억 2천만 원'입니다. 이자율을 5%로 계산했을 때 연평균 대출이자는 2천100만 원입니다. 가구소득 7천200만 원에서 2천100만 원을 제한 이 부부의 가처분소득은 5천100만 원이므로 언뜻 큰 문제가 없어 보일 수도 있습니다. 하지만 저라면 말릴 것입니다. 이 경우 이제 막 경력단절의 늪에서 벗어난 아내 경단녀 씨는 설령 직장에서 부당한 처우를 받는다고 해도 그 일자리를 포기하기 어렵겠죠. 4천600만 원인 남편의 연봉만으로는 허리띠를 졸라매도 이자 갚는 데 급급할 테니까요. 물론 LTV가 40% 적용될 것을 생각하면 대출금 2억 8천만 원의 이자는 1천400만 원이지만, 현재 보유하고 있는 자산이 4억 원대가 아닌 이상 7억 원짜리 아파트구입은 턱도 없을 것입니다.

이 기사는 이런 점을 보지 못한 것일까요, 아니면 일부러 무시한 것일까요? 부동산억제책에 반대하는 프레임이 너무나도 확고하다 보니, 디테일은 무시해도 상관없겠다는 쪽이 아니었을까 싶습니다.

"빈털터리가 되는 가장 빠른 길은 자신의 신념을 시장에서 몸소 증명해 보이려고 하는 것이다."

_ 제시 리버모어(Jesse Livermore), 월스트리트의 전설적인 투자자

CHAPTER 5

부동산가격에 관한 선입견과 도그마

FINANCE

부동산가격을 바라보는 전제부터 잘못됐다

부동산 폭락론이나 대세상승론을 아리스토텔레스의 삼단논법으로 간단히 정리해보겠습니다. 먼저 폭락론자들의 주장입니다.

대한민국 부동산은 너무 비싸다. → 서민들이 집 없는 고통을 받고 있다. → 그러므로 부동산가격은 내려야 한다.

다음은 대세상승론자들의 주장입니다.

대한민국 부동산은 여전히 싸고 계속 오를 것이다. → 서민들은 그 사실을 모르고 있다. → 그러므로 서민들에게 이를 알려 부동산을 살 기회를 주어야 한다.

삼단논법의 문제점은 대전제가 잘못되어 있으면 결론도 잘못될 수밖에 없다는 것입니다. 근대과학의 문을 연 베이컨★은 이를 간파하여 대전제를 무조건 믿을 것이 아니라 의심해야 한다고 주장하면서 개별 사례에 대한 귀납적 검토로 학문을 시작해야 한다고 했습니다. 우리 역시 한국의 부동산이 비싼지 싼지를 알아보기 위해서는 개별 사례를 검토하는 것부터 시작해야 할 것입니다. 소득 대비 부동산가격은 어떤지, 지대 대비 부동산가격은 어떤지, 그 지역에서 만들어지는 부가가치 대비 부동산가격은 어떤지, 물가 대비 부동산가격은 어떤지, 이렇게 하나하나 귀납적 검토가 이루어진 후에야 부동산 시장에 대한 진정한 논의가 이루어질 수 있을 것입니다.

도덕주의자의 눈을 버려라

서점 부동산 코너에 가면 '부동산 대폭등이 오니 빨리 집을 사라'든가, 아니면 '부동산 대폭락이 일어날 테니 주의하라'는 두 종류의 책을 흔히 볼 수 있습니다. 굉장히 상반된 주장입니다. 하지만 부동산이 곧 폭락한다는 주장이나 폭등한다는 주장이나 본질적으로는 다를 바 없습니다. 자극적인 제목으로 책을 구매하도록

★ 영국의 철학자이자 과학자인 프랜시스 베이컨(Francis Bacon)은 기독교 사상만을 진리라 여겼던 중세 스콜라철학(Scholasticism)에서 벗어나, 4대 우상론을 내세우고 귀납법에 기반한 지식 탐구를 주장했다.

조장한다는 점에서 그런 것이냐고요? 아닙니다. 두 주장 모두 서민을 위하는 입장이라는 점에서 그렇습니다.

부동산이 폭락한다는 주장의 핵심은 뭘까요? 왜 폭락해야 합니까? 지금의 부동산가격이 서민들이 구입하기에는 말도 안 되게 비싸기 때문 아니겠습니까? 수십 년 동안 돈을 벌어 한 푼도 안 써도 서울에 집 한 채 살 수 없는 이 세상은 부조리하다, 그러니까 부동산가격이 크게 내려야 서민들도 집을 살 수 있다는 논리가 밑바탕에 깔려 있습니다. 반대로 부동산이 곧 폭등한다는 논리는 무엇에 기반하고 있습니까? 부동산은 늘 폭등해왔고 앞으로도 폭등할 것인데 지금까지는 돈 있는 자산가들만 그 과실을 따먹었으니, 이제부터는 서민들도 제대로 공부해서 부동산 시장의 과실을 나눠 가지자는 것입니다. 더 늦기 전에 말이죠.

이 두 가지 상반된 주장의 문제는 서민을 위한 논리라는 점 때문이 아닙니다. '무엇이 올바르다'는 도덕적 전제를 가지고 경제 문제를 바라보고 있기 때문에 잘못이라는 것입니다. 도덕적 관점을 우선해 사회현상을 바라보면 '자기가 보고 싶은 것만 보게 된다'는 치명적인 사고의 결함이 생깁니다. 인구의 변화가 부동산가격에 미칠 영향에 대한 가설들을 예로 들어 설명해보겠습니다.

1) 인구가 감소하니까 부동산가격은 떨어질 것이다.

2) 인구는 감소해도 가구수가 증가하므로 부동산가격은 오를 것이다.

3) 가구수가 증가해도 증가하는 가구의 대부분은 가난하고 젊은 1인 가구라 부동산가격은 떨어질 것이다.

4) 최근 증가하는 1인 가구 중 많은 수는 가난한 1인 가구가 아니라 이혼했거나 미혼인 사오십대 경제력 있는 1인 가구라 부동산가격은 오를 것이다.

5) 노령화에 따라 부동산구매의 중심층인 사오십대가 감소하므로 부동산가격은 떨어질 것이다.

6) 최근 들어 부동산구매의 중심층이 사오십대에서 오육십대로 넘어가고 있으므로 부동산가격은 오를 것이다.

7) 미국과 일본의 경우 생산인구의 감소 시작과 더불어 부동산가격이 떨어졌으므로 우리도 떨어질 것이다.

8) 유럽의 경우 생산인구 감소에도 불구하고 부동산가격은 올랐다. 그런데 우리 부동산 시장은 미국이나 일본보다 유럽에 가까우므로 부동산가격은 상승할 것이다.

부동산 대폭락을 주장하는 책들은 1), 3), 5), 7)의 내용을 강조하고, 부동산 대세상승을 주장하는 책들은 2), 4), 6), 8)의 내용을 강조합니다. 다시 말해 '부동산가격은 떨어져야 한다'는 당위를 가지고 시장에 접근하면 1), 3), 5), 7)의 주장이 더 설득력 있게 들리고, '부동산가격은 올라야 한다'는 당위를 가지고 시장에 접근하면 2), 4), 6), 8)의 주장이 더 설득력 있게 들린다는 것입니다. 이러한 편향이 바로 '보고 싶은 것만 보게 만드는' 이유입니다.

한쪽 눈을 가린 논리로만 무장하면, 그 이후에는 자신의 논리와 상반되는 주장을 객관적인 시각에서 받아들이려 하기보다는 그 주장 뒤에 숨겨져 있어야만 한다고 생각하는 비도덕적 시각을 배척하게 됩니다. 예를 들어 부동산가격이 떨어져야 한다는 당위로 시장에 접근하면, 그 다음부터는 부동산가격이 오를 거라는 주장에 대해 그 주장이 맞고 틀린지 생각하기보다 이런 생각부터 듭니다. '저 사람이 저런 부도덕한 주장을 하는 이유가 뭐지? 아마 저 사람은 부동산가격이 상승하면 이익을 보는 자산가거나 부동산매매업으로 사는 사람일 거야. 그래서 틀린 주장임을 알면서도 자기 이익을 관철하기 위해 부동산가격 상승을 주장하는 거야.' 물론 그런 사람도 없진 않지만 모든 사람이 다 그런 식으로 생각하는 것은 아니지 않겠습니까?

2017년에서 2018년 사이, 최근 들어 가장 많은 물량인 약 78만 호의 아파트가 공급됩니다. 어떤 사람의 눈에는 부동산 대폭락의 신호탄으로 보일 것이고, 또 다른 사람의 눈에는 부동산 대세상승기로 불리기에 손색없는 물량으로 보일 것입니다. 하지만 정답은 주어진 결과에 내용을 짜 맞추는 것이 아니라, 선입견과 편견을 던져버리고 공급되는 물량이 가져올 결과를 하나씩 검토해서 틀린 주장은 걷어내고 맞는 주장만 취합하여 새로운 결론을 내리는 것이겠죠. 그것이 근대과학 이후 정립된 귀납적 태도입니다.

부동산을 다루는 경제학도 사회과학의 한 종류입니다. 사회과학을 하는 사람은 도덕의 잣대로 옳고 그름을 판단하는 제사장이 아니라 사실에 대한 객관적인 인과관계를 파악하는 과학자가 되어야 합니다. 자연과학과 사회과학이 연구하는 방법은 다를 수 있지만, 자연현상이나 사회현상을 종교나 도덕의 잣대로 보지 않는 데서 출발한다는 점은 같습니다. 왜 천동설이 지동설을 오랜 기간 동안 이길 수 있었습니까? 천체의 운행을 신학적 권위 아래 바라봐야 한다는 생각이 과학적 견해를 가로막았기 때문입니다. 지구가 아니라 태양이 돌아야 한다는 도덕적 관점을 가지고 세상을 보면 이를 반박하는 자료가 아무리 많아도 절대 그것을 받아들일 수 없는 것★입니다.

자, 이제부터 축구경기를 관람하는 태도와 부동산 시장을 전망하는 태도가 완전히 다르다는 점을 명심하고 부동산을 봐야 합니다. 한일전(韓日戰) 스포츠경기를 볼 때는 대한민국 국민의 입장에서 봐도 됩니다. 하지만 부동산 시장을 볼 때는 국적과 연령과 종교와 신분을 떠나서 봐야 합니다. 중산층이 늘어나야 하는 이유는 그것이 도덕적으로 올바르기 때문이 아니라 중산층이 상류층보다 소비성향이 높고 하층민보다 부채비율이 낮기 때문입니다. 복지국가를 추구해야 하는 이유도 마찬가지입니다. 복지국가가 도덕적으로 더 좋은 사회여서가 아니라 일정 정도 사회가 발전하면 수요 창출이 중요한 경제적 과제로 대두하고, 상대적으로 미래에 대한 걱정이 없어 현재의 소비가 활성화되는 복지국가의 경우 유효수요가 더 많이 창출되기 때문입니다.

일단 '부동산가격이 떨어지는 것이 한국경제에 좋은가'라는 질문부터 던져봅시다. 부동산가격도 일종의 물가입니다. 물가 중에서도 가장 중요한 물가라고 할 수 있습니다. 물가는 오르는 게 좋

★ 갈릴레오 갈릴레이(Galileo Galilei)는 천체를 관찰해 천동설을 깨뜨릴 수 있는 증거들을 찾아냈지만 당대 지식인들은 갈릴레이의 망원경을 통해 우주를 실제로 관찰하고 나서도 이를 부정했다. 가령 당대의 유명한 과학자였던 클라비우스 신부는 갈릴레이가 본 것은 천체가 아니라 렌즈에 낀 이물질이라고 이야기했다. 또 다른 과학자인 루도비코 델레 콜롐브는 갈릴레이의 망원경으로 달을 본 후, 달이 겉보기에는 울퉁불퉁할 수 있지만 사실 투명한 물질이 달을 뒤덮고 있어 완벽한 구 모양을 가지고 있다고 주장했다.

을까요, 내리는 게 좋을까요? 당연히 오르는 게 좋지요. 물가가 내리는 디플레이션이 다가올 것 같으면 우리는 'D의 공포가 몰려온다!'면서 두려워합니다. 디플레이션이 닥치면 생산자는 생산원가가 내려갈 것이라는 기대로 현재의 생산을 미래로 미루고, 소비자는 물건의 가격이 내려갈 것을 예상해 현재의 소비를 미래로 미루게 됩니다. 한마디로 생산과 소비의 위축을 가져옵니다.

그렇다고 통제 상황을 벗어난 초(超)인플레이션이 좋다는 것은 아니지요. 물가는 조금씩 천천히 오르는 것이 가장 좋은 것입니다. 그래서 정부정책의 목표는 물가가 안 오르고 그대로 있는 '물가제로(0)'가 아닌, 물가안정입니다. 물가안정은 물가가 지금 이대로 오랫동안 지속되게 하자는 것이 아니라 천천히 조금씩 자연스럽게 올라가도록 하겠다는 것입니다. 부동산도 마찬가지입니다. 부동산가격이 폭락하는 것은 부동산가격이 급등하는 것보다 자칫 더 큰 피해를 가져오게 됩니다.

일본경제는 1990년대 중반 부동산가격 폭락을 시발점으로 '잃어버린 20년'을 맞이했고, 잘나가던 미국경제는 2008년 '서브프라임 모기지론 사태'로 큰 위기를 맞이했습니다. 도대체 부동산가격이 폭락하면 무엇이 문제일까요? 한마디로 서민경제가 파탄에 이릅니다. 우선 집을 사려는 서민은 집 사기가 더 어려워지고, 또한 집 있는 서민도 더 힘들어집니다. 마지막으로 전셋집에 사는 사람들도 더욱 힘들어지죠. 부동산가격 폭락은 서민에게 재앙을 가져옵니다. 부동산가격이 폭락하면 집을 사기 쉬워질 것 같은데 오히려 서민이 집을 사기 더 어려워질 거라니, 잘못 말한 게 아니

❖ 부동산의 수요·공급 곡선

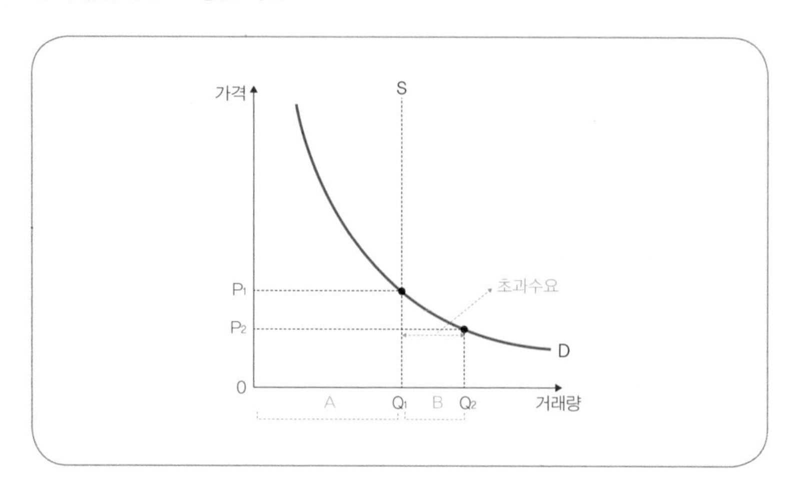

냐고요? 아닙니다. 위 그래프를 보면 이해하기 쉬울 것입니다.

앞서 살펴보았듯이 부동산의 공급 곡선은 y축과 수평입니다. 부동산가격이 P_1에서 P_2로 하락할 경우 수요량은 자연히 Q_1에서 Q_2로 증가합니다. 하지만 공급은 여전히 Q_1에 머무르고 있기 때문에 Q_1에서 Q_2만큼의 초과수요가 발생합니다. 사려는 사람은 A+B 구간만큼 많지만 A 구간에 있는 사람만 부동산을 구입할 수 있고 B 구간에 있는 사람은 부동산을 구입할 수 없게 된다는 것입니다. B 구간에 있는 사람이 누구일까요? 바로 서민입니다. 부동산은 단순한 재화가 아니라 금융재입니다. 부동산을 구입할 때 현금만 주고 사는 사람이 어디 있습니까? 은행에서 대출을 받아서 사지요. 그런데 은행 입장에서는 부동산가격이 하락하고 있는 와중에 누구에게 주택담보대출을 해주겠습니까? 서민에게 해줄까요, 아니면 신용이 좋은 부자나 중산층에게 해줄까요? 부동산가격이 하락하는 시점에 서민들은 대출을 받기가 더 어려워집니다. 이때 부동산을 구입할 수 있는 사람은 오히려 현금을 많이 가지고 있는 알부자입니다.

부동산 폭락은 어느 나라도 예외일 수 없이 신용경색을 가져옵니다. 주택담보대출 받기가 하늘의 별 따기처럼 어려워집니다. 현금이 왕입니다. 이때 부자들이 값싼 부동산을 현금으로 싹쓸이합니다. IMF 금융위기 때 누가 폭락한 우리나라 부동산을 다 쓸어갔습니까? 진짜 돈 많은 부자들과 외국 부동산펀드들이 강남 빌딩을 싹 다 사버렸습니다. 개인 혹은 한국의 기업이 갖고 있던 강남 빌딩을 부동산 폭락 이후 빼앗겼던 것입니다. 마치 조선시대 후기에 가뭄이 들어 뒤주에 쌀이 떨어질 때쯤 악질 지주들이 나타나 자영농으로부터 토지를 값싸게 사들이고, 이에 따라 자영농이 소작농으로 전락했던 것과 같은 사연입니다.

이번에는 서민들을 주택보유자와 전세입자로 나누어서 봅시다. 둘 다 예외 없이 부동산 폭락에 따른 큰 피해를 입게 됩니다. 먼저 주택보유자의 경우부터 보겠습니다. 집을 소유한 서민이라고 해도 그 집이 재벌들의 저택처럼 크지는 않겠죠. 그런데 서민들이 보유하고 있는 집은 부자들이 보유하고 있는 집보다 부동산담보대출 비중이 더 높습니다.★ 따라서 서민은 부동산가격이 폭락하면 집값보다 담보대출금액이 더 커지는 사태를 맞이할 가능성이

★ 통계청에 따르면, 순자산 분위별 부동산담보대출 비율(담보대출금액/부동산자산)은 1분위 82.8%, 2분위 36.4%, 3분위 22.3%, 4분위 14.2%, 5분위 9.7%다. 참고로 순자산 분위는 총자산에서 부채를 뺀 순자산을 가구의 소득·자산 등의 순으로 20%씩 5개 분위로 나눈 것이다.

부자보다 훨씬 높습니다. 그런 경우 서민의 집은 은행의 집이 되는 것입니다. 깡통주택으로 전락하는 것이죠.

집을 가진 서민 김 씨가 직장이 바뀌어 다른 도시로 이사를 가게 됐다고 가정해봅시다. 새 직장이 있는 도시에 간신히 전세를 구했지만 걱정이 이만저만 아닙니다. 원래 살던 집은 전세로 내놓았는데, 집값이 폭락하자 높은 부동산담보대출 비율 때문에 전세금을 떼일까 두려워 세입자가 들어오지 않습니다. 이러다 새로 구한 전셋집에 중도금을 주지 못해 계약이 파기될까봐 김 씨는 발만 동동 구릅니다. 설상가상으로 금리가 오른다는 소식이 들려옵니다. 결국 김 씨는 현금을 싸들고 온 부자 이 씨에게 눈물을 머금고 헐값에 주택을 매매합니다.

전세입자도 당장은 전세가가 하락해 좋을지 모릅니다. 하지만 부동산 폭락기에는 시세차익을 목적으로 전세를 끼고 주택을 매입하는 사람들이 줄어들 수밖에 없습니다. 달리 표현하면 전세공급이 줄어든다는 말입니다. 그러면 상대적으로 전세가율은 점점 높아질 수밖에 없습니다. 곧 전세난에 시달릴 가능성이 커집니다. 또한 부동산이 폭락하면 집주인들은 전세를 당장 월세로 돌리기 시작할 것입니다. 집값이 오를 가능성이 없고 경제적으로 여유가 있다면 공급자 입장에서는 전세를 들고 있을 이유가 없기 때문입니다.

결론적으로 부동산가격이 폭락하면 서민들은 집 살 기회도 줄어들고, 가지고 있던 집도 헐값에 팔게 되거나 깡통주택이 되기 쉽습니다. 또한 전세입자도 전세를 구하기 더 어려워지거나 월세로 옮겨가야 합니다. 한마디로 서민에게 부동산가격 폭락이란 재앙입니다. 다가올 부동산 하락 역시 폭락으로 치달으면 우리로서는 불행한 일이 될 것입니다. 이명박·박근혜 정부 당시 오른 부동산가격이 제자리를 찾아가는 정도, 많아진 공급물량이 소화되는 과정의 진통 정도로 끝나는 것이 한국경제에 도움이 됩니다.

PIR지수의 아전인수(我田引水)식 활용

부동산가격이 싸다 비싸다를 논할 때 가장 많이 쓰이는 지수가 PIR(Price to Income Ratio)★입니다. 소득 대비 집값이 얼마인지, 한마디로 집을 사기 위해 몇 년 동안이나 숨만 쉬며 한 푼도 안 쓰고 모아야 하는지 나타내는 지수입니다.

2014년 10월 1일 한 시민단체가 OECD 및 IMF 통계와 국제 주택마련 가능성조사 보고서 등을 분석해 서울의 주택 중간가격(그해 이뤄진 총 매매 사례의 중간에 위치하는 가격)이 1인당 GDP의 17.7배에 이른다고 발표했습니다. 이는 영국 런던 13.6배, 미국 뉴욕 7.6배, 일본 도쿄 6.5배보다 높은 것입니다. 이 단체는 "뉴욕과 서울의 주택 중간가격은 4억 원대 초반으로 비슷했지만, 1인당 GDP는 미국이 우리보다 2.2배 높았다"며 "우리나라가 다른 나라

★ 주택가격을 가계의 연간소득으로 나눈 비율. 주택을 구입하는 데 걸리는 시간을 나타낼 수 있다. 2018년 5월 기준 서울의 PIR은 18.62배로, 이는 서울에서 집을 구입하기 위해서는 모든 소득을 저축할 경우 평균 18.62년이 걸린다는 것을 의미한다.

❖ 세계 주요 도시 연소득 대비 주택구입가격 배수(PIR)

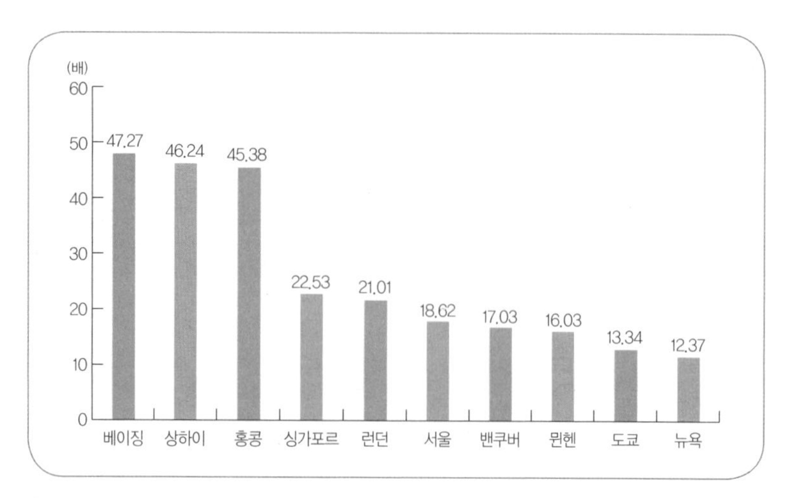

출처 : 넘베오(www. numbeo.com), 2018년 5월 기준

들보다 소득 대비 집값이 지나치게 높은 것"이라고 지적했습니다.

2018년 5월 기준 세계 주요 도시 PIR은 런던 21.01배, 서울 18.62배, 도쿄 13.34배, 뉴욕 12.37배입니다. 이 자료를 보면 서울 사람들이 소득을 모아서 서울에 있는 중간가격의 집을 사는 데 런던에 사는 사람보다 짧게 걸리지만 뉴욕이나 도쿄에 사는 사람보다는 더 오래 걸린다는 것을 알 수 있습니다. 또 이를 바탕으로 서울의 주택가격이 뉴욕이나 도쿄보다 소득에 비해 상대적으로 비싸다는 것까지 알 수 있습니다. 하지만 서울 부동산가격이 정말 비싼지 싼지는 알 수 없습니다. 특히나 서울 부동산의 버블 여부는 절대 알 수가 없습니다.

2008년 당시 PIR은 전국 평균 7.7배, 서울 10.5배, 강남권 11.2배, 강북권 9.8배, 6대 광역시 9.1배, 5개 신도시 8.5배였습니다. 한

창 부동산경기가 좋았던 때의 지수입니다. 지금도 당연히 강남의 PIR이 높을 것입니다. 이 지표를 통해 알 수 있는 것은 무엇일까요? 강남 사는 사람들이 다른 지역에 사는 사람들보다 소득을 모아서 집을 사는 데 더 오랜 시간이 걸린다는 것, 강남 부동산이 상대적으로 비싸다는 것은 알 수 있습니다. 하지만 이 지표를 보고 강남 부동산이 비싸니까 팔아야겠다거나, 지방 부동산이 상대적으로 싸니까 사야겠다는 사람이 있을까요? 강남 부동산 버블이 너무 심각하니 이제 폭락할 거라고 이야기하는 사람이 과연 있을까요?

2016년 기준 서울시민의 개인소득은 약 2천80만 원으로, 부산시민의 평균 개인소득 약 1천760만 원보다 1.18배가량 높습니다. 그런데 서울의 PIR은 부산보다 두 배 이상 높습니다. '부산에 30평 아파트 두 채 가질래, 서울에 30평 아파트 한 채 가질래?'라고 질문을 던져보면 어떤 대답이 나올까요? 부산이 대한민국 2대 도시임에도 불구하고 부산에 아파트 두 채를 가지겠다고 답하는 사람은 생각보다 적을 것입니다.

이 같은 현상은 대도시가 아닌 지방으로 갈수록 더합니다. 지방의 PIR이 강남이나 서울 평균보다 낮게 나오는 이유는 강남 주택에 버블이 껴서가 아니라 지방의 경우 상대적으로 택지공급에 여유가 있기 때문입니다. 한마디로 집을 지을 땅이 많은 것이지요. 그러니 인구 대비 땅값이 싸고, PIR이 낮을 수밖에 없습니다. 시골로 갈수록 자가보유율이 높아지는 이치와 같습니다. 강원도 산골에 사는 사람이 월세나 전세로 삽니까? 아무리 오래되고 낙후된 집이라도 자기 집을 가지고 있습니다. 반면 강남은 집을 지을 땅이 부족하고 인구가 몰려 있어 인구 대비 땅값이 비쌀 수밖에 없습니다.

대한민국 서울시의 수많은 동(洞) 중에 PIR이 가장 높은 동이 어딜까요? 잠실동입니다. 통계자료는 없지만 자신 있게 이야기할 수 있습니다. 왜냐고요? 거기 롯데타워가 있기 때문이죠. 123층짜리 초고층 빌딩 말입니다. 초고층 빌딩의 경우 일반 빌딩보다 건설비용이 보통 3~4배까지 들어갑니다. 초고층 빌딩이 많은 지역의 PIR이 높을 수밖에 없지요. 건설비가 그렇게 많이 들어가는 빌딩을 건설해도 수요가 있을 것이라는 확신이 있어야 가능한 것이 초고층빌딩입니다. 세계의 주요 도시별 PIR지수를 보면 홍콩은 늘 3등 안에 듭니다. 그렇다고 '홍콩 부동산가격은 버블이다'라고 말할 수 있을까요? 다만 홍콩이 초고층 아파트 비율이 가장 높은 도시라는 것은 알 수 있습니다. 인구 대비 택지면적이 가장 적은 도시라고도 할 수 있고요. 홍콩에 가보면 60~100층짜리 초고층 아

파트가 줄지어 서 있는 것을 볼 수 있습니다. 그러니 PIR이 높을 수밖에 없지요.

앞서 언급한 시민단체가 말하고 싶었던 내용은 아마도 '우리보다 잘사는 뉴욕이나 도쿄보다 서울의 부동산가격이 비싸다. 따라서 서민을 위해 대한민국 부동산가격 안정화대책을 강력히 추진해야 한다'였을 것입니다. 그러나 좀 더 정확히 말하자면 '한국이 뉴욕보다 초고층 빌딩이 많다. 심지어 도쿄보다도 많다'고 해야 합니다. 신문기사로 치면 "한국, 뉴욕·도쿄보다 초고층 빌딩 많아…", 이렇게 헤드라인을 다는 것이 어떨까 싶습니다.

단적으로 PIR을 어디서 조사하든 대부분 서울이 도쿄보다 부동산가격이 더 비싼 것으로 나옵니다. 그러면 사람들은 '아, 정말 우리 부동산이 비싸도 너무 비싸구나. 한때 세계에서 가장 비쌌던 도쿄보다도 비싸다니' 하고 생각합니다. 그런데 인구수를 보면 서울시는 2017년 12월 기준 약 986만 명, 도쿄'도(都)'는 2017년 9월 기준 약 1천361만 명입니다. 또한 면적은 서울시가 605.24제곱킬로미터인 반면, 도쿄도의 면적은 2천188제곱킬로미터입니다. 즉 서울시 인구밀도가 1제곱킬로미터당 1만 6천728명인 데 비해 도쿄도 인구밀도가 1제곱킬로미터당 6천221명이므로 도쿄의 PIR이 서울보다 낮은 것은 너무나 당연한 결과입니다. 명동 거리에 땅 한 평을 가지겠습니까, 아니면 긴자(銀座) 거리에 땅 한 평을 가지겠습니까? 소득을 고려해도 긴자 거리의 부동산가격이 명동의 부동산가격보다 높다는 것을 쉽게 알 수 있지 않습니까? 그럼 긴자 거리의 부동산은 버블일까요?

❖ 세계 주요 도시 PIR 순위

순위	도시(국가)	PIR(배)	순위	도시(국가)	PIR(배)
1	베이징(중국)	47.27	16	라호르(파키스탄)	20.59
2	상하이(중국)	46.24	17	프놈펜(캄보디아)	20.51
3	홍콩(중국)	45.38	18	텔아비브야파(이스라엘)	20.49
4	선전(중국)	40.26	19	방콕(태국)	20.47
5	카트만두(네팔)	32.18	20	타이페이(대만)	20.14
6	콜롬보(스리랑카)	31.65	21	호치민시티(베트남)	20.07
7	뭄바이(인도)	30.25	22	로마(이탈리아)	19.95
8	알제(알제리)	25.20	23	모스크바(러시아)	19.82
9	리우데자네이루(브라질)	24.17	24	벨루오리존치(브라질)	19.70
10	광저우(중국)	23.69	25	하노이(베트남)	19.56
11	싱가포르(싱가포르)	22.53	26	예루살렘(이스라엘)	19.28
12	베오그라드(세르비아)	21.55	27	서울(대한민국)	18.62
13	보고타(콜롬비아)	21.23	28	스플리트(크로아티아)	18.41
14	상파울로(브라질)	21.21	29	자카르타(인도네시아)	18.26
15	런던(영국)	21.01	30	마닐라(필리핀)	18.22

출처 : 넘베오, 2018년 5월 기준(베네수엘라의 카라카스는 오차가 높아 순위에서 제외)

PIR만 따지면 2018년 5월 기준 세계에서 부동산 버블이 가장 심한 곳은 어디일까요? 무려 170.62배인 베네수엘라의 카르카스입니다. 여기는 오차 범위가 너무 높아 제외하더라도 46.24배인 상하이나 30.25배인 뭄바이에 비하면 18.62배인 서울의 집값은 거저나 다를 바 없습니다. 실제로 상하이에 가보면 집값이 결코 싸지 않습니다. 몇 억 가지고는 변두리의 방 두 개짜리 허름한 집밖에 못 살 정도니까요. 4천~5천 위안 정도 받는 상하이의 일반

노동자가 월급을 모아 번듯한 집을 산다는 것은 우공이산(愚公移山)★이라는 중국 고사처럼 자식과 손자 때나 가야 가능한 이야기입니다. 하지만 PIR 순위만 보고 베이징, 상하이, 홍콩, 선전, 뭄바이의 부동산이 비싸다고 할 수 있을까요? 홍콩은 인구밀도가 높고, 나머지 도시는 소득이 낮다고 봐야 하지 않을까요? 더불어 도시화율★★이 아직도 낮아 도시로 인구가 유입되는 속도가 빠르다고 보는 것이 정확한 해석일 것입니다.

재미있는 것은 부동산 대폭락을 주장하는 책이나 부동산 대세

❖ 2014년 연간 최저임금 대비 주택 중간가격

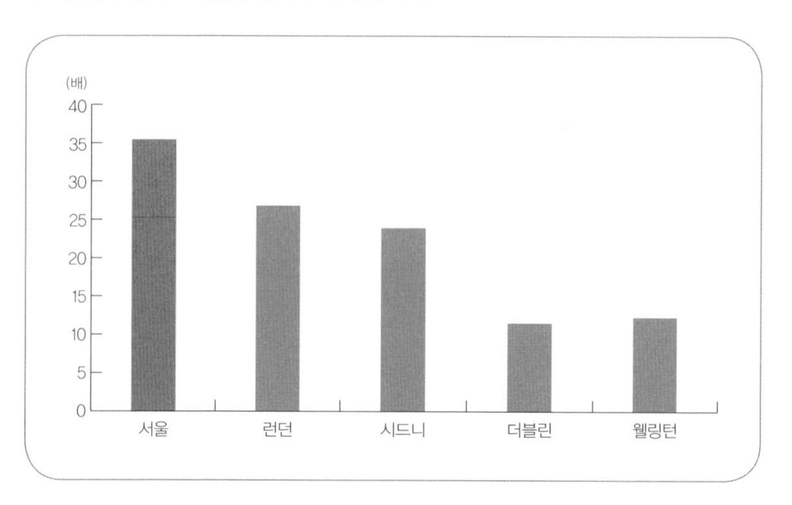

★ 중국 춘추전국시대의 우공이란 노인이 집 앞에 있는 큰 산 때문에 다른 마을로 이동하기가 불편해서 일가친척을 동원해 산을 조금씩 파서 옮기기로 한다. 그 말을 들은 친구가 산을 다 옮기기도 전에 죽을 것이라며 만류하자, 우공은 내가 죽더라도 자식과 손자가 이어서 할 것이라고 이야기한다. 결국 자신의 터전이 없어질 것을 두려워한 산신령이 옥황상제에게 청원해 산을 옮겼다고 한다.

★★ 전체 인구 중 도시계획구역 내 거주인구 비율. 도시에 살고 있는 인구의 비율이 얼마나 되는지 파악하는 지표로 쓰인다.

상승을 주장하는 책이나 모두 PIR지수를 들어 자기들의 주장을 합리화하고 있다는 것입니다. 아래의 도표는 앞서 보았던 시민단체의 자료 중 하나인데, 서울의 연간 최저임금 대비 주택 중간가격이 런던, 시드니, 더블린, 웰링턴과 비교해 얼마나 높은지 보여줍니다.

이는 사실 한국의 최저임금이 다른 선진국에 비해 얼마나 낮은지 보여주는 자료가 되어야 할 것입니다. 하지만 생뚱맞게도 서울의 부동산가격이 얼마나 높은지 보여주는 자료로 활용됐습니다. 시민단체의 노력을 폄하하려는 것이 아닙니다. 다만 서민을 위한다는 마음이 앞서면 아무리 좋은 취지라도 이런 오류를 범할 수 있다는 점을 이야기하고 싶습니다. 부동산 시장을 교란시키려는 사람들의 의도적 왜곡은 말할 것도 없고요. 몇 번을 강조해도 부족할 것입니다. 부동산을 비롯한 경제문제는 도덕주의자의 눈이 아니라 사회과학자의 눈으로 봐야 한다는 점 말입니다.

'검은 백조'와 귀납적 사고

프랜시스 베이컨은 아리스토텔레스의 연역법을 비판하며 귀납법을 주창했지요. 베이컨은 아리스토텔레스가 쓴 책인 『오르가논(Organon, 기관)』을 패러디하여 그의 저서 제목을 『신기관(Novum Oranum)』으로 정했습니다. 또한 아리스토텔레스의 철학에 집착하는 사람들을 '학문의 병'에 걸린 병자로 취급할 만큼 연역론적 방법론을 부정적으로 바라보았습니다. 베이컨은 대체 왜 그랬을까요?

앞에서 우리는 대전제가 잘못되면 결론도 잘못된 것으로 나온다는 삼단논법의 문제를 살펴보았습니다. 삼단논법의 전제는 대부분 실험에 대한 검증이 아닌, 사변(思辨)만을 통해 세워집니다. 즉 과학적 실험이나 탐구 없이 순수한 논리적 사고만을 통해 현실을 인식하고 전제를 완성한다는 것입니다. 결국 이러한 방식으로는 현실과 동떨어진, 탐구자가 원하는 결과밖에 도출되지 않을 것입니다.

예컨대 백조의 색깔이 무엇일까 고민한다고 가정합시다. 그런데 그 고민을 호수에 가서 하는 것이 아니라 책상 앞에서 합니다. 백조라는 말을 곰곰이 생각한 후 '깃털색이 얼마나 하얗기에 이름이 백조

일까?'라는 물음에 도달합니다. 그렇게 대전제를 세우지요. '모든 백조는 희다.' 그런데 검은 백조를 발견한다면? '모든 백조는 희다 → 검은 백조는 하얗지 않다 → 그러므로 검은 백조는 백조가 아니다'라는 말도 안 되는 결론을 내리게 되는 것입니다. 실제로도 검은 백조★는 존재합니다.

마찬가지로 부동산 시장을 분석함에 있어서도 아리스토텔레스처

★ 애초에 '실제로는 존재하지 않는 어떤 것'에 대한 은유적 표현으로 사용되던 '검은 백조'는 17세기 한 생태학자에 의해 호주에서 발견됐고, 월가 애널리스트로 활동했던 뉴욕대학교 교수 나심 니콜라스 탈레브(Nassim Nicholas Taleb)가 그의 저서 『블랙 스완(The black swan)』에서 서브프라임 모기지론 사태를 예언하면서 '불가능하다고 인식된 상황이 실제 발생해 엄청난 충격을 몰고 오는 사건'을 의미하게 됐다.

럼 연역적 방법을 사용해서는 안 됩니다. '부동산가격은 싸다' 혹은 '부동산가격은 비싸다'라는 전제를 깔고 시장을 바라보면, 당연히 지표들도 그런 관점에서 해석하게 됩니다. 똑같은 지표가 어떤 사람한테는 버블의 징조가 되고, 어떤 사람한테는 투자의 기회가 되는 것이지요. 여러분은 대한민국 부동산을 있는 그대로 바라보고, 실제로 부동산을 매입할 때는 꼭 발품을 팔아 자료를 하나하나 취합하여 현명한 결론을 내려야 합니다.

대한민국 부동산은 비싼가, 싼가

어떤 물건이 '싸다', '비싸다'를 판단하는 것은 아주 간단해 보이지만 결코 쉬운 문제가 아닙니다. 그 기준이 무엇인지부터 고민해봐야 합니다. 우리는 어떤 물건을 비싸다고 느낄까요? 몇 가지 상황을 가정해봅시다.

스위스의 한식당에 식사를 하러 들어갑니다. 소주가 한 병에 2만 원이랍니다. 된장찌개는 3만 원이고요. 기가 찰 노릇입니다. 거기다 반찬값도 따로 받는답니다. 어쩔 수 없이 김치랑 콩나물만 시켜서 먹으니 1만 원이 추가됐습니다. 더 환장할 일이 남아 있습니다. 목이 메어 어쩔 수 없이 시킨 생수 한 병이 5천 원. 한 끼 식사비용으로 무려 6만 5천 원을 내고 나옵니다.

등산을 하러 갑니다. 문화재관리 명목으로 절에서 입장료를 받습니다. 절 구경을 할 것도 아닌데 문화재관리구역이라고 돈을 내야 한답니다. 어쩔 수 없이 신용카드를 꺼냈더니 또 현금만 받는답니다. 이렇게 비싼 문화재관리비가 있나 싶어 억울한 마음이 듭니다.

외국에서 오래 살다가 수십 년 만에 고국을 찾아 온 교포 친척과 시래깃국을 먹으러 갑니다. 1인분에 1만 원입니다. 가격을 보고 깜짝 놀란 친척이 이렇게 말합니다. "아이고, 시래기를 돈 받고 팔아? 이런 도둑놈들. 내가 어렸을 때는 시장에서 그냥 주워 먹던 건데."

명품 매장에 아이쇼핑을 하러 갑니다. 에르메스 핸드백이 2천800만 원입니다. 혀를 내두르며 다른 코너로 눈길을 돌리자 5천만 원짜리 파텍필립 손목시계가 보입니다. 아무리 봐도 내가 차고 있는 30만 원짜리 시계보다 더 정확할 것 같다는 생각은 들지 않습니다.

이처럼 어떤 물건이 '싸다', '비싸다'의 기준은 절대적인 것이 아니라 상대적인 것입니다. 위의 네 가지 상황에서 가격을 판단하는 기준은 다음과 같습니다.

✔ 다른 곳보다 비싸다.

✔ 가격이 시장에 의해 이루어지지 않는다.

✔ 이전보다 비싸다.

✔ 가치에 비해 비싸다.

부동산도 마찬가지입니다. 대한민국 부동산의 적정가를 알아보기 위해서는 바로 이 네 가지 척도에 따라 먼저 판단해야 합니다. 부동산가격이 비싸다면 비싼 근거를 찾아야 하고, 그 근거가 합당한지 여부를 알아본 다음에야 비로소 싼지 비싼지 정확히 판단할 수 있을 것입니다. 왜 한국인들은 부동산가격을 일반적으로 비싸다고 판단하고 있는지, 그 판단이 과연 맞는지 틀리는지 지금부터 객관적인 근거를 하나하나 찾아보겠습니다.

다른 나라보다 비싸다?

앞에서 PIR지수만으로 대한민국의 부동산가격이 비싸다고 말하기는 어렵다고 했습니다. 하지만 우리 국민 대부분은 부동산가격이 비싸다고 생각합니다. 그 이유는 아주 간단합니다. 전체 자산에서 부동산이 차지하는 비중이 크기 때문입니다.

한마디로 한국인의 경우 소득을 전부 모아서 집을 사는 데 '몰빵' 했다는 이야기입니다. 그러니 부동산을 비싸다고 생각할 수밖에 없다는 간단한 결론이 나옵니다. 돈을 버는 족족 특정한 물건을 사는 데만 쓴다면 당연히 그 물건의 가격은 비쌀 수밖에 없지 않을까요? 우리나라 주식시장이 왜 저평가되어 있습니까? '코리아 디스카운트(Korea discount)'로 표현되는 이 현상에는 지정학적 리스크, 회계 불투명성, 노동시장 경직성도 이유로 꼽히지만 '부동산자산 편중'보다 저평가 이유를 더 잘 설명할 수는 없을 것입

❖ 주요국의 가계 자산 비중

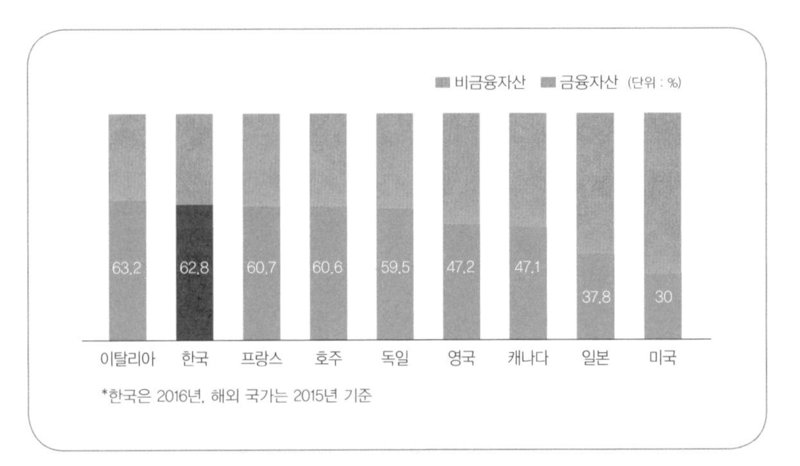

출처 : 한국은행

니다.

열심히 노력해서 모은 돈으로 주식을 비롯한 금융자산에 투자하기보다 부동산만 사들이니 주가가 오를 리 없습니다. 돈이 주식으로 가지 않으니 기업의 자금조달이 힘들어져 산업발전에 장해를 겪을 수밖에 없고요. 과대평가된 부동산에서 자금을 빼 주식으로 돌려야 한다는 당위가 나올 수밖에 없겠죠. 그러한 주장이 맞는지 틀리는지 떠나서, 도대체 한국은 자산에서 부동산이 차지하는 비중이 왜 이렇게 높을까요? 국민 모두가 부동산을 사랑해서? 세상이 하도 빨리 변해 믿을 것이라고는 부동산밖에 없어서?

그 이유는 각국 수도를 찍은 사진만 비교해도 바로 알 수 있습니다. 한국에 온 외국인들은 가장 먼저 영종대교를 비롯한 웅장한 교량을 보고 놀라고, 다음으로 수도 없이 즐비한 아파트를 보고 놀랍니다. 이른바 '아파트 공화국'의 위엄입니다. 외국에서는 부동산을 단독주택으로 소유하고 있는 경우가 대부분이지만 우리는 아파트로 소유하고 있기 때문에 그렇습니다. 서울 30평짜리 아파트를 팔면 미국이나 호주에서 수영장이 있는 200평짜리 집에 살 수도 있습니다. 그런데 과연 서울의 아파트가 미국 교외의 수영장 딸린 집보다 비싼 것이 비정상일까요? 한국의 수도권은 이미 일본의 도쿄권에 버금가는 세계 최대의 메갈로폴리스(megalopolis)를 형성하고 있는데 말이죠.

인구 2천만 명 이상, 1인당 국민소득 2만 불 이상인 도시 중에서 서울-인천만큼 인구밀도가 높은 메가시티(megacity)는 또 없습니다. 한국인들이 주거공간으로 아파트를 택할 수밖에 없고, 가격

❖ 2017년 세계 인구 10대 도시 순위

순위	지역(국가)	인구(명)	면적(제곱킬로미터)	인구밀도(명)
1	도쿄-요코하마(일본)	37,790,000	8,547	4,400
2	자카르타(인도네시아)	31,760,000	3,302	9,600
3	델리권(인도)	26,495,000	2,163	11,900
4	마닐라(필리핀)	24,245,000	1,787	13,600
5	서울-인천(대한민국)	24,150,000	2,745	8,800
6	카라치(파키스탄)	23,545,000	1,010	23,300
7	상하이-장쑤성-저장성(중국)	23,390,000	3,885	6,000
8	뭄바이권(인도)	22,885,000	881	26,000
9	뉴욕-뉴저지-코네티컷(미국)	21,445,000	11,875	1,700
10	상파울로(브라질)	20,850,000	3,043	6,900

출처 : 데모그래피아, 〈World Urban Areas〉

또한 단독주택보다 비쌀 수밖에 없는 이유입니다. 따라서 가계 자산 중 부동산 비중이 높다는 것으로 대한민국 부동산가격이 높다고 단순히 말하기는 힘들 뿐더러, 거품 여부를 논할 수도 없습니다. "계란을 한 바구니에 담지 말라"는 자산 포트폴리오 구성론에는 일리가 있지만, 이런 측면을 도외시한 채 무작정 부동산자산을 줄이고 금융자산을 늘려야 한다고 주장해선 안 될 것입니다.

아파트 중심의 대한민국 부동산이 단독주택 중심의 외국 부동산보다 가격이 비싼 데는 흥미로운 이유가 있습니다. 한국에서는 똑같은 조건이면 단독주택보다 아파트의 가격이 더 높게 형성됩니다. 또 연립주택보다는 아파트를, 소형 단지보다는 대형 단지를 더 선호하고 가격 역시 높게 형성됩니다. 대단지 고층 아파트일수록 실소유면적이 더 줄어들 텐데도 말입니다. 부대시설이 편리하기도 하고 관리비가 절감되기도 하지만 가장 큰 이유가 무엇일까요?

일반적으로 재산을 평가할 때는 세 가지 측면을 봅니다. '재테크의 3원칙'이라고도 할 수 있는 수익성, 안정성, 환금성* 측면입니다. 주식의 경우 수익성과 환금성은 높으나 안정성이 낮다고 합니다. 부동산은 안정성은 높으나 환금성이 낮다고 하고요. 대단지 아파트의 경우는 어떨까요? 당연히 안정성을 갖추고 있을 것입니다. 그럼에도 팔려고 하면 금방 팔 수 있지요. 거래량이 많기 때문입니다. 환금성이 낮다는 부동산의 약점이 보완되므로 대단지 아

* 수익성은 투자대상이 가져다주는 이익의 정도, 안정성은 투자대상의 원금보장 정도, 환금성은 투자대상의 현금유동성 정도를 말한다.

파트의 가격이 더 높게 형성되는 것입니다. 그래서 대단지 아파트의 가격 프리미엄은 점점 커져왔고, 앞으로도 더 커질 확률이 높습니다.

앞서 주택보급률과 자가점유율 격차가 크다는 점에서 주택시장이 투기시장으로 변질되고 있다는 사실을 확인한 바 있습니다. 투기시장에서는 환금성이 중요할 수밖에 없습니다. 수건돌리기게임에서 가장 중요한 것은 내게 온 수건을 다른 사람에게 재빨리 넘기는 것입니다. 왜 연립주택과 아파트의 가격이, 소단지 아파트와 대단지 아파트의 가격이 계속 벌어질까요? 바로 주택보급률과 자가점유율 격차가 커졌기 때문입니다. 이러한 부동산 환경이 이어진다면 어쩔 수 없이 연립주택이나 소단지 아파트가 아닌 대규모 단지의 아파트로 들어가야 합니다. 아무리 힘들고 힘들어도 말이죠.

누가 아파트가격을 올리는가

아파트가격이 단독주택가격보다 비싼 데는 또 다른 이유가 있습니다. 바로 '집값 담합'입니다.

"MBC 시사 프로그램 〈PD수첩〉은 '누가 아파트가격을 올리는가' 편에서 서울 및 수도권 공인중개사들의 아파트 입주민 담합 폭로를 보도했다."

"아파트 싸게 내놓지 마! 집값 담합 재등장"

"부녀회 아파트가격 담합, 대책 없나"

"누구 맘대로 싸게 팔아? 또 시작된 집값 담합"

강남의 한 아파트 부녀회는 인근 공인중개사들에게 '주민들이 정한 가격으로 거래를 중개하겠다'는 내용의 서약서를 주기적으로 받는다고 합니다. 아파트가격이 저평가되어 있으니 월세든 전세든 평당 2천500만 원으로, 매매가는 3천500만 원 이상으로 받으라는 것이지요. "목구멍이 포도청"이라고, 부녀회가 지속적으로 압박하고 감시하니 어쩔 수 없이 서명했다는 한 공인중개사의 이야기도 나옵니다.

정말 해도 해도 너무한다는 생각이 듭니다. 아니나 다를까 정부는 "부녀회 등 아파트 단지 내에서 현수막이나 게시물 형태로 가격을 시세보다 높게 설정하려는 것도 일종의 가격 담합으로, 입법을 통해서라도 예방할 수 있는 방안을 마련하겠다"고 합니다. 즉 아파트 부녀회 등 입주자가 주도하는 집값 담합 행위도 처벌할 수 있게 공인중개사법을 개정하겠다는 것입니다. 법 적용상 다소 무리일 수 있겠지만 국민여론과 시장정의의 문제를 고려한다면 당연한 조치라고 할 수 있습니다.

옆집이 누구인지도 모르고 사는 아파트사회에서 부녀회는 아무것도 아닐 것 같은데 왜 이렇게 힘이 셀까요? 겉으로는 단합하는 척하면서 먼저 팔고 나가면 될 것 같은데 생각보다 가격 담합이 잘 이루어집니다. 부녀회가 단결하면 실제로 매물이 귀신같이 사라지곤 하지요. 먼저 팔고 나가는 사람도 잘 보이지 않습니다. 이유는 아주 간단합니다. 아파트 부녀회만큼 동질적인 집단이 없기 때문입니다.

같은 동네, 같은 아파트에 산다는 것 자체가 바로 이웃과 비슷한 자산, 비슷한 소득, 그리고 비슷한 연령대와 직업군을 가진 사람이라는 의미입니다. 가령 '목동 ○○아파트 32평형에 사는 주부'라면 어떤 모습이 떠오를까요? 나이는 사십대 중반, 남편은 대기업 부장, 자녀는 중학생 하나와 고등학생 하나, 자산은 십 몇 억쯤 될 것 같습니다. 자산에서는 부동산 비중이 십억 내외, 이 중 부채 3억, 이런 식으로 말입니다.

아파트를 먼저 싼 가격에 팔고 나가고 싶어도 그게 그리 만만치 않습니다. 팔고 다른 곳으로 가기에는 남편의 직장이나 자녀들 학교 문제가 걸려 있기 때문입니다. 가봤자 목동 다른 단지입니다. 또 학부모 모임에서 얼굴을 맞대야 하는 사이에 혼자만 팔고 나가자니 자칫 내 아이가 왕따 당할지도 모른다는 걱정이 들겠지요. 그래서 매점(買占), 즉 공급 담합이 발생하기 쉽지요. 유동성이 좋아서 상대적으로 높은 가격이 형성된 아파트는 가격 담합에 의해 더욱 높은 가격이 매겨집니다.

이처럼 우리나라 아파트가격이 높은 이유 중 하나는 바로 부녀회의 가격 담합입니다. 거기다 분양원가를 밝히지 않은 채로 가격 담합을 하는 주택건설 공급업체까지 있습니다. 모든 시장에서 자원의 효율적 배분을 저해하는 담합은 정부가 시장에 개입해야 하는 첫 번째 명분일 것입니다.

실질소득에 비해 비싸다?

부동산가격을 평가할 때 가장 많이 사용되는 PIR지수의 한계를 앞에서 이야기했습니다. 여기서는 PIR지수를 통해 우리가 왜 부동산가격을 비싸게 느끼는지 설명하겠습니다.

다음 도표를 보면 최소한 서울 및 수도권 사람들은 10년 동안 주택가격이 올라서 집 사기가 어려워졌다고 느낄 것임을 알 수 있습니다. 왜냐하면 소득의 증가분보다 부동산상승률이 더 높았기 때문입니다. 소득은 제자리인데 오르기만 하는 주택가격만큼 서민에게 실망감을 주는 일이 또 어디 있겠습니까? 이러한 현상이 지속되면 부동산 버블이 만들어진다는 점을 명심해야 합니다.

❖ 2008년과 2017년의 수도권 PIR지수

지역 / 연도	서울			경기			인천		
	가구소득 (만 원)	주택가격 (만 원)	PIR (배)	가구소득 (만 원)	주택가격 (만 원)	PIR (배)	가구소득 (만 원)	주택가격 (만 원)	PIR (배)
2008년 1분기	4,007	29,500	7.4	3,246	19,825	6.1	2,943	16,750	5.7
2분기	4,308	32,500	7.5	3,221	19,675	6.1	2,927	17,250	5.9
3분기	4,820	36,325	7.5	3,265	21,250	6.5	3,045	19,113	6.3
4분기	5,052	42,000	8.3	3,571	24,800	6.9	2,950	20,500	6.9
2017년 1분기	4,744	44,500	9.4	3,867	27,000	7.0	3,732	25,750	6.9
2분기	5,213	46,000	8.8	3,739	26,500	7.1	3,443	22,750	6.6
3분기	5,395	47,000	8.8	3,975	28,250	7.1	3,441	24,500	7.1
4분기	5,095	48,000	9.4	3,858	28,500	7.4	3,348	25,100	7.5

출처 : KB국민은행

실질소득 증가 없이 부동산가격이 상승하고 있다는 것은 사람들이 부채를 일으켜 주택을 구입하고 있다는 뜻이고, 그러한 상승세는 결국 하락을 맞이할 수밖에 없습니다. 그렇다면 현 시점의 부동산가격에는 거품이 끼어 있는 걸까요? 부동산 버블 수준에 대한 판단은 6장에서 보다 자세히 다뤄보겠습니다.

본래가치보다 비싸다?

부동산가격의 적정성을 평가하는 데 있어서는 사실상 '가치와 가격의 괴리'가 가장 중요한 지표일 것입니다. A 아파트의 가격이 작년에 비해 두 배나 올랐다고 가정해봅시다. 또한 이 아파트는 옆 동네 같은 평형 아파트에 비해 두 배나 비쌉니다. 하지만 A 아파트에서 나오는 지대수입이 작년이나 옆 동네 아파트보다 세 배 높다면 과연 이 아파트를 비싸다고 할 수 있을까요? 오히려 싸다고 해야 하지 않겠습니까? 예전에 비해 부동산가격이 아주 많이 올랐어도, 세계 어떤 나라의 땅값보다 우리나라 땅값이 비싸다고 해도, 지가에 비해 지대수입이 높다면 결코 그 땅을 비싸다고 할 수 없습니다.

평당 10억 원짜리 땅에서 나오는 월세수입이 1년에 1억 원이라면 그 땅은 비싼 걸까요? 은행 예금으로 10억 원을 넣어봤자 연간 이자수입은 2천만 원이 나올까 말까 한다면요? 결코 비싼 땅이라고 할 수 없을 것입니다. 그런 의미에서 강남역 주변의 땅값을 비

❖ 2014년 강남역 초역세권 매장 임대료 및 보증금

구분	평균 임대료(평당)	평균 보증금(평당)
강남역 반경 150미터 내	월 357만 8천 원	월 2천743만 3천 원
강남역 반경 150미터 외	월 42만 원	월 861만 8천 원

출처 : FR인베스트먼트

싸다고 하기 어렵다는 점을 금방 알 수 있습니다. 강남역 주변에서는 사실 장사를 해도 이익을 남기기 어렵습니다. 월세가 워낙 비싸기 때문이지요.

강남역 반경 150미터 내에 커피숍을 연다고 가정해봅시다. 경쟁력 있는 저가 브랜드의 프랜차이즈 매장이며 평수는 20평, 보증금은 2억 7천만 원, 월 임대료는 7천만 원입니다. 커피가격은 2천 원으로, 한 잔 팔면 원가 빼고 1천 원쯤 남습니다. 장사는 하나도 어렵지 않습니다. 하루에 2천333잔 팔면 임대료를 낼 수 있습니다. 10시간 영업을 기준으로 하면 한 시간에 233잔, 1분에 네 잔을 팔면 됩니다. 물론 역설적인 이야기입니다. 그러니 강남역 초역세권에는 저가 커피 브랜드 매장이 입주할 수 없는 것입니다.

그럼에도 불구하고 강남역에는 임차하려는 사람들이 넘쳐납니다. 정확히는 임차하려는 대기업들로 넘쳐나지요. 대기업 입장에서는 장사로 이윤을 남기려는 것이 아니라 광고효과와 상징성을 얻기 위해 강남역 주변에 진출하는 것입니다. 그래서 월세는 계속 오르고 어떤 건물주도 장기 계약을 해주지 않습니다. 강남역 주변 음식점에 가보면 대기업이 건물주인 경우를 제외하고 대부분 건물이 낙후되어 있습니다. 세를 들어 장사하는 사람들이 장기 계약을 할 수 없어 대대적인 수리 공사를 못하기 때문입니다.

이런 이유로 강남역 땅값이 예전에 비해 엄청 올랐고 또 다른 지역과 비교해도 너무 비싸지만, '강남역 땅값이 비싸다'고 할 수는 없는 것입니다. 심지어 교통지옥으로 그렇게 고통을 받아도 말입니다. 아마 앞으로도 강남역 땅값은 더 오르면 모를까 쉽게 내리지는 않을 것입니다. 이 같은 강남역 땅값의 원리를 대한민국 부동산 전체에 적용해 가격의 적정성 여부를 판단해볼 수 있습니다.

유의할 점은 주택의 지대수익률은 다른 나라와 비교하기보다는 해당 국가의 금리와 비교해야 한다는 것입니다. 예를 들어 A 국가의 지대수익률이 10%이고 B 국가의 지대수익률★이 20%라고 하더라도, A국 지가가 더 높다고 할 수 없습니다. 더 쉽게 말해 A국의 1억 원짜리 아파트는 매달 받을 수 있는 월세가 100만 원이고 B국의 1억 원짜리 아파트는 월세가 200만 원이라고 하더라도, B국 아파트가 가치에 비해 꼭 싸다고 말할 수는 없다는 것입니다. 만약 A국 금리가 연 15%이고 B국 금리가 연 10%라면, A국 사람은 연 1천200만 원의 월세수익을 얻기보다 저축을 해서 연 1천500만 원의 이자수입을 올리려 할 것이고 B국 사람은 연 1천만 원

★ 지대수익률과 임대주택 임대요율은 차이가 있다. 지대수익률의 경우 집을 월세로 내주고 본인은 다른 집에 거주할 때 내야 하는 월세를 기회비용으로 고려해야 한다. 예를 들어 10억 원짜리 집을 월 1천만 원에 세를 준다면 지대수익률은 12%다. 하지만 본인은 다른 곳에 가서 월세 500만 원짜리 집에 거주한다면 지대수익률은 6%가 된다. 임대사업자의 경우 이러한 기회비용을 반영하지 않기 때문에 지대수익률보다 임대요율이 높은 경향을 보인다. 다만 임대주택을 구매하기 위한 비용 등을 추가로 고려해야 한다.

❖ 2015년 한국, 미국, 일본의 지대수익률

구분	한국	미국	일본
임대료 총액	108,453(10억 원)	535(10억 달러)	110(10억 달러)
주택 시가총액	3,511,986(10억 원)	24,589.3(10억 달러)	9,281(10억 달러)
지대수익률	3.09%	2.18%	1.19%
기준금리	1.50%	1.50~1.75%	-0.1%

*일본은 2013년 통계자료.
*한국 임대료 총액의 경우 임료 및 수도광열비에서 수도광열비를 제한 금액으로 추정.
*일본 주택 시가총액의 경우 한국은행 통계를 인용, 추정.
출처 : 질로닷컴(www.zillow.com), 한국은행, 일본 통계청, FRB

의 이자를 받기보다 연 2천400만 원의 월세수입을 얻으려 할 것이기 때문입니다.

위 도표를 보면 대한민국 주택의 지대수익률은 주택 시가총액의 3.09%로 기준금리 1.50%를 넘어서는 수준입니다. 즉 부동산을 사서 지대를 추구할 경우 기준금리보다 약간 높은 정도의 지대수익을 거둘 수 있습니다. 만일 대한민국 주택가격이 비싸게 평가되어 있다면 지대수익률은 기준금리보다도 낮을 것입니다. 이런 경우에야 '주택을 사서 실제로 벌 수 있는 돈은 얼마 되지 않는데(가치는 낮은데) 가격이 비싸다'고 할 수 있습니다.

반면 아파트가격이 너무 싸다면 지대수익률이 기준금리보다 훨씬 더 높아야 할 것입니다. 우리나라 주택의 지대수익률이 10%라고 가정하면 누구라도 당장 빚을 내서 있는 돈 없는 돈 끌어 모아 집을 살 것입니다. 이런 점에서 대한민국 아파트가격과 가치의 괴리는 크지 않다고 볼 수 있습니다. 도표에서는 오히려 일본의 주

❖ 2007~2016년 지대수익률 및 기준금리

연도	2007년	2008년	2009년	2010년	2011년	2012년	2013년	2014년	2015년	2016년
임대료 추정액 (조 원)	75	79	84	87	92	96	101	105	108	115
주택 시가총액 (조 원)	2,356	2,498	2,644	2,803	2,952	3,053	3,171	3,335	3,512	3,732
지대수익률(%)	3.2	3.2	3.2	3.1	3.1	3.2	3.2	3.2	3.1	3.1
기준금리(%)	5.00	3.00	2.00	2.50	3.25	2.75	2.50	2.00	1.50	1.25

출처 : 한국은행

택가격이 높아 보입니다. 부동산 버블은 진작 꺼졌음에도 말이지요. 따라서 일본의 기준금리가 지나치게 낮다고 봐야 합니다.

2007~2016년 지대수익률과 금리 비교 자료를 보면 아주 흥미로운 점을 발견할 수 있습니다. 10년 동안의 지대수익률이 거의 일정합니다. 한마디로 대한민국 부동산의 등락폭이 생각보다 크지 않았다는 것을 알 수 있지요. 2007년부터 볼까요? 당시는 제가 "빚내서 집 사면 절대 안 된다"고 이야기하고 다닐 때입니다. 기준금리가 5%면 주택 관련 실질금리는 8% 정도인데, 지대수익률은 3.2%에 불과합니다. 이것만으로도 주택가격이 굉장히 고평가되어 있음을 알 수 있습니다. 한편 2016년의 경우 지대수익률은 3.1%로 2007년과 별다를 바 없지만 금리가 1.25%로 떨어진 것을 볼 수 있습니다. 따라서 지가가 비싸지 않다고 말할 수 있을 것입니다.

지금까지 이야기한 바를 정리하면 다음과 같습니다.

✔ 가계 자산 전체에서 부동산이 차지하는 비중이 크기 때문에 상대적으로 가격이 비싸다고 느낄 수 있으나, 이는 사람들이 수도권 아파트를 가지고 있기 때문이다.

✔ 다만 최근 실질소득의 증가 없이 부동산가격이 상승해 주택마련의 꿈을 이루기 어려워지고 있으며, 집값 담합 등으로 인해 주택가격이 올라간 측면이 있다.

✔ 그럼에도 불구하고 지대와 지가를 고려했을 때 현재 대한민국 부동산은 가치에 비해 가격이 높다고 할 수 없다.

이 장에서는 부동산가격이 싼지 비싼지 판단하기 위해 도덕주의자의 눈을 버리고 사회과학자의 눈으로 보아야 하는 이유를 알아보았습니다. 그리고 PIR지수만으로는 부동산가격의 적정성 여부를 알 수 없다는 점도 확인했습니다. 사람들이 부동산가격을 왜 비싸게 느끼는지 그 원인을 찾아보았고, 부동산의 가치와 가격을 비교했을 때 비싸다고 하기 어렵다는 결론에 이르렀습니다. 자, 다음 장에서는 최근 부동산가격 하락으로 다시 힘을 얻은 '대한민국 부동산 폭락론'이 과연 타당한지 알아보겠습니다.

부동산가격의 착시현상

한때 대한민국에서 가장 비싼 아파트는 압구정 현대아파트였습니다. 사람들은 몇 년 전만 해도 쟁기를 맨 소가 농사나 짓던 땅, 해마다 침수가 일어나 기피하던 땅에 그토록 비싼 아파트가 들어섰다는 사실에 큰 충격을 받았습니다. '아니, 똥거름 주던 땅이 저렇게 비싼 땅이 됐단 말이야?', 이 같은 반응은 일종의 착각에서 비롯된 것입니다.

타자기가 10만 원이고 노트북은 100만 원이라면, 타자기가격의 열 배인 노트북가격이 터무니없이 비싼 것일까요? 그렇게 이야기하는 사람은 거의 없을 것입니다. 자, 그럼 타자기를 생산하는 100평짜리 땅이 1천만 원인데 노트북을 생산하는 땅은 1억 원이라면 어떨까요? 타자기와 노트북의 가격수준을 판단할 때와 달리 이번에는 '타자기를 생산하는 땅이나 노트북을 생산하는 땅이나 다 똑같은 땅인데 왜 노트북을 생산하는 땅이 열 배나 비싸냐'고 따질지도 모르겠습니다.

하지만 겉보기에는 두 땅이 같아 보여도, 타자기가격보다 노트북가격이 비싼 것처럼 타자기를 생산하는 땅보다 노트북을 생산하는 땅의 가격이 비싼 것은 당연한 일입니다. 농지보다 공업지대의 땅값이,

공업지대보다 상업지구의 땅값이 비싼 것이 당연하듯 말입니다. 그럼에도 사람들은 쉽게 납득하지 못할 것입니다. 타자기와 노트북은 분명히 다른 제품이라는 것을 알 수 있지만, 타자기를 생산하는 땅과 노트북을 생산하는 땅은 눈에 보이는 차이가 없기 때문입니다.

사실 두 땅에는 커다란 차이가 존재합니다. 두 토지에 대한 수요와 공급이 다르고, 그 토지를 통해 얻을 수 있는 지대가 다를 것입니다. 즉 수급과 지대라는 눈에 보이지 않는 차이가 있음에도 불구하고, 그것이 눈에 보이지 않는다는 이유로 우리는 부동산가격이 더 올랐다고 생각하게 됩니다.

아파트가 지어진 지 5년이 지나 건설 당시보다 건물이 낡았습니다. 물리적인 변화로 인해 아파트가격이 떨어져야 마땅할 것 같은데 거꾸로 가격이 뛥니다. 알고 보니 주변에 전철역이 들어선다고 합니다. 교통이 좋아져 수요가 늘고 월세도 올라 아파트가격이 상승하는 것은 당연한 일이지만, 이럴 때 사람들은 낙후된 건물의 가치 감소만을 생각해 집값이 비싸다고 느낍니다.

마찬가지로 고도성장은 부동산가격을 상대적으로 비싸게 느끼도록 만드는 요인입니다. 한국은 다른 나라들에 비해 엄청난 속도로 발전했습니다. 소득이 오른 것처럼 부동산가격이 오르는 것도 당연합니다. 그럼에도 가격상승의 빠른 속도만을 생각해 부동산가격이 너무 비싸다고 판단하는 경우가 많습니다.

"쇠사슬은 가장 약한 고리만큼만 강해질 수 있다."

_ **유스투스 폰 리비히**(Justus von Liebig), **'미니멈의 법칙**(law of minimum)'

CHAPTER 6

대한민국 부동산, 폭등도 폭락도 없다

FINANCE

가계부채 문제를 어떻게 볼 것인가

2017년 4분기부터 2018년 1분기까지 부동산 시장을 둘러싼 분위기가 어땠는지 간단히 살펴볼까요?

"역전세난에서 깡통주택까지, 부동산 시장 도미노 우려" _ 2017년 11월

"새해엔 역대 최대 입주 · 분양폭탄, 역전세난 시작됐다" _ 2017년 12월

"세입자 못 구해 난리법석! 서울 · 수도권 전셋값 급락" _ 2018년 2월

"강남 아파트도 비상! 대출 막혀 '잔금대란' 현실화" _ 2018년 3월

하늘 높은 줄 모르고 마냥 오를 것만 같던 부동산가격이 주춤거리자, 시기별로는 우려가 현실화되고 지역별로는 지방에서 시작된 부동산가격 하락이 수도권을 넘어 강남까지 확장되고 있는 모

습입니다. '급락'이나 '폭락' 정도의 단어를 헤드라인에 배치한 언론 보도는 온건한 수준입니다. '입주폭탄', '역전세난', '깡통주택', '거래절벽', '미분양 공포' 같은 무시무시한 표현이 연일 도배되는 부동산기사에 단골처럼 등장합니다. 이런 뉴스를 보면 조만간 부동산가격이 폭락할 듯한 느낌을 지울 수 없을 것입니다. '이러다 진짜 부동산 버블이 터지는 거 아냐? 그러면 나는 어떻게 대처하지?', 점점 더 불안해지겠죠. 그런데 대한민국 부동산의 대폭락 시대가 정말 오는 걸까요?

잠시 나폴레옹의 일화를 소개하겠습니다. 부동산 폭락을 이야기하다 뜬금없이 나폴레옹은 왜 소환하느냐고요? 한 방향으로만 흘러가는 언론 보도에 현혹되거나 일희일비하지 않을 수 있는 시사점을 줄 만한 에피소드이기 때문입니다.

1815년 2월 26일 나폴레옹은 유배되었던 엘바 섬을 탈출해 20여 일 만에 파리로 돌아옵니다. 당시 나폴레옹의 탈출에서 재집권까지의 과정을 시시각각 보도한 프랑스 신문의 1면 헤드라인 변화를 보겠습니다.

3월 9일 _ 괴물이자 대역적, 엘바 섬을 탈출하다

3월 10일 _ 코르시카 출신 식인귀(食人鬼), 주앙에 상륙

3월 13일 _ 악마가 리옹까지 오다

3월 18일 _ 반역자, 60시간이면 수도 진입

3월 19일 _ 보나파르트, 군대를 이끌고 전진 중

3월 20일 _ 나폴레옹, 내일 파리에 도착한다

3월 21일 _ 황제 나폴레옹, 지금 퐁텐블로 궁에 계시다

3월 22일 _ 황제 폐하, 어젯밤 튈르리 궁에 환궁

이게 언론의 맨얼굴입니다. 엘바 섬을 탈출한 나폴레옹이나 튈드리 궁에 환궁한 나폴레옹이나 본질은 변하지 않았습니다. 그럼에도 보름 남짓한 기간 동안 신문 지면에서 '괴물'은 '황제 폐하'가 되었습니다. 부동산기사도 마찬가지입니다. 여러분이 확고한 중심을 가지면 언론의 호들갑과는 달리 냉철한 시각으로 부동산 시장을 전망하고 자산을 지켜낼 수 있을 것입니다.

부동산가격 폭락에 관한 대표적인 시나리오를 한번 볼까요?

❖ 부동산 대폭락 시나리오

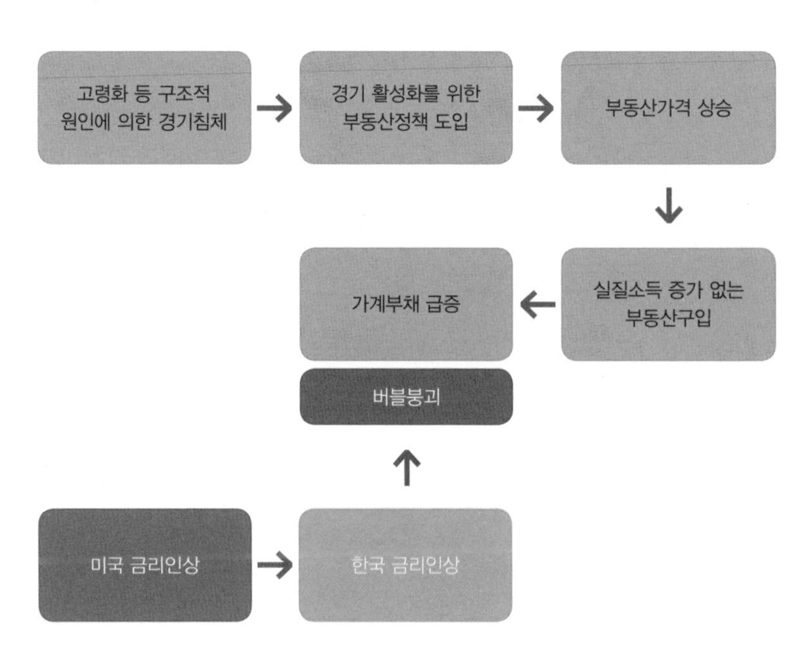

이 시나리오에 따르면, 대한민국 가계는 부동산가격이 오르자 다짜고짜 부동산 시장에 뛰어듭니다. 실질소득의 별다른 증가 없이 주택을 구입하기 위해서는 대출을 받을 수밖에 없습니다. 부동산 관련 가계대출이 급증합니다. 그런데 미국경기가 활황에 접어들면서 금리인상이 시작됩니다. 자본유출을 염려한 한국은행도

❖ 부동산 대폭락 시나리오에 던지는 세 가지 질문

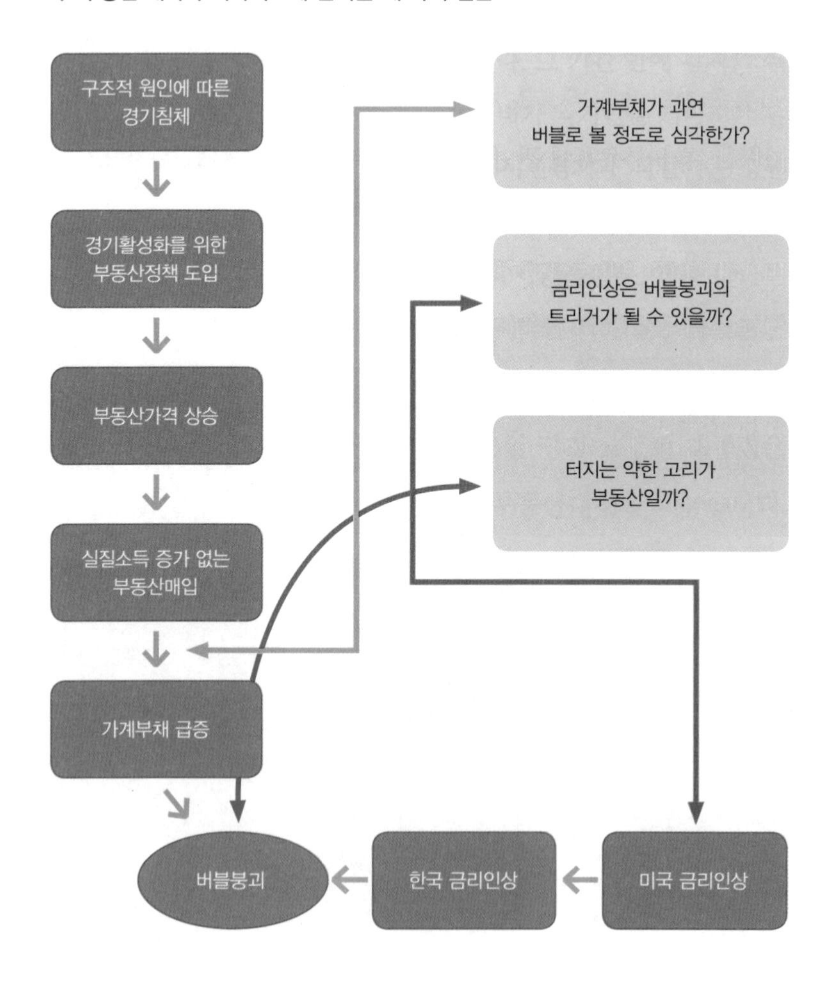

금리를 올립니다. 그러자 이자를 감당하지 못한 가계는 부동산을 매물로 내놓게 되고 부동산가격이 하락합니다. 추가적인 매물폭탄이 이어집니다. 결국 버블이 터져 부동산가격이 폭락합니다.

언뜻 복잡해 보이는 시나리오지만 핵심은 간단합니다. 모든 버블붕괴의 원인이 그렇듯 부채 증가가 버블을 만들고, 그 버블은 금리인상을 계기로 가장 약한 곳에서 터진다는 것입니다. 자, 여기서 거꾸로 세 가지 질문을 던지고자 합니다.

- ✔ 가계부채가 과연 버블로 볼 정도로 심각한가?
- ✔ 금리인상은 버블붕괴의 트리거가 될 수 있을까?
- ✔ 터지는 약한 고리가 부동산일까?

만일 이 세 가지 질문 중 하나라도 부정의 답이 나온다면 부동산 대폭락 시나리오는 설득력을 잃게 될 것입니다.

실질소득 증가 없는 부동산가격 상승의 결과

5장에서 한국 부동산가격이 다른 나라에 비해, 그리고 본래의 가치에 비해 높지 않다는 점을 살펴보았습니다. 하지만 향후 1~2년간 한국 부동산은 기본적으로 하락 기조를 유지할 것입니다. 앞에서도 틈틈이 이야기했지만 그 이유를 다시 한 번 정리하면 다음과 같습니다.

- ✔ 2017~2018년 주택공급물량이 많다.
- ✔ 금리가 상승세다.
- ✔ 문재인 정부의 정책 기조는 부동산가격 안정이다.

아울러 또 하나의 이유는 바로 '초이노믹스(Choinomics)'★로 대표되는 박근혜 정부 부동산정책의 영향입니다. 한국경제는 2015년에 이어 2016년까지 2년 연속 2.8% 성장에 그치면서 3% 성장의 벽을 넘어서지 못하는 침체의 국면을 기록하고 있었습니다. 오른쪽 도표를 보면, 특히 2016년 한국경제의 성장은 건설투자가 이끌었다는 것을 한눈에 확인할 수 있습니다. 공장건설과 같은 설비투자가 -0.1%였음에도 불구하고 건설투자가 1.5%를 기록해 GDP 성장을 주도했습니다. 만일 건설 부문의 성장이 없었다면 2016년 한국경제의 성장률은 1%대에 머물렀을 것입니다. 최경환 경제팀이 경기침체의 돌파구를 건설 부문의 성장으로 보았다는 것을 알 수 있습니다.

2015~2016년 건설 부문 투자가 한국경제를 이끌었다는 것은 달리 말해 당시 대규모 아파트건설이 시작됐다는 것이며, 한국 부동산 시장의 특성인 '선분양·후시공'을 고려한다면 저 당시부터 가계의 부동산투자가 본격화됐다는 의미입니다. 그 결과 당연히 부동산가격의 상승을 가져왔습니다. 주목할 것은 2015~2016년

★ 박근혜 정부 2기 경제팀 수장인 최경환 경제부총리 겸 기획재정부 장관의 경제정책. LTV, DTI를 완화해 부동산을 담보로 쉽게 대출받을 수 있도록 하고 낮은 금리를 유지하는 것이 정책의 핵심이다.

❖ 2011~2016년 주요 지출 부문별 GDP 성장 기여도

단위 : %

부문 \ 연도	2011년	2012년	2013년	2014년	2015년	2016년
민간소비	1.5	1.0	1.0	0.9	1.1	1.2
정부소비	0.3	0.5	0.5	0.5	0.5	0.7
건설투자	−0.5	−0.6	0.8	0.2	1.0	1.5
설비투자	0.4	0	−0.1	0.5	0.4	−0.1
지식재산투자	0.3	0.5	0.2	0.3	0.1	0.2
순수출	0.9	1.5	1.5	0.4	−1.0	−0.6
경제성장률	3.7	2.3	2.9	3.3	2.8	2.9

출처 : 한국은행

❖ 2010~2016년 월평균 실질 및 명목 가구소득

연도	가구소득			
	실질소득 (만 원)	전년 대비 증가율 (%)	명목소득 (만 원)	전년 대비 증가율 (%)
2010년	399	2.8	363	5.8
2011년	406	1.7	384	5.8
2012년	421	3.9	408	6.1
2013년	424	0.8	416	2.1
2014년	433	2.1	430	3.4
2015년	437	0.9	437	1.6
2016년	436	−0.4	440	0.6

출처 : 통계청, '가계 동향 조사'

에는 경기침체와 여러 구조적 요인에 의해 가계의 실질소득 증가가 없었다는 점입니다.

실질소득 증가 없는 부동산가격의 상승★은 시장의 자율성에 의

❖ 2012년 1월~2018년 1월 주택매매가격지수

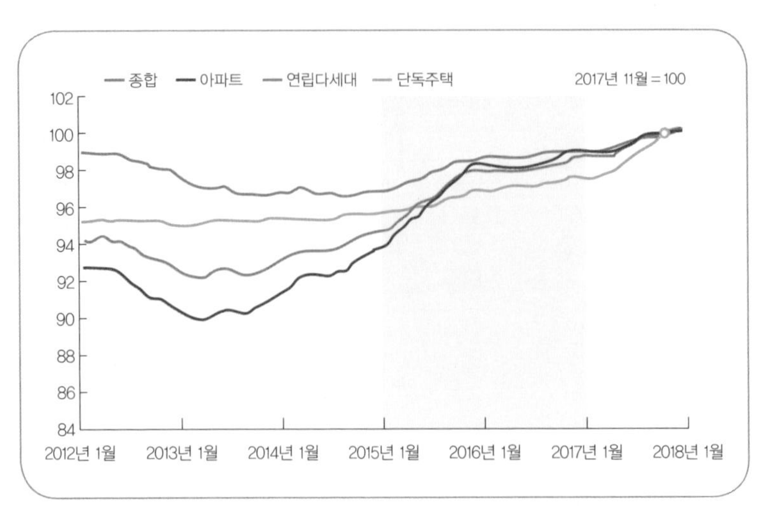

출처 : KB국민은행

한 것이 아니라 정부의 경기부양책이 가져온 결과였습니다. 그리고 소득이 늘지 않은 상황에서 부동산구매수요를 늘리는 비법은 바로 '가계부채의 폭발'이었습니다.

중요한 것은 늘어난 가계부채의 양뿐만 아니라 그 증가속도였습니다. 2014년 1분기 대비 2015년 1분기까지의 분기별 평균 증가율이 1.8%(화살표 A)에 불과했다면, 2015년 1분기 이후 2017년 3분기까지 분기별 평균 증가율은 무려 2.6%로 상승했습니다. 2년 반 만에 가계부채가 무려 31% 급증(화살표 B)했다는 사실은 당시

★ 2015~2016년 당시 부동산가격 상승률을 보면 단독주택보다는 연립다세대가, 연립다세대보다는 아파트가 더 높다는 것을 알 수 있다. 이는 앞에서 주목했듯이 환금성이 높은 부동산의 가격상승률이 높았다는 의미이며, 실물경제를 반영하는 시장이 아니라 투기적 성격이 강한 시장이었음을 보여준다.

❖ 2006~2017년 분기별 가계 전체 부채

단위 : 조 원

연도 \ 분기	1분기	2분기	3분기	4분기
2006년	550.3	569.4	582.5	607.1
2007년	612.4	629.6	642.0	665.4
2008년	677.2	698.2	713.3	723.5
2009년	720.4	736.3	754.2	776.0
2010년	783.3	800.1	816.0	843.2
2011년	855.5	877.2	891.3	916.2
2012년	916.5	928.6	940.7	963.8
2013년	962.9	979.6	993.6	1,019.0
2014년	(A) 1,022.4	1,035.9	1,056.4	1,085.3
2015년	1,098.3	1,131.5	1,164.9	1,203.1
2016년	1,223.7	1,257.6 (B)	1,296.5	1,342.5
2017년	1,359.1	1,387.9	1,419.3	1,450.9

출처 : 한국은행

소득 증가가 뒷받침되지 않은 부동산담보대출 주택구입이 얼마나 활발했는지 잘 보여주는 자료입니다. 그렇다면 과연 대한민국 가계는 이 부채를 갚을 능력이 충분할까요?

부채는 자산과 같이 보아야 한다

부동산 폭락론자들이 가장 많이 제시하는 지수 중 하나가 바로 가계부채 비율 추이입니다. 다음 그래프를 보면 2008년 금융위기 당시 미국 가계부채의 GDP 대비 규모가 86.1%임을 감안할 때 한국의 가계부채가 매우 높은 수준임을 알 수 있습니다. 또한 〈월스트리트 저널〉이 국제결제은행(BIS)과 옥스퍼드 경제연구소 통계를 바탕으로 2008년 이후 이와 비슷한 부동산 버블붕괴가 일어날 위험이 있는 '세계 10대 위험국가'에 한국을 포함시켰다니 가계부채로 인한 부동산 폭락을 더 염려해야 할 것입니다.

소득 증가 없이 대출을 끼고 집을 샀는데 부동산가격이 폭락하기라도 한다면 큰일입니다. 하지만 이를 갚을 만한 자산이 있다면 문제가 없겠지요. 일반적으로 선진국의 경우에는 GDP 대비 부채 비율이 100%가 넘어도 별 문제가 없다고 하는데, 개발도상국의 경우에는 GDP 대비 부채 비율이 60~70%만 되어도 위험하다고 호들갑을 떱니다. 왜 그럴까요? 선진국은 오랫동안 잘살아서 저축한 돈이 많기 때문에 빚이 큰 문제가 되지 않는 반면, 개도국은

❖ 2008~2017년 GDP 대비 가계부채 비율 추이

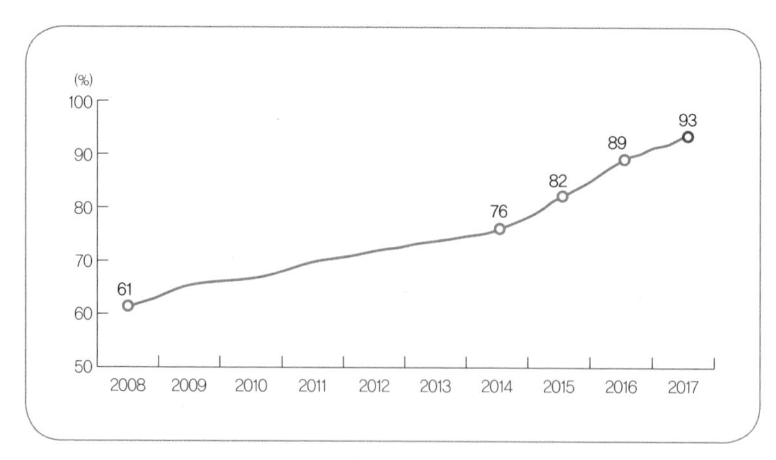

출처 : 한국은행

급속한 성장으로 인해 저축한 돈이 적어 부채에 취약할 것으로 보기 때문입니다. 〈월스트리트 저널〉에서도 스위스의 경우 2008년 미국의 주택시장 거품붕괴 직전과 비교해 더 많은 가계부채를 가지고 있지만 스위스 중산층 가구의 자산은 미국의 네 배라는 점에서 큰 문제를 삼고 있지 않습니다. 마찬가지로 한국 가계부채 문제를 보기 위해서는 가계자산을 함께 점검해야 할 것입니다.

아래 도표에서 금융부채 총액(C)을 보면 2008년 859조 원에서 2016년 1천566조 원으로 급격히 늘어난 것을 확인할 수 있습니다. 그리고 가계자산 대비 금융부채(C/A)의 비율도 0.15%에서 0.17%로 늘어난 것을 알 수 있습니다. 이는 분명 문제라고 볼 수도 있으나 다른 한편으로 가계자산에서 금융부채를 빼고 난 순자산(A-C)은 4천920조 원에서 7천539조 원으로 늘어났습니다. 가장 중요한 것은 금융자산 총액에서 금융부채 총액을 뺀 금액

❖ **2008~2016년 한국 가계자산 및 금융부채**

단위 : 조 원

연도	2008년	2009년	2010년	2011년	2012년	2013년	2014년	2015년	2016년
가계자산 총액(A)	5,779	6,212	6,674	7,015	7,325	7,615	8,058	8,602	9,105
금융자산 총액(B)	1,722	1,976	2,215	2,332	2,514	2,678	2,900	3,182	3,389
금융부채 총액(C)	859	918	1,006	1,101	1,155	1,219	1,296	1,423	1,566
금융부채/가계자산(C/A)	0.15%	0.15%	0.15%	0.16%	0.16%	0.16%	0.16%	0.17%	0.17%
가계자산–금융부채(A–C)	4,920	5,294	5,668	5,914	6,170	6,396	6,762	7,179	7,539
(B□C)	864	1,058	1,209	1,231	1,359	1,459	1,604	1,759	1,823

출처 : 한국은행

(B-C)입니다. 만일 그 총액이 (+)라면 금융기관에 있는 돈을 빼서 금융기관에 빚을 다 갚을 수 있다는 것입니다. 부동산과 같은 자산은 평가금액입니다. 따라서 평가금액이 떨어지면 문제가 될 수도 있지만, 금융자산은 그럴 염려가 없는 동시에 언제든지 동원할 수 있는 돈입니다.

부동산 부자가 현금이 부족해서 곤란을 겪고 심지어 파산을 할 수는 있지만 현금 부자는 그럴 리가 없지요. 금융자산 총액에서 금융부채 총액을 뺀 돈이 급속히 늘어나고 있다는 점도 같은 맥락에서 봐야 합니다. 2008년 864조 원에서 2016년 1천823조 원으로 10년 사이에 두 배 이상 늘어났습니다. 즉 한국의 가계자산 전체를 보았을 때 금융기관에 진 빚은 언제든지 금융기관에 있는 돈을 꺼내 갚을 수 있을 정도로 아직은 안정적이라는 것입니다. 이를 가계 평균 자산 구조로 바꾸어도 비슷한 결론이 나옵니다.

오른쪽 도표에서 가계 평균 금융부채(B)만 보면 2010년 3천151만 원에서 2017년 4천998만 원으로 급격히 늘어난 것을 확인할 수 있습니다. 위험해 보이죠. 하지만 가계 평균 금융부채가 늘어난 속도와 비슷하게 가계 평균 자산이 늘어났습니다. 거기다 더 좋은 신호는 같은 기간 비금융자산 비율이 78.6%에서 74.4%로 줄고, 금융자산 비율이 21.4%에서 25.6%로 늘었다는 점입니다. 한국의 가계도 부동산 중심의 자산소유 구조에서 벗어나고 있다는 것이지요. 부동산가격 하락의 충격이 오더라도 점차 예전보다는 충격의 강도가 줄어들 것입니다. 그 결과 가계 금융자산(A)의 증가속도(39.4%)는 가계 평균 금융부채의 증가속도(36.9%)보

❖ 2010~2017년 가계 평균 자산 구조

단위 : 만 원

연도	2010년	2011년	2012년	2013년	2014년	2015년	2016년	2017년
비금융자산 비율(%)	78.6	76.8	75.1	73.3	73.1	73.2	73.7	74.4
금융자산 비율(%)	21.4	23.2	24.9	26.7	26.9	26.8	26.3	25.6
가계 평균 자산	27,684	29,765	32,324	32,688	33,539	34,685	36,637	38,164
가계 비금융자산	21,760	22,860	24,275	23,960	24,517	25,389	27,001	28,394
가계 금융자산(A)	5,924	6,905	8,049	8,728	9,022	9,296	9,636	9,770
가계 평균 금융부채(B)	3,151	3,597	3,684	3,974	4,118	4,361	4,721	4,998
(A□B)	2,773	3,208	4,365	4,754	4,904	4,935	4,915	4,772

출처 : 통계청, '가계 금융복지 조사'

다 더 빨라져 가계 금융자산에서 가계 평균 금융부채를 뺀 금액(A-B)은 2010년 2천773만 원에서 2017년 4천772만 원으로 증가했습니다.

자, 이제 다음과 같은 질문을 던질 수 있습니다. '지금까지 보여준 것은 대한민국 가계의 평균이고, 진짜 중요한 것은 대출을 받을 사람들의 자산과 부채 현황 아니야?'라고 말입니다.

이렇게 보면 됩니다. 대한민국의 부채가 있는 대표가구를 상정합니다. 그 가구는 2012년 은행빚(금융부채)을 5천655만 원 가지고 있었습니다. 그리고 5년 뒤 2017년에는 은행빚이 7천913만 원이 되었습니다. 은행빚이 2천258만 원 늘어난 것이지요. 문제가 있어 보이지만 통장잔고(금융자산)는 1천659만 원(1억 747만 원-9천

❖ 부채가 있는 가구의 재무 건전성

단위 : 만 원

연도	2012년	2013년	2014년	2015년	2016년	2017년
경상소득	4,956	5,168	5,405	5,578	5,719	5,878
자산	39,471	39,433	40,597	42,754	44,983	46,814
금융자산	9,088	9,703	9,749	10,287	10,556	10,747
실물자산	30,382	29,730	30,848	32,467	34,427	36,067
부채	8,365	8,748	9,186	9,679	10,400	11,117
금융부채	5,655	5,934	6,252	6,747	7,307	7,913
비금융부채	2,710	2,814	2,934	2,932	3,093	3,204
순자산액	31,106	30,685	31,411	33,075	34,583	35,697
금융 순자산	3,433	3,769	3,497	3,540	3,249	2,834

출처 : 통계청, '가계 금융복지 조사'

88만 원)이 늘어나고 부동산가치(실물자산)는 5천685만 원(3억 6천67만 원-3억 382만 원)이 늘어났습니다. 좀 더 간단히 계산해 빚이 2천300만 원 늘어났지만 그 중 1천700만 원은 은행에 넣어서, 실제로 늘어난 빚은 600만 원인데 그동안 부동산가치가 5천700만 원 늘어났다는 것입니다. 위험해 보입니까? 오히려 부럽지 않은가요? 다만 2015년 이후 순자산이 줄어들고 있다는 점에서 "한국의 가계는 여전히 건전한 편이나 2015년 이후 악화되고 있다"는 정도로 정리할 수 있을 것입니다.

부동산가격, 체감과 실제의 온도차

부동산가격이 폭락하려면 당연히 그 전에 부동산가격이 많이 올랐어야 할 것입니다. 천천히 올라가든 빨리 올라가든 높이 올라가야만 떨어질 수 있으니까요. 그렇다면 한국의 부동산은 얼마나 올랐을까요? 국제결제은행(IBS)이 조사한 1995~2015년 국가별 주택가격의 변화 양상을 살펴보겠습니다.

노르웨이, 스웨덴, 캐나다, 아일랜드, 뉴질랜드, 영국 같은 나라들도 20년간 주택가격이 하늘 높은 줄 모르고 치솟았습니다. 프랑스, 스페인, 미국은 그보다 덜하지만 역시 두드러지는 변화가 있었습니다. 오히려 대한민국, 이탈리아, 독일의 경우가 완만한 상승세나 보합세인 주택가격을 보이고 있음을 알 수 있습니다. 세계 각국의 부동산가격 변화와 한국 부동산가격 변화를 비교한 결과, 일반적으로 우리가 느끼는 체감가격과 달리 실제로는 한국 부동산가격이 별로 오르지 않았다는 것을 알 수 있습니다.

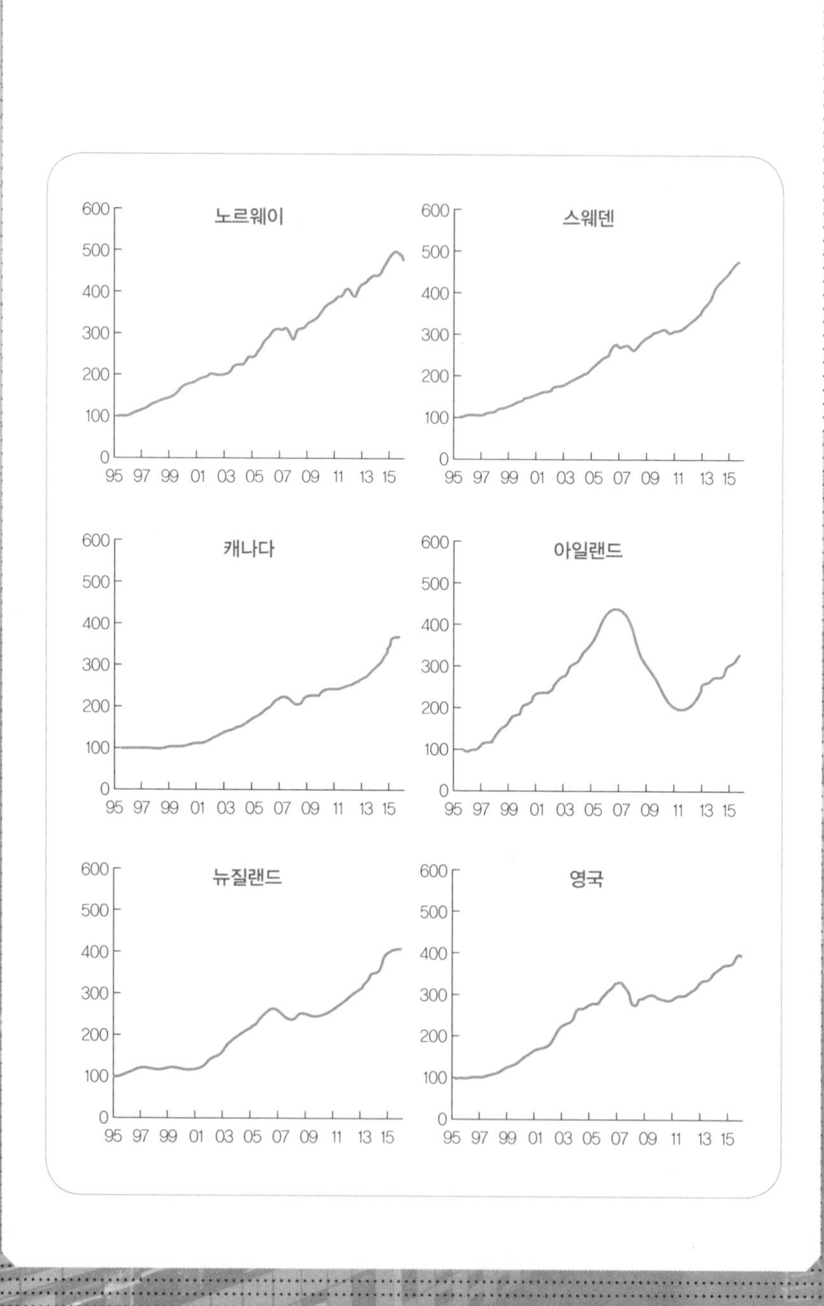
노르웨이
스웨덴
캐나다
아일랜드
뉴질랜드
영국
600
500
400
300
200
100
0
95 97 99 01 03 05 07 09 11 13 15

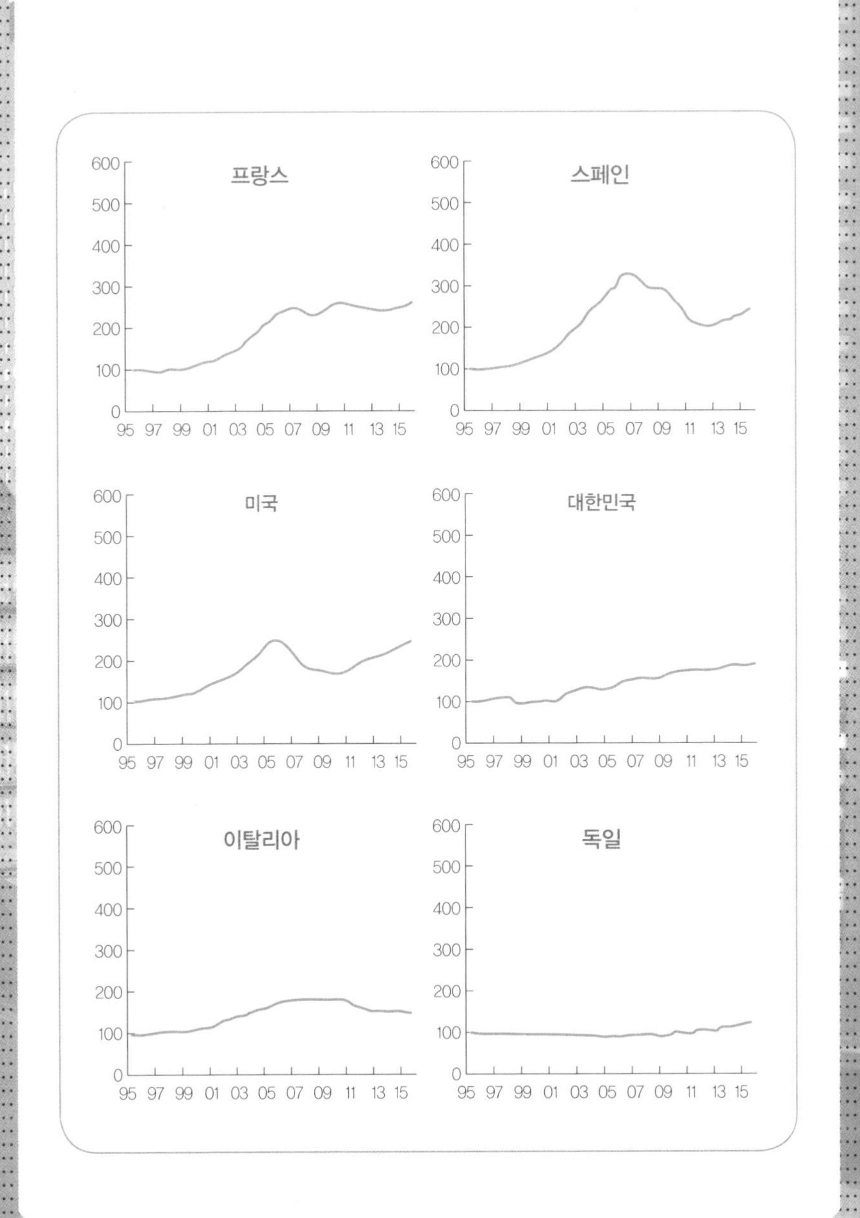

프랑스
스페인
미국
대한민국
이탈리아
독일
0
100
200
300
400
500
600
95
97
99
01
03
05
07
09
11
13
15

금리인상은 버블붕괴의 트리거가 될 것인가

버블이 터진다는 것과 불황이 온다는 것은 어떻게 다를까요? 부동산 시장에 불황이 온다는 것과 부동산 버블이 터진다는 것은 같은 말일까요? 아닙니다. 불황은 실물경기가 변하는 것입니다. 미국의 경제 대공황을 생각하면 됩니다. 공장에는 재고가 가득하지만 거리에는 실업자가 넘쳐납니다. 공장은 문을 닫고 가계는 허리띠를 졸라매도 희망이 보이지 않는 상황이 됩니다. 이렇듯 실물경제가 커다란 타격을 받아 제대로 돌아가지 않는 것을 불황이라고 합니다.

버블붕괴는 불황과는 달리 실물경제와 무관하게 재화의 가격이 폭락하는 현상을 일컫는 말입니다. 주가가 폭락했다고 해서 해당 기업에 엄청난 변화가 생긴 것일까요? 오늘 삼성전자 주가가 5%

떨어졌다고 해서 삼성전자가 당장 망할까요? 마찬가지로 부동산 가격이 폭락한다고 해서 그 땅에 무슨 일이 있는 것은 아닙니다. 한 달 사이에 아파트가격이 30% 하락했다고 해서 그 아파트가 한 달 사이에 30% 낙후됐다고 볼 수는 없겠죠. 버블붕괴의 실체는 이렇습니다.

버블을 경제이론으로 정립하다 _ 민스키 모멘트

만일 경제가 악화되어 사람들이 물건을 사지도, 주택을 구매하려고도 하지 않으면 어떤 일이 일어날까요? 부동산 시장에서는 수요가 줄어들고 부동산가격이 하락할 것입니다. 이렇듯 실물경제가 악화되어 부동산가격이 하락하는 경우를 '부동산 불황'이라고 합니다. 한편 부동산 시장 자체에는 변화가 없는데 금융시장의 변동 등으로 부동산가격이 폭락하면 그것을 '부동산 버블붕괴'라고 합니다. 미국 금리인상에 따라 한국 금리인상이 일어나고 이에 따라 부동산가격이 폭락하면 부동산 불황이 아니라 부동산 버블붕괴라는 표현을 쓰는 것이 맞습니다. 물론 부동산 버블붕괴가 부동산 불황을 가져올 수는 있지만 이 두 표현은 구별해야 합니다.

이렇게 구별해서 봐야 하는 이유는 무엇일까요? 부동산 버블붕괴는 부동산 시장과 같은 실물 부분의 변화로부터 오는 것이 아니라 금리인상과 같은 금융 부분의 변화로부터 오기 때문입니다.

따라서 미국 금리인상으로 예상되는 부동산 버블붕괴를 이해하기 위해서는 실물 부동산 시장에 대해 이해하는 것은 일단 미뤄도 됩니다. 그렇다면 무엇을 이해하는 것이 중요할까요? 앞서 버블붕괴는 금융의 변화로부터 온다고 이야기했습니다. 금융이란 무엇인가요? 아주 간단히 말하면 돈이 남아도는 사람들로부터 돈을 가져다가 돈으로 무엇을 하고자 하는 사람들에게 연계시켜주는 것입니다. 한마디로 투자입니다. 즉 버블을 이해하기 위해서는 투자자의 투자형태를 이해하는 것이 필수적입니다.

민스키★라는 경제학자는 일찍이 이를 간파하고 관련 이론을 전개한 바 있습니다. 민스키는 돈을 빌려서 투자하는 형태를 세 가지로 분류합니다. 첫 번째는 '헤지(hedge)★★투자'입니다. 헤지투자는 돈을 빌렸을 때 이자와 원금 모두 다 갚을 수 있는 상태의 투자입니다. 부동산담보대출을 받았다면 원리금을 다 상환할 수 있는 대출입니다. 건강한 대출이지요. 두 번째는 '차익(투기적)투자'입니다. 투기적인 차익투자는 원금은 못 갚지만 이자는 갚을 수 있는 투자를 말합니다. 집을 담보로 대출을 받아 이자만 내고 있는 것입니다. 원금은 부동산가격이 오르면 갚겠다는 생각을 하고 있는 것이지요. 나머지 하나는 무엇일까요? 원금은 턱도 없고

★ 미국의 금융경제학자인 하이먼 민스키(Hyman Minsky)는 금융불안정성 가설을 통해 '민스키 모멘트(Minsky moment)'로 불리는 모델을 만들었다. 이는 과도한 부채 확대에 기댄 호황이 끝난 뒤에 은행으로부터 돈을 빌린 사람들의 부채상환능력이 나빠져 결국 건전한 자산까지 내다팔아 금융 시스템이 붕괴하는 시점을 일컫는다. 헤지투자, 차익투자, 폰지투자의 유형을 분류한 이 이론은 2008년 세계 금융위기 이후 주목받기 시작했다.

★★ 위험회피 또는 위험분산. 헤지는 가격이 움직이지 않도록 '쐐기를 박는다'는 뜻이다. 현물가격변동의 위험을 선물가격변동으로 상쇄하는 거래를 말한다.

이자도 제때 갚을 수 없는 투자입니다. 이것을 '폰지★투자'라고 합니다. 폰지투자는 투자대상의 가격이 계속 상승하지 않는 한 필연적으로 파산할 수밖에 없는 투자입니다.

원리금을 다 갚는 헤지투자, 이자만 갚는 차익투자, 이자도 제대로 갚을 수 없는 폰지투자 가운데 거품경제 상황에서 사람들은 '폰지투자'에 몰려 있을 것입니다. 가격이 더 오를 것으로 예상하기 때문이지요. 자칫 잘못하면 파산한다는 것을 잘 알면서도 왜 이렇게 위험한 폰지투자를 할까요? 탐욕 때문에? 물론 그렇지만, 이는 지나치게 추상적인 답입니다. 이 질문에 대해 민스키는 아주 명쾌한 대답을 내놓습니다. 사람들이 폰지투자를 하는 이유는 성공이 낳은 과도한 자신감과 이를 부추기는 금융기관 때문이라고요.

고스톱 초보는 왜 돈을 잘 안 잃을까요? 겁이 많아서입니다. 3점만 올리면 '스톱'을 하지요. 지켜보는 사람이야 답답하겠지만 사실 안정적으로 고스톱 판을 운영하고 있는 것입니다. 그러다가 차츰 고스톱의 원리를 이해하고 재미도 붙입니다. '원(one)고', '투(two)고'를 부르다가 '쓰리(three)고'도 외칩니다. 심지어 지고 있다가 도리어 '역(逆)고'도 부릅니다. 이쯤 되면 스스로를 '고스톱의 천재'라고 생각합니다. 그러다가 한 방에 망하는 것, 그게 노름꾼의 숙명이죠.

★ 찰스 폰지(Charles Ponzi)는 1920년대 미국에서 국제반신권(국제회신우표권)을 거래하면 높은 시세차익을 얻을 수 있다는 허황된 소문을 유포해 막대한 투자금을 가로챈 사기꾼이다. 다른 투자자에게 수취한 투자금을 초기투자자에게 지급해 신뢰를 구축하고, 이를 토대로 다수의 투자자에게 투자금을 편취하는 방식의 사기를 '폰지사기'라고 한다.

민스키는 이 고스톱의 원리로 버블을 설명합니다. 처음 조심스러운 투자로 성공한 사람들은 금융기법을 알아나가고 투자의 원리를 깨닫는 과정에서 점차 성공에 도취될 것입니다. 헤지투자 단계에서 차익투자 단계로, 결국 폰지투자 단계로 넘어가게 된다는 말입니다. 과도한 성공이 큰 실패를 불러온다는 주장입니다.

이 이론을 부동산 시장에 적용해보겠습니다. 처음 갭투자에 도전합니다. 두려움이 앞섭니다. 그래서 레버리지도 최소화하면서 아주 조심스럽게 접근합니다. 약간의 수익만 발생해도 잽싸게 팔고 나갑니다. 그러다 한 번 두 번 성공하고 투자스킬이 늘어갑니다. 자신감이 넘쳐납니다. 갭투자로 수백 채를 가진 성공한 투자자도 있다고 합니다. 바로 결심합니다. '나도 100채는 가져야지!' 그 순간 폰지가 걸어갔던 길과 같은 길로 가는 것은 정해진 코스일 것입니다.

부동산가격이 상승하면서 투자수익을 거둔 사람들은 부동산투자에 자신감을 가지고 점점 레버리지를 높여나가기 시작합니다. 헤지투자로 시작했다가 차익투자로, 마침내 폰지투자의 단계로 넘어갑니다. 아무 문제도 없이 잘 굴러가는 것으로 보입니다. 이때 등장하는 것이 바로 금리인상입니다. 금리인상으로 인해 부동산담보대출에 대한 원리금상환 압력이 높아집니다. 금리가 올라갈수록 처음에는 원리금을 다 갚을 수 있었던 대출자도 차츰 원금상환은 포기하고 이자만 갚아나갑니다. 그러다 금리가 더 오르면 결국 이자상환조차 포기하는 폰지투자자로 전락하는 것입니다.

서브프라임 모기지론 사태와 일본 부동산 버블붕괴

민스키의 이론에 따르면 실물 상황은 중요하지 않습니다. 실물경제가 나쁘더라도 투자자들 대부분이 헤지투자자일 경우 버블붕괴는 일어나지 않을 것입니다. 하지만 실물경제가 아무리 좋아도 그 재화에 투자한 사람 대부분이 폰지투자자로 구성되어 있다면 조그마한 금융 변화에도 버블은 붕괴할 것입니다. 부동산 시장에 이 이론을 그대로 적용한다면, 작은 금리인상에도 불구하고 부동산투자자 대부분이 폰지투자를 하고 있으면 머지않아 거품이 빠져 부동산 폭락으로 이어지겠지요.

그렇다면 금리인상에 따른 부동산 버블은 어디서부터 올까요? 아파트, 오피스텔, 그리고 레지던스★ 중 어느 시장의 가격 폭락이 먼저, 그리고 더 큰 폭으로 발생할까요? 아마도 폰지투자자 비율이 가장 높은 오피스텔이나, 특히 레지던스 시장일 것입니다. 그 중에서도 최근 갭투자가 극성을 부린 중소형이 우선이겠죠.

특정 시장이 폰지투자 상황인지 헤지투자 상황인지는 어떻게 알아볼 수 있을까요? 모든 가계의 대출금액과 이자율, 그리고 금리를 파악해야 할까요? 꼭 그런 방법을 동원하지 않고서도 쉽게 알 수 있는 방법이 있습니다. 2008년 서브프라임 모기지론(비우량 주택담보대출) 사태가 터지기 전후의 미국 상황부터 살펴보겠습니다.

★ 서비스드 레지던스(serviced residence)의 약칭. 숙박용 호텔과 주거용 오피스텔이 합쳐진 개념으로, 수익형 부동산 중 호텔식 서비스가 제공되는 초단기형 주거시설을 일컫는다.

❖ 미국 기준금리 및 주택담보대출 추이

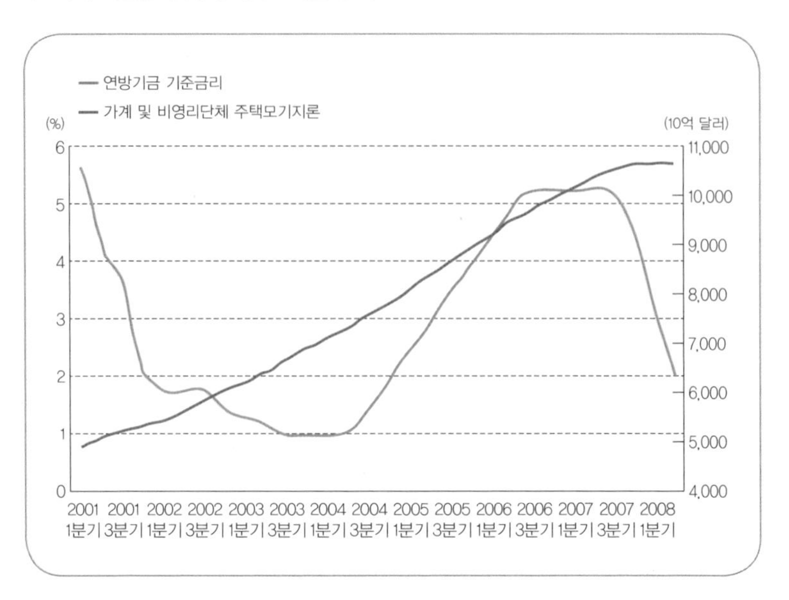

출처 : 미국 중앙은행 연방준비제도(Fed)

무시무시할 정도의 금리인상 속도입니다. 2001년 1분기만 하더라도 1% 수준에 머물고 있던 연방기금 기준금리가 2007년 1분기에는 5.25%로 올라갑니다. 이 정도 금리인상이라면 당연히 멀쩡한 헤지투자자도 폰지투자자가 됐을 법합니다. 부동산 가산금리가 2% 정도 더 붙는다고 가정하면, 실제 부동산담보대출자는 3%의 이자를 내다가 8% 이상의 이자를 내야 하는 상황으로 바뀌었습니다. 아마 원금은커녕 이자 갚기도 어려워졌을 것입니다. 물론 이는 추론일 뿐, 실제로 그런지 정확히 알기 위해서는 당시 미국 부동산담보대출자들의 평균 대출금액과 소득, 그리고 자산 분석이 들어가야 할 것입니다. 더 정확한 자료를 얻기 위해서는 소득 분위별 대출금액 등 엄청난 자료가 필요합니다.

하지만 우리는 그렇게 복잡한 방법을 통하지 않고서도 2006년 정도가 되면 미국 부동산 시장이 폰지투자 단계로 접어들었다는 것을 짐작할 수 있습니다. 어떻게 알 수 있냐고요? 여러분이 헤지투자자라고 생각해봅시다. 부동산 버블 이야기가 나와서 시장 분위기가 뒤숭숭한데 금리가 올라 이자 부담이 늘어나기 시작합니다. 차츰 '이러다가 대출받은 돈 갚지도 못하고 파산하는 거 아냐?'라는 생각이 듭니다. 즉 자기의 의도와는 상관없는 폰지투자자로 전락하여 부동산 하락기에 파산하게 되는 것이 아니냐는 우려입니다.

그렇다면 이 시기 헤지투자자는 어떻게 행동할까요? 금리가 더 오르기 전에 부동산담보대출을 줄여나가는 노력을 할 것입니다. 시장 전체로는 어떤 일이 벌어지겠습니까? 금리인상과 더불어 주택담보대출이 점차 감소하는 그래프가 나오겠지요.

당시 미국의 그래프는 어떤가요? 정반대죠. 금리가 오를수록 부동산대출금액은 폭증합니다. 이유는 아주 간단합니다. 대부분의 시장 참여자가 폰지투자자이기 때문입니다. 폰지투자자는 원금은 물론 이자도 상환할 수 없는 사람들입니다. 이 사람들이 부동산대출을 갚기 위해서는 부동산가격 상승에 따른 시세차익을 남겨 갚는 방법밖에는 없습니다. 그런데 금리가 오릅니다. 이자 부담이 커집니다. 원리금상환 압력은 더 커집니다. 어떻게 해야 이 상황을 돌파할 수 있을까요? 어깨에 '차카게 살자'라고 문신을 하면 해결이 될까요? 아닙니다. 유일한 해결책은 다른 폰지투자자들보다 먼저 은행에 달려가 수단과 방법을 가리지 않고 대출을 늘려 부동산가격 상승세가 회복될 때까지 '버티기'를 시작하는 것뿐입니다. '갈 때까지 가보자'입니다. '여기서 죽으나 끝까지 가서 죽으나 다를 게 뭐야'라는 논리입니다. 물론 대부분은 결국 죽겠지만 말입니다. 그러니 금리가 상승함에도 불구하고 놀랍게도 부동산대출금액은 폭증합니다. 이 중 일부는 이를 부동산가격이 더 폭등할 것이라는 대세상승 시그널로 읽는 오류를 범하겠죠.

이러한 투자의 끝은 어떤 모습일까요? 이를 잘 보여주는 사례가 바로 1990년대 일본 부동산 버블붕괴입니다.

상식적인 사람이라면 누구나 아래의 그래프를 보고 1990년에는 부동산 시장이 버블 단계에 접어들었다는 사실을 알 수 있습니다. 1980년과 1990년을 비교해보면 부동산가격이 10년 만에

❖ 1980~2017년 일본 주거용 부동산 가격지수

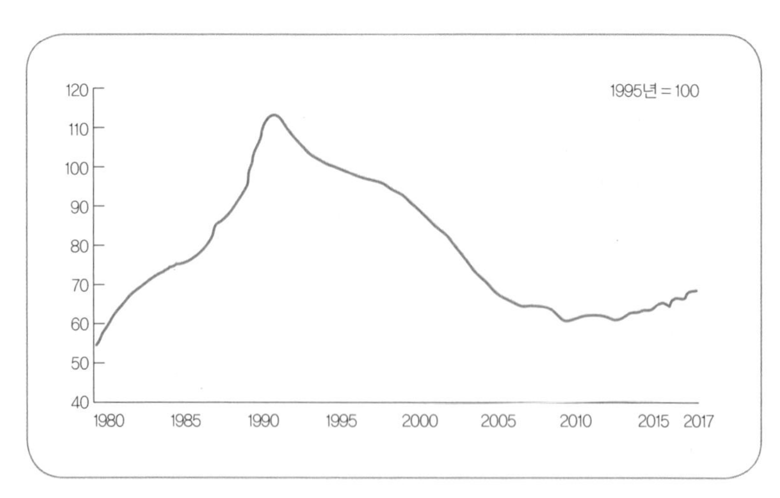

출처 : 국제결제은행

거의 두 배로 뛴 것을 확인할 수 있죠. 특정 지역의 아파트 단지도 불가능한 일을 일본 부동산 전체가 해낸 것입니다. 그때는 모두가 그것을 당연시했을지 모르지만, 모든 열풍이 지나간 지금 냉철하게 생각해보면 당시 사람들이 정말 제정신이 아니었음을 알 수 있을 것입니다.

일본의 부동산가격은 어떻게 10년 만에 두 배가 될 수 있었을까요? 일본 국민의 소득이 두 배가 되어서? 아니면 모든 국민이 로또에 당첨되어서? 그럴 리 없지요. 방법은 한 가지, 모두가 빚을 내서 부동산을 사는 것이었습니다. 10년 동안 부동산 시가총액을 두 배로 만들 돈이 금융기관을 통해 부동산 시장에 들어간 것이죠. 그러니 그 시장에 뛰어든 사람들을 폰지투자자가 아니라고 할 수 있겠습니까?

1988년 3.84%이던 일본의 시장금리는 1990년 7.40%로 2년 만에 거의 두 배로 뛰었습니다. 그런데 대출성장률은 같은 기간 15%에서 25%로 늘어났습니다. 금리인상에도 불구하고 부동산대출이 급증했다는 것을 알 수 있습니다. 상식적으로 가격이 오르면 그 물건에 대한 수요가 줄어들 듯이, 금리가 오르면 대출은 줄어들어야 합니다. 하지만 버블 단계에서는 그 거품 때문에 정반대의 일이 발생합니다. 당시 일본의 상황이 바로 전형적인 폰지투자 단계임을 보여줍니다. 그러다가 부동산 버블이 꺼지자 일본의 부동산대출은 다시는 이전 수준으로 회복되지 않았습니다. 이처럼 우리는 폰지투자 여부를 세세한 자료를 동원하지 않고서도 파악할 수 있습니다.

❖ 1987~1996년 일본 시장금리 추이

연도	1987년	1988년	1989년	1990년	1991년	1992년	1993년	1994년	1995년	1996년
시장금리 (%)	3.67	3.84	5.12	7.40	7.53	4.66	3.06	2.20	1.21	0.47

출처 : 통계청

❖ 일본의 대출성장률

출처 : 일본은행

이상의 내용을 정리하면 다음과 같습니다.

- ✔ 버블붕괴는 금융시장의 변화로부터 온다.
- ✔ 부동산 버블붕괴는 금리인상으로부터 온다.
- ✔ 부동산 버블붕괴 직전 대부분의 부동산투자자는 폰지투자자다.
- ✔ 부동산 버블붕괴 직전까지는 금리가 오를수록 부동산대출이 증가한다.

대한민국 가계, 아직 건재하다

대한민국 부동산 시장은 어떤 상태일까요? 과거 미국과 일본의 경우처럼 폰지투자 단계일까요? 사실 이 문제의 답은 이미 나와 있습니다. 우리나라의 금리상승이 부동산담보대출 증가를 가져오지 않으리라는 것은 다음의 기사 한 토막만 봐도 쉽게 추론할 수 있지요.

"정부 규제에 은행 주택담보대출 증가세 주춤"

주요 시중 은행의 2018년 1월 말 기준 주택담보대출 잔액은 378조 7천530억 원이다. 2017년 말 대비 증가액이 9천560억 원으로, 1조 원을 밑돌았다. _ 2018년 2월

본격적인 금리인상이 아닌 정부의 금리인상을 앞둔 사전 규제책에도 주택담보대출 증가액이 주춤하니 말입니다. 향후 금리인상은 틀림없이 주택시장의 위축을 가져올 것입니다. 그 과정에는 고통이 따를 수밖에 없지만, 역설적으로 대한민국 부동산 시장이 아직 건전해서 폰지투자 단계까지 가지 않았다는 방증이기도 합니다. 그동안 한국 가계대출이 증가한 가장 큰 원인이 무엇이었는가를 봐야 합니다. 하나는 금리인하였고, 또 하나는 부동산담보대출에 대한 규제 완화였습니다. 그런데 금리가 인상되고 대출규제가 강화되는 한편 부동산가격 약세가 예상되는 시점에 부동산담보대출이 증가한다? 어불성설일 수밖에 없습니다.

❖ 2006~2018년 한국은행 기준금리 추이

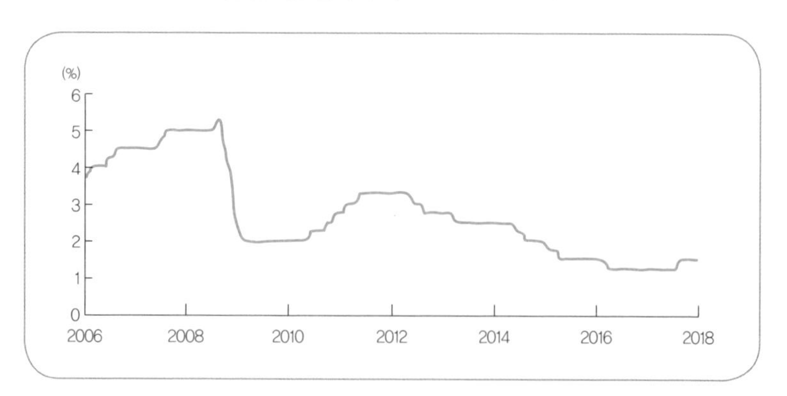

출처 : 한국은행

❖ 지난 정부 부동산규제 해제 내역

연도	일자	내용
2012년	5월 10일	강남 3구 투기지역 해제
	8월 17일	삼십대 무주택근로자 · 은퇴자 DTI 규제 완화, 순자산도 소득으로 인정
2013년	4월 10일	생애최초 주택구입자금에 대해 연말까지 DTI 은행권 자율 적용
2014년	7월 24일	DTI 60% 일괄 상향 조정

그럼 대한민국 가계가 금리인상으로 느낄 부담은 실제 어느 정도인지 추론해보겠습니다. 오른쪽 페이지 도표를 보면, 주거용 주택의 시가총액 대비 주택담보대출액(A/B)은 2013년 13%에서 2017년 15%로 증가했음을 알 수 있습니다. 좋지 않은 시그널입니다. 그러나 주거용 주택 시가총액에서 주택담보대출액을 뺀 금액(B-A)은 그 기간 동안 2천635조 원에서 3천154조 원으로 증가했습니다. 앞으로 상당한 부동산가격 하락에도 주거용 주택을 처

❖ 2013~2017년 주택담보대출액 추이

연도	2013년	2014년	2015년	2016년	2017년
총 대출액	1천154조 원	1천250조 원	1천346조 원	1천424조 원	1천504조 원
주택담보 대출액(A)	418조 원	460조 원	490조 원	545조 원	578조 원
주거용 주택 시가총액(B)	3천53조 원	3천171조 원	3천334조 원	3천511조 원	3천732조 원
(A / B)	13%	14%	14%	15%	15%
(B□A)	2천635조 원	2천711조 원	2천844조 원	2천966조 원	3천154조 원

출처 : 한국은행

❖ 2014~2017년 가계순저축 및 주택담보대출이자 부담 비교

연도	2014년	2015년	2016년	2017년
가계 총 처분가능소득액(C)	846조 원	894조 원	923조 원	964조 원
가계순저축률(D/C)	6.3%	8.1%	7.6%	7.6%
가계순저축액(D)	53조 원	72조 원	70조 원	73조 원

출처 : 한국은행

분해 대출을 상환할 수 있다는 것을 보여줍니다.

2017년 기준 주택담보대출액은 578조 원입니다. 따라서 금리가 2% 인상될 경우 가계가 부담해야 할 주택담보대출이자는 '578조 원×0.02=11조 5천억 원'쯤 됩니다. 가계소득의 1.28%를 추가이자로 부담해야 합니다. 물론 적지 않은 돈입니다만, 2017년 가계 총 처분가능소득액 964조 원에 가계순저축률 7.6%를 적용하면 가계순저축액은 73조 원입니다. 금리가 2% 인상되면 순저축액의 6분의 1 정도가 추가적인 이자 부담액이 된다는 것입니다. 즉 저

❖ 2017년 말 기준 대한민국 가계부채 상환능력(DSR)

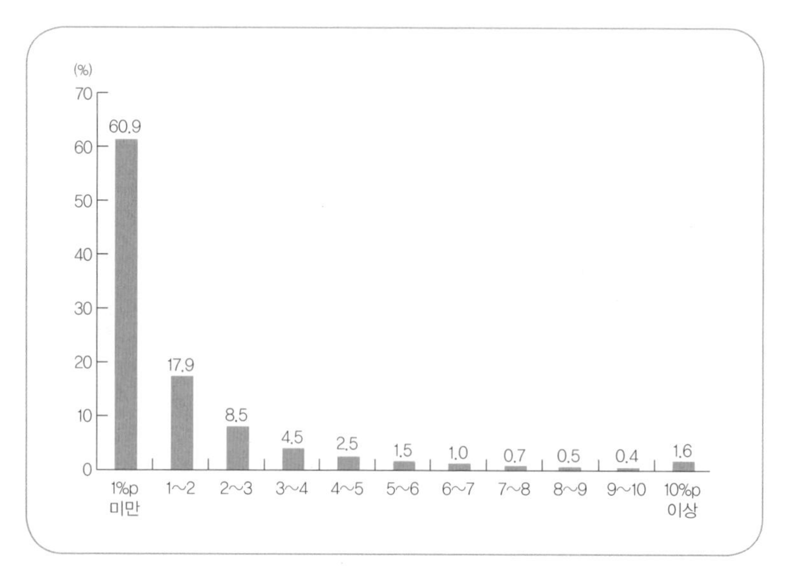

출처 : 한국은행

축을 줄이는 선에서 추가적인 대출이자를 충분히 지불할 수 있다는 것을 알 수 있습니다. 증가하는 대출이자를 갚기 위해 대출을 더 일으켜야 하는 폰지투자의 단계는 아니라는 것이죠.

2017년 말에 발표된 한국은행 금융안정보고서에 따르면, 금리가 1% 상승했을 때 가계대출자의 DSR(Debt Service Ratio, 총부채원리금상환비율)이 1%p인 대출자의 비중이 60%를 넘는다고 합니다. 따라서 "상당수의 가계대출자에게는 금리상승으로 인한 이자부담이 그리 크지 않을 것"이라고 합니다. 이 말의 의미를 정확히 파악하기 위해서는 공부를 좀 더 해야 합니다. A, B, C 세 가지 사례를 살펴보겠습니다.

DTI 계산방식
주택대출원리금 + 기존 대출이자
연소득

DSR 계산방식
주택대출원리금 + 기존 대출원리금
연소득

사례 A는 금리가 1% 올라가면 DSR이 정확히 1% 올라가는 경우를 보여줍니다.

❖ DSR 시뮬레이션① : 사례 A

소득	대출금액	원금 상환액	금리	이자액	원리금 상환액	DSR
6천만 원	6천만 원	1천만 원	4%	240만 원	1천240만 원	20.7%
6천만 원	6천만 원	1천만 원	5%	300만 원	1천300만 원	21.7%
6천만 원	6천만 원	1천만 원	6%	360만 원	1천360만 원	22.7%

사례 B는 금리가 1% 올라가면 DSR이 1.5%가 올라가는 경우입니다. 따라서 사례 B는 금리상승시 원리금상환 압박이 사례 A보다 크다고 볼 수 있습니다.

❖ DSR 시뮬레이션② : 사례 B

소득	대출금액	원금 상환액	금리	이자액	원리금 상환액	DSR
4천만 원	6천만 원	1천만 원	4%	240만 원	1천240만 원	31.0%
4천만 원	6천만 원	1천만 원	5%	300만 원	1천300만 원	32.5%
4천만 원	6천만 원	1천만 원	6%	360만 원	1천360만 원	34.0%

반면 사례 C는 금리가 1% 오를 때 DSR은 0.6%만 올라가는 경

❖ DSR 시뮬레이션③ : 사례 C

소득	대출금액	원금 상환액	금리	이자액	원리금 상환액	DSR
1억 원	6천만 원	1천만 원	4%	240만 원	1천240만 원	12.4%
1억 원	6천만 원	1천만 원	5%	300만 원	1천300만 원	13.0%
1억 원	6천만 원	1천만 원	6%	360만 원	1천360만 원	13.6%

우입니다. 사례 C는 금리가 올라도 상대적으로 원리금상환 압력이 작다고 이야기할 수 있지요. 연소득의 12~13% 정도가 원리금상환액임을 알 수 있습니다.

자, 다시 한국은행 자료로 돌아가 보겠습니다. 한국가계의 대부분이 사례 C와 같은 경우임을 알 수 있지요. 가계대출자의 대부분은 일정 정도의 금리상승에 따른 원리금상환에 대해 큰 부담을 가지고 있지 않다는 것입니다. 즉 금리인상은 한국 부동산 버블의 트리거(trigger)★가 되기는 어렵습니다.

★ 행동의 방아쇠. 미리 정해놓은 조건을 만족하거나 어떤 동작이 수행되면 자동적으로 수행되는 동작을 말한다.

헤지펀드와 헤지투자는 다르다

'헤지펀드(hedge fund)'는 단기 금융시세차익을 노리기 위해 투자자를 모으는 펀드로서, 다소 공격적인 투자방식의 펀드운용을 주류로 삼습니다. 따라서 '헤지투자'라고 하면 헤지펀드의 운용방식처럼 단기 시세차익을 노리기 위해 치고 빠지는 위험한 성향의 투자가 아닌가 하고 오해할 수도 있습니다. 결론부터 말하자면 아닙니다. 금융에서 '헤지' 또는 '헤징(hedging)'이란 여러 금융자산에 대한 매수·매도 포지션을 조합해 향후 투자자산의 가격변동 위험을 제거하는 기법을 의미합니다. 즉 헤징이란 금융전략은 오히려 향후 가격변동 리스크를 제거한, 비록 다소 낮은 수준이지만 확실히 보장된 수익을 얻고자 할 때 사용하는 위험기피전략을 뜻합니다.

이러한 헤징 기법을 구사하기 위해서는 일단 투자자 자신이 실물자산 또는 현금자산을 보유하고 있어야 합니다. 즉 대출을 왕창 끼고 자산을 구매하는 방식이 아니라, 자신이 이미 보유한 현금이나 현금성 자산을 담보로 실물이나 다른 투자자산을 구입해 수익을 창출하는 방식의 투자를 헤지투자라고 하는 것입니다.

정말 걱정해야 할 것은 부동산 버블이 아니다

미국의 경기가 살아나기 시작하면서, 미국 금리인상에 대한 두려움은 점점 커져가고 있습니다. 많은 경제 전문가들은 미국 연준(FRB)이 급격한 금리인상을 진행할 것이라 이야기하고, '금리가 역전되면 해외자본들이 한국에서 다 빠져나가 원·달러 환율이 상승할 것'이라고도 합니다.

하지만 미국 금리인상은 생각보다 급격히 이루어지지 않을 것으로 보입니다. 바로 물가상승률 때문이지요. 미국은 그간 '물가성장률이 장기 성장률 목표치인 2%가 되어야 물가를 올릴 것'이라고 이야기해왔습니다. 그리고 미국의 개인소비지출 물가지수(FRB에서 물가상승 여부의 판단으로 삼는 지수)는 2017년 7월 1.4%에서 2018년 1월에야 비로소 1.7%로 상승합니다. 2018년 4분기에나 2.0%를 달성할 것이라고들 합니다. 이 말은 물가가 올라야 경기과열을 막기 위해 금리를 인상할 텐데, 물가가 안정된 수준을 유지하고 있기 때문에 쉽게 금리를 인상할 수 없다는 의미입니다.

그렇다면 왜 미국의 물가는 경기가 살아나고 있음에도 불구하고 안정적일까요? 그 이유로 다섯 가지를 들 수 있습니다. 첫 번째 이유는 석유가격의 안정화입니다. 국제유가는 2014년 1월 이후 미국이 석유개발을 확대하면서 2016년 2월 배럴당 30달러 선에 다다를 만큼 큰 폭으로 떨어졌습니다. 그 뒤로 40~50달러 선을 유지하다 2018년 4월에야 70달러 선을 넘어섰습니다. 이렇게 상승함에도 불구하고 아직은 100달러에 달하던 시절에 비하면 저렴하기 때문에 물가가 안정되는 것이지요. 물론 미국이 이란 핵협정 탈퇴를 공식화하면서 공급에 차질이 생길 것이란 우려도 있지만, 유가 상승이 단기적일 것이라는 전망이 여전히 우세합니다.

두 번째 원인으로는 아마존 효과(Amazon Effect)가 있습니다. 세계에서 가장 유명한 온라인 쇼핑몰인 아마존닷컴이 유통비를 줄이면서 물가상승률을 낮추는 효과를 말합니다. 이에 대해서는 어느 정도 논란의 여지가 있지만, 대부분의 경우 아마존 효과가 미국의 소비자물가를 0.4%가량 낮추고 있다고 이야기합니다. 세 번째 이유로는 미국의 노령화를 들 수 있습니다. 즉 노인들은 늘어나지만 이들의 노후에 대한 보장이 되어 있지 않기 때문에 소비가 증가하지 않는 것이지요. 네 번째로는 기술혁신을 통한 가격하락을 말할 수 있습니다. 기술혁신을 통해 이전과 동일한 제품을 더

TRUMP

욱 싸게 만들 수 있고, 이는 물가가 오르지 않는 데 도움을 줍니다.

마지막으로는 미국의 제45대 대통령인 도널드 트럼프(Donald Trump)를 꼽을 수 있습니다. 트럼프는 자신의 공약인 미국의 부흥을 위해 온건한 금리인상과 경기부양정책 실행을 원하고 있지만, 당시 연방준비제도이사회 의장인 재닛 옐런(Janet Yellen)은 이와 반대로 급격한 금리인상을 선호했습니다. 그래서 결국 4년 연임하는 것이 연준의 관행이었음에도 불구하고 재닛 옐런 대신 자신의 사람인 제롬 파월(Jerome Powell)을 새로운 연방준비제도이사회 의장으로 앉힙니다. 다시 말해 트럼프 대통령이 수출 증대를 위해 달러가치를 인하시키면서도 금리인상을 억제하고 싶어 하기 때문에 미국이 금리를 인상하기 어려운 것이지요.

버블은 약한 고리에서 터진다

버블은 말 그대로 거품입니다. 풍선이라고 생각해도 되죠. 여러 개의 풍선에 공기를 동시에 주입한다고 생각해봅시다. 어떤 풍선이 먼저 터질까요? 한꺼번에 터지지는 않겠죠. 바람이 가장 많이

❖ 미국 주택담보대출 규모와 추이

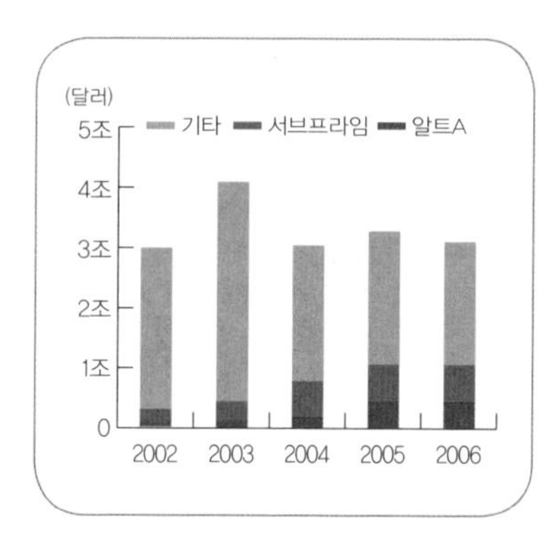

출처 : 모기지시장 조사기관 '인사이드 모기지 파이낸스'

❖ 미국 모기지별 연체율 추이

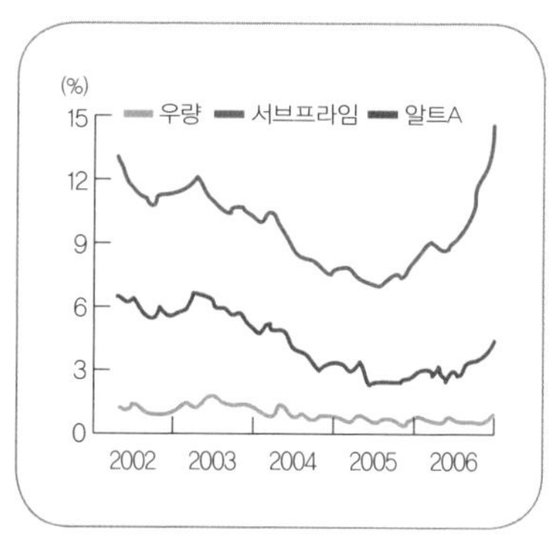

출처 : 국제 신용평가사 '피치(Fitch Ratings)'

들어간 풍선 중 가장 약한 풍선이 먼저 터지게 되어 있습니다. 이 간단한 명제로부터 우리는 어떤 시사점을 얻을 수 있을까요?

2008년 미국 금융위기 당시 가장 어이없는 대출 중 하나가 바로 'NINJA(No Income, No Job or Asset)대출'★이었습니다. 이는 직업도 소득도 자산도 아무것도 없는 사람에게 부동산을 사라고 하고, 심지어 그 부동산가격보다 더 많은 돈을 대출해주는 코미디 같은 대출이 일상화되었던 것을 일컫는 용어입니다. 당시 버블이 어디서 터졌습니까? 바로 미국, 거품이 가득한 부동산 시장에서 터졌습니다. 그리고 버블의 가장 약한 고리는 저소득층이었습니다. 2002년까지도 거의 없었던 서브프라임 모기지론이 2003년부

★ 금융위기 직전 미국의 부동산담보대출자를 신용도에 따라 세 등급(서브프라임, 알트A, 프라임)으로 나누었는데, 그 중 가장 취약한 신용도를 지닌 계층에게 시행된 대출을 '서브프라임 모기지론'으로 불렀다. 서브프라임 모기지론에 비해 상대적으로 신용도가 높은 대출은 알트A, 가장 우량한 신용도를 지닌 대출은 프라임으로 분류한다.

❖ 2004~2017년 미국의 가계대출 유형별 연체율 추이

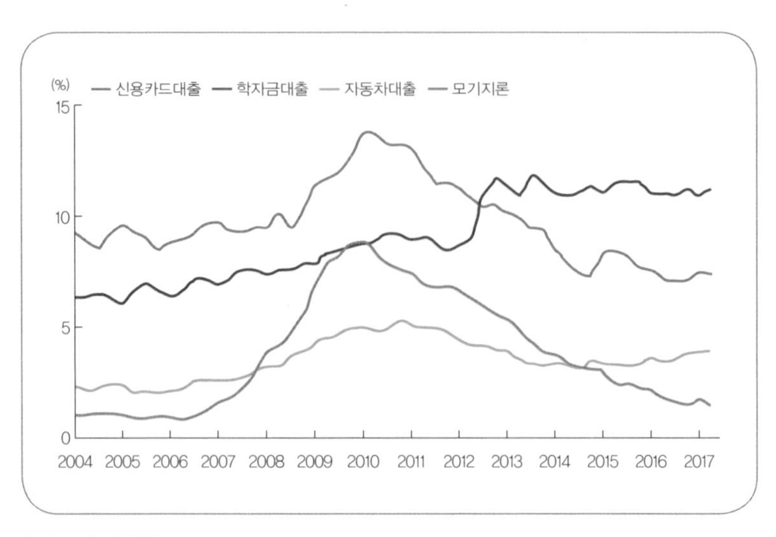

출처 : 뉴욕연준은행

터 급증했습니다. 그러다가 2007년 본격적인 금리상승이 시작되자 서브프라임 모기지론의 연체율이 우선적으로 급등했습니다.

주목할 부분은 대출 유형별 연체율입니다. 학자금대출이나 자동차대출이 아닌 주택담보대출이 급격히 증가했습니다. 즉 금융위기 이전에 미국 저소득층이 가장 많이 받은 대출이 주택담보대출이었기 때문에 금리상승은 학자금대출난을 가져온 것이 아니라 서브프라임 모기지론 사태를 불러왔습니다. 만일 저소득층의 대출 중 가장 심각했던 것이 학자금대출이었다면 분명 금리인상의 파급효과는 학자금대출 연체라는 사회문제로 확장됐을 것입니다. 이처럼 금리인상으로 인한 버블붕괴가 반드시 부동산에서 시작되지는 않습니다. 우리 역시 마찬가지입니다. 1998년 IMF 금

융위기는 기업의 위기였고, 2002년의 '카드대란'은 가계 신용카드대출 부실 사태 때문에 일어났습니다.

금리인상시 대한민국의 약한 고리는?

앞으로 금리가 올라 위기가 발생한다면, 버블붕괴의 원인이 될 약한 고리는 어디일까요? 다음 그래프를 보면, 대한민국의 약한 고리는 최저소득층인 1분위라는 것을 알 수 있습니다. 1분위의 경우 소득 대비 부채 비율이 4.3배로, 자력으로 빚을 갚는 것이 사실상 불가능해 보입니다.

그런데 1분위 전체 대출에서 부동산대출이 차지하는 비중은 다

❖ 소득 분위별 평균 소득 및 소득 대비 부채 비율

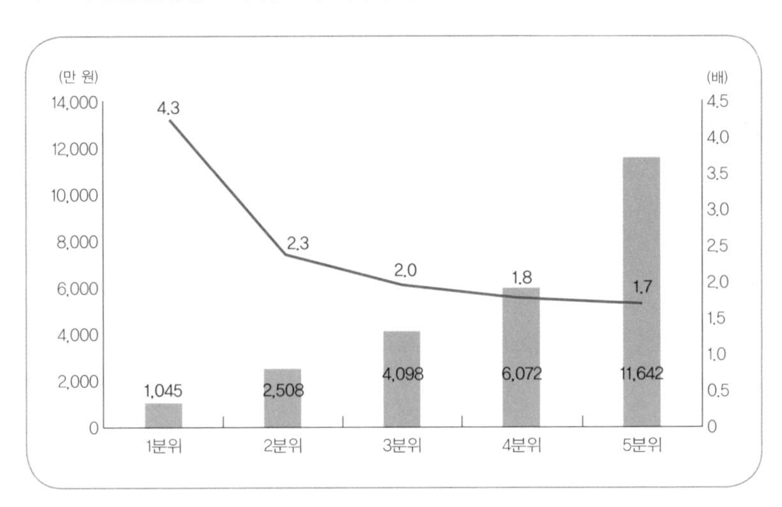

출처 : 통계청, '가계 금융복지 조사', 2017년

❖ 소득 분위별 금융대출 용도

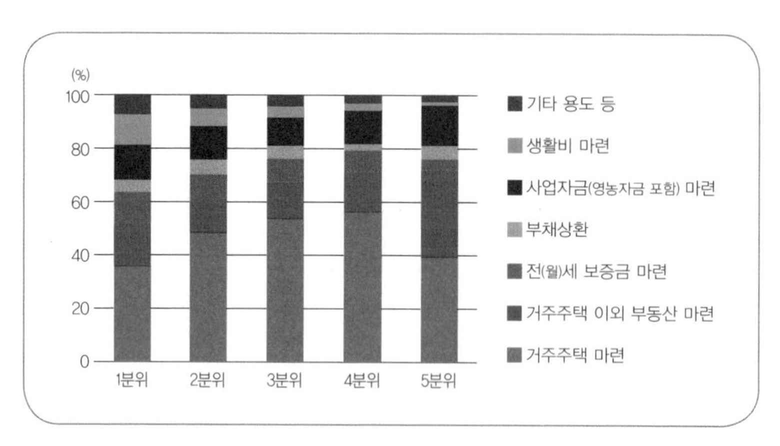

출처 : 통계청, '가계 금융복지 조사', 2017년

른 분위에 비해 높지 않습니다. 오히려 부동산대출 비중이 가장 높은 것은 중상위 계층인 4분위입니다. 즉 대한민국에서 금리가 상승할 경우 가장 고통받을 계층은 1분위지만, 그 속사정을 보면 부동산대출이 아닌 다른 문제가 원인일 수도 있는 것이죠.

특히 1분위의 대출에서 주목해야 할 부분은 5분위와 마찬가지로 거주주택 이외 부동산 마련 비중이 높다는 것입니다. 5분위의 거주주택 이외 부동산 마련 비중은 당연히 투자 목적의 부동산구입을 의미하겠지요. 그럼 1분위의 거주주택 이외 부동산 마련 비중의 의미는 무엇일까요? 바로 자영업을 하기 위한 공간을 마련하고자 하는 것이죠. 조그만 치킨집 사업장을 구한다거나 분식집 사업장을 구하기 위한 비중이 높다는 것을 알 수 있습니다. 따라서 금리인상이 이루어졌을 때 약한 고리는 저소득층의 부동산담보대출보다는 자영업자의 사업자금대출과 사업장 마련을 위한

❖ 소득 분위별 자영업자 및 임금근로자 상대 비율

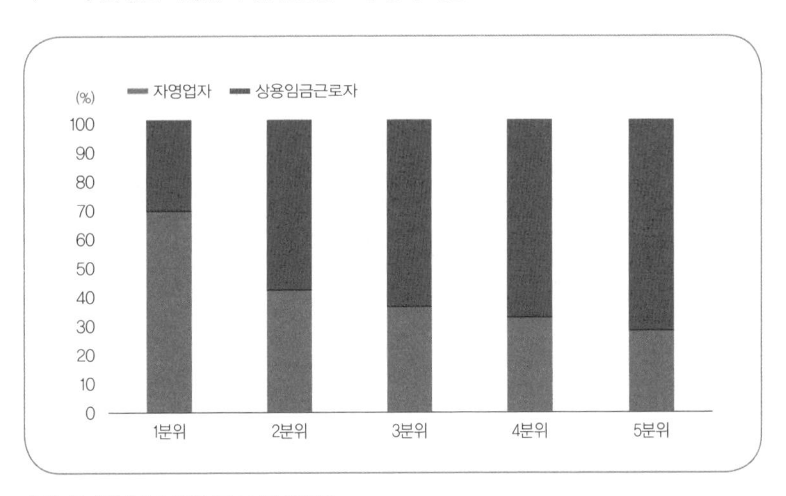

출처 : 통계청, '가계 금융복지 조사', 2017년

대출일 것입니다.

위의 그래프를 보면 오직 1분위에서만 자영업자 비율이 높은 것을 알 수 있습니다. 즉 한국의 경우 저소득층의 대부분이 자영업에 종사하며, 자영업을 영위하기 위해 금융기관으로부터 사업자금과 사업장 마련 자금을 대출받고 있다는 것입니다.

2016년을 기준으로 주택담보대출액보다 자영업자대출액이 많아졌습니다. 2017년에는 자영업자대출액이 616조 원으로 주택담보대출액 578조 원보다 더 커졌지요. 주택담보대출액보다 자영업자대출액 증가속도가 훨씬 빠르다는 뜻입니다. 대한민국은 자영업자의 비율이 높은 편이며 자영업자의 소득이 임금소득자에 비해 현저하게 떨어지고 있다는 것은 주지의 사실입니다. 중소기업연구원의 발표에 따르면, 2015년 소상공인 연소득은 2천510만 원

❖ 2013~2017년 자영업자대출액 및 주택담보대출액 추이

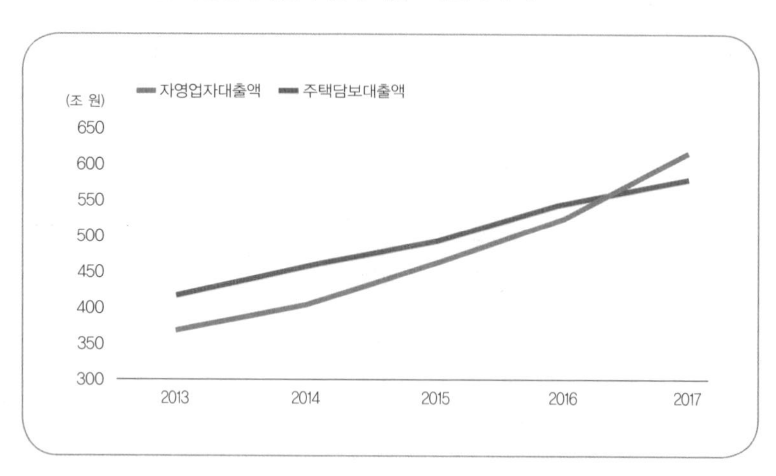

출처 : 한국은행, 통계청

으로 임금근로자 연소득 3천948만 원의 63% 수준이라고 합니다. 만일 금리인상이 큰 폭으로 이루어진다면 한국사회에서는 저소득층의 주택담보대출보다 저소득층을 구성하고 있는 자영업자들의 대출이 더 큰 문제가 될 가능성이 높습니다.

미국의 경우 NINJA대출로 저소득층의 부동산담보대출이 약한 고리가 되었다면 한국의 경우는 DTI규제가 있었습니다. DTI규제가 사실상 저소득층의 부동산담보대출 기회를 박탈하고 있기도 하지만 한편으로는 저소득층이 무리하게 부동산을 구입하는 것을 막아주는 제도이기도 하다는 점은 앞에서도 살펴보았습니다. 한국은행이 조사한 바에 따르면, 가산금리의 상승이 부도 확률에 미치는 영향은 자영업대출자의 경우 비자영업대출자보다 3~4배 크다고 합니다. 따라서 한국 저소득층의 주요 직업군을 고려했을

때 자영업을 영위하기 위한 대출이 부동산담보대출보다 약한 고리가 될 확률이 높다고 볼 수 있습니다.

또한 부동산의 경우 기본적으로 담보대출의 형태로 구성되어 있는 반면 자영업자의 대출은 사업대출이라는 점에도 유의해야 합니다. 담보대출은 담보가격이 하락해도 그나마 담보가 남아서 일부라도 변제능력이 있지만, 사업대출은 사업이 망했을 때 변제능력을 전부 상실한다는 점에서 부동산대출보다 더 위험할 수 있습니다. 부동산담보대출은 최악의 경우 청산을 해주면 문제를 해결할 수 있지만, 자영업자의 사업대출은 청산을 해주더라도 소득의 근본이 붕괴되었다는 점에서 더 큰 문제를 낳을 수 있습니다. 더 말할 것도 없이 저소득층 자영업자에 대한 사회적 대책이 필요한 이유입니다.

이상의 근거를 통해 '대한민국 부동산은 폭락하기 어렵다'는 점을 확인했습니다. 실질소득 증가 없이 부동산을 구입함으로써 가계대출이 증가한 것은 사실이나, 자산을 고려할 때 변제능력을 가지고 있으며 투자형태 또한 폰지투자로 판단할 수 없기 때문에 버블붕괴는 우려하지 않아도 된다고 볼 수 있습니다. 만일 금리인상이 이루어진다면 부동산 시장보다는 오히려 저소득층 자영업자의 대출문제가 더 클 것이라고 예측할 수 있는 것입니다.

"인간과 동물은 미미한 차이가 있을 뿐이고, 대부분의 인간들은 그 차이조차 없다."

_ **공자**(孔子)

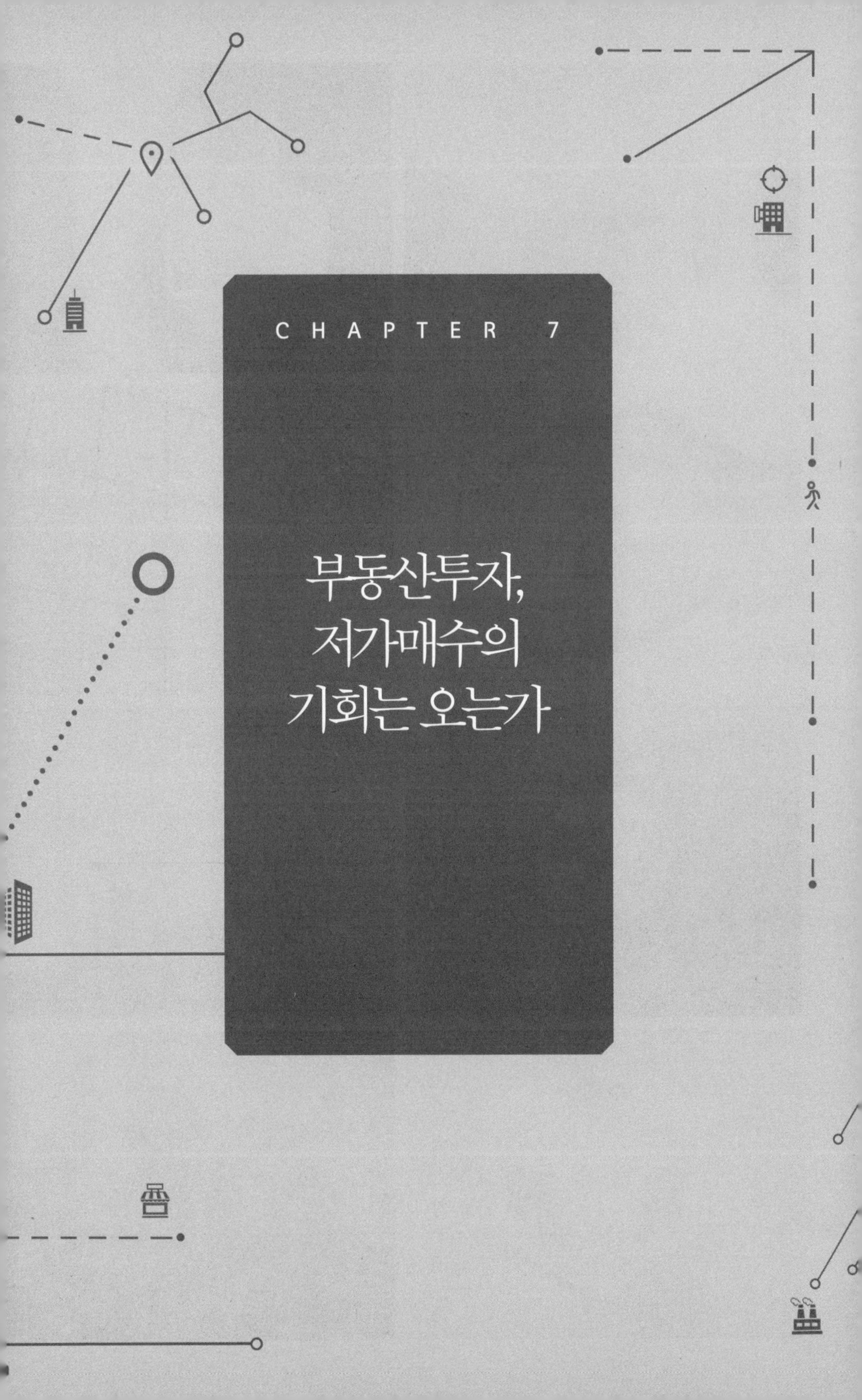

CHAPTER 7

부동산투자, 저가매수의 기회는 오는가

FINANCE

부동산에는 불패신화도 영원한 무덤도 없다

대한민국 서민에게 있어 주택이란 사실 경제문제의 시작이자 종착점이라고 해도 과언이 아닙니다. 대부분의 자산을 쏟아 부어 거주문제와 투자문제를 동시에 해결해야 하는 절체절명의 과제지요. 남들 다 살 때 똑같이 사서, 남들 다 팔 때 똑같이 팔아서는 이 험난한 부동산 시장에서 결코 생존할 수 없습니다. 다가올 부동산 시장의 약세는 얼마나 갈까요? 부동산구매는 언제쯤 결단을 내려야 할까요? 어렵지만 그 해답을 찾아보겠습니다.

주식투자 강의를 할 때는 늘 매수보다 매도가 중요하다고 이야기합니다. 하지만 부동산 시장만큼은 그렇지 않습니다. 매도보다 매수가 중요한 것이 부동산 시장입니다. 그 이유는 무엇일까요? 부동산 시장과 주식시장에 참여한 사람의 목적이 다르기 때문입니다.

주식투자자의 목적은 주식이 아니라 현금입니다. '이 다음에 좋은 주식 사서 잘살 거야'라고 다짐하는 사람이 있을까요? 주식을 사는 이유는 주식을 통해 돈을 많이 벌기 위해서입니다. 그래서 매도가 중요합니다. 매도가 이루어져야만 돈을 벌겠다는 목적을 달성할 수 있으니까요. 또한 주식시장은 환금성이 높아 매매가 잦은 시장입니다. 이 시장에서 돈을 벌기 위해서는 항상 현금을 가지고 있어야 합니다. 즉 손절매를 잘해서 주식을 현금화하는 것이 투자에 성공하는 키워드라는 것입니다.

부동산 시장은 다릅니다. 누구나 이런 꿈을 꾼 적 있을 것입니다. '이 다음에 좋은 집에서 행복하게 살 거야!' 집은 투자의 수단인 동시에 거주의 목적을 갖는 재화입니다. 주식의 궁극적인 목적이 매도를 통해 현금화를 이루는 것이라면, 부동산의 주요 목적은 매수를 통해 안락한 주거를 달성하는 데 있습니다. 특히 서민들의 경우 부동산을 팔아 현금을 만들어놓고 기다리기 어렵습니다. 거주 목적보다 투자 목적이 후순위이기 때문에 최초의 매매에 모든 신중을 기해 매수해야만 합니다. 전문 투자자가 아니라면 손절매가 거의 불가능한 시장이 바로 부동산 시장입니다.

부동산은 언제 사야 할까요? 사람들은 흔히 '쌀 때 사야 한다'고 이야기합니다. 맞는 말입니다. 그러나 쌀 때 사는 일이 만만치 않습니다. 오히려 비쌀 때 사기 쉽지요. 비쌀 때는 더 오를 것 같아 사기 쉽지만, 쌀 때는 더 떨어질 것 같아 사기 어려운 법입니다. 바로 이때 구매해야 합니다. 더 떨어질 것 같아 사람들이 구매를 머뭇거릴 때, 그때가 바로 부동산구입의 적기입니다.

사람들이 머뭇거릴 때가 언제인지는 어떻게 판단할 수 있을까요? 아주 쉽게 말하자면, 남들이 하는 것과 거꾸로 하면 됩니다. 존 F. 케네디의 아버지는 구두를 닦으러 갔다가 거기 모인 사람들이 주식에 대해 토론하는 것을 듣고 곧바로 주식을 다 팔아버렸다고 합니다. 그 결과 블랙먼데이에 시작된 미국 대공황기의 주가 폭락을 피할 수 있었습니다.

10년 전 동창회에 가면 친구들이 회사 이야기도 정치 이야기도 옛날 추억 이야기도 안 하고 다 아파트 이야기만 했습니다. 그래서 '지금이 바로 거품의 절정'이라고 생각했습니다. 2007~2008년 부동산가격이 정점을 찍던 시절의 이야기입니다. 그럼 언제 사람들이 아파트 이야기를 하지 않을까요? 간단합니다. 미분양 관련 기사가 넘쳐나면서 정부의 부동산억제책 관련 기사는 쏙 들어가고 금리는 더 오를 것 같아서 불안한 시점이 오면 사람들은 아무도 아파트 이야기를 하지 않을 것입니다. 바로 그때가 아파트구입의 적기입니다. 그렇다면 가까운 타이밍은 언제 찾아올까요?

대박과 쪽박의 아이콘, 송도를 기억하십니까?

인천 송도야말로 천당에서 지옥으로, 그리고 다시 지상으로 돌아온 대표적인 사례라고 할 수 있습니다. 2003년 개발의 첫 삽을 뜬 송도는 '인천의 강남'이라는 별칭과 국제학교로 대표되는 장밋빛 미래를 토대로 2007년부터 본격적인 오피스텔 청약을 시작합니다. 당시 청약경쟁률이 어마어마했지요. 그 무렵 신문기사 한 토막을 보겠습니다.

코오롱건설이 분양한 송도 오피스텔 '더프라우'의 123실 청약 마감 결과 모두 59만 7천192건이 접수되어 최종 청약경쟁률은 4천855 대 1로 집계됐다. 총 청약금은 5조 2천899억 5천500만 원을 기록했다. _ 2007년 4월

2006~2007년 부동산 폭등기에 가장 촉망받는 지역에서 벌어진 일입니다. 많이 올랐지만 더 오를 것이라는 믿음으로 움직인 것이죠. 경쟁률도 경쟁률이지만 123실 매매에 5조 원이 넘는 돈이 동원됐다는 것이 놀랍지 않습니까? 당시 이 오피스텔 청약에 참가한 사람 중에 오피스텔의 가격이 청약가 이하로 떨어질 것이라고 생각했던 사람이 있을까요? 하지만 결과는 어땠습니까? 다시 기사를 확인하겠습니다.

코오롱건설은 인천 송도국제도시에 건설 중인 주상복합아파트 '코오롱 더프라우II' 잔여가구를 분양가 10% 할인과 중도금 60% 무이자 조건으로 선착순 공급 중이다. _ 2011년 11월

4년 만에 프리미엄이 사라진 것은 물론 분양가가 할인되고 중도금도 무이자랍니다. 아마 4년 전의 청약 당첨자들은 천당에서 지옥으로 추락하는 심정이었을 것입니다. 대부분의 서민들에게

는 4천855 대 1의 경쟁률을 뚫고 당첨된 것이 축복이 아니라 '유령도시'라는 별명을 얻게 되는 송도의 저주에 걸려든 순간이었습니다.

이 투자가 실패한 주된 원인은 무엇일까요? 가장 비쌀 때 가장 '핫'한 곳을 선택했다는 것입니다. 가격이 높다는 신호를 가격이 더 오를 것이라는 신호로 잘못 해석하고, 거품이 절정에 달했다는 신호를 장밋빛 전망이라는 신호로 잘못 해석했기 때문입니다. 거듭 이야기하지만 싸게 사서 비싸게 팔기 위해서는 남들이 비싸다고 생각할 때 사서 남들이 싸다고 생각할 때 팔아야 합니다.

2011년부터 송도는 우리의 머릿속에서 잊히기 시작했습니다. 부동산 시장은 공급과잉으로 폭락해도 당장 공급을 멈출 수 없어서 계속 하락합니다. 하지만 그 길고 긴 기간이 지나 공급이 멈추고 주어진 공급물량이 해소되면 다시 기지개를 펴는 것이 부동산 시장의 속성입니다.

❖ 2017년 인천 연수구 미분양 현황

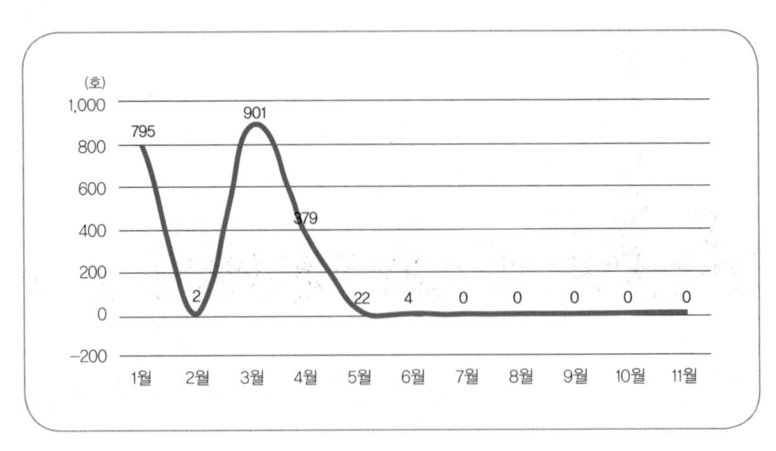

출처 : 국토교통부

위 그래프에는 극적인 전환이 보입니다. 인천 연수구 아파트매입의 마지막 적기는 당연히 2017년 봄이었을 것입니다. 미분양이 급속도로 소멸되는 시점이 최종 기회입니다. 2017년 여름 이후에는 연수구에서 내집마련의 꿈을 실현하기 어렵게 되었습니다. 꼭 2017년 봄이 아니어도 부동산 폭락으로 가격이 상대적으로 싸진 송도의 공급물량 변화를 꾸준히 보고 있었다면 확신을 가지고 2015년이나 2016년에도 얼마든지 부동산매입의 기회를 가질 수 있었을 것입니다.

공급물량이 해소되는 시점을 노려라

송도의 교훈에서 알 수 있듯이 한때 쏟아지던 '물량폭탄'도 멈

❖ 2017~2020년 서울, 경기도, 인천 아파트공급 추이

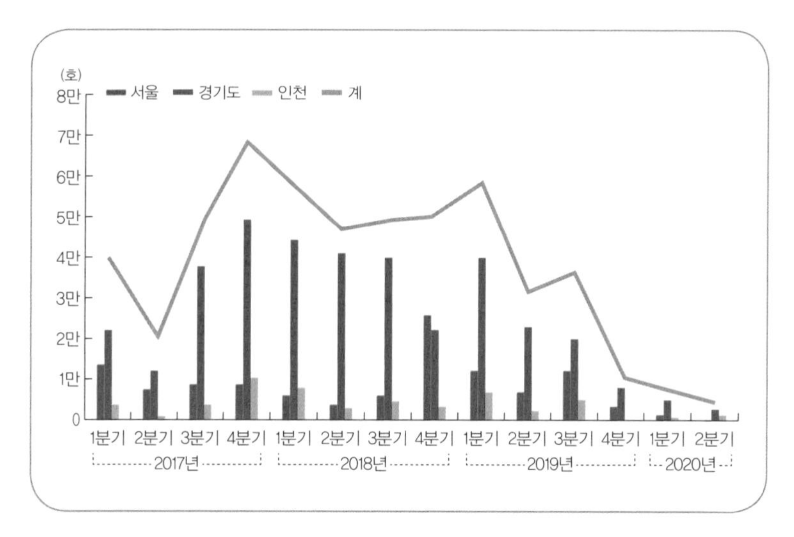

출처 : 닥터아파트

출 때가 옵니다. 마찬가지로 2017~2018년에는 약 78만 가구가 입주할 수 있는 공급물량이 쏟아지지만, 2019년 이후부터는 공급물량이 꺾인다는 점에 주목해야 합니다.

그래프를 보면 서울의 경우 도심지에는 더 이상 개발할 땅이 없어서 재개발과 재건축 중심으로 아파트가 공급되다 보니 그 공급량이 적다는 것을 알 수 있습니다. 수도권에서 공급의 중심은 경기 지역입니다. 2017년 말 정점을 찍은 공급물량이 2018년 하반기에 들어서면서 줄어들어 2019~2020년에는 대폭 축소됩니다. 2017년 말과 2018년 초에 쏟아진 물량이 어떻게 소화되는지 지켜보십시오. 미분양이 등장하기 시작할 것입니다. 머지않아 프리미엄가격이 떨어진다는 이야기가 곳곳에서 들리고, 뉴스에도 보

도되겠지요. 그러다 2018년 후반과 2019년 초반의 물량까지 더해지면 아파트 수요와 공급의 불균형이 정점에 달할 것입니다.

그때가 사람들이 진짜 공포심을 느낄 때입니다. 경기도에 수도 없이 지어진 아파트를 보면서 사람들은 이렇게 이야기할 것입니다. "이 많은 아파트가 어떻게 다 팔리겠어. 고령사회인데 말이야." 동창회에 나가면 몇몇 친구들이 아파트를 산 것을 후회하고 사람들이 모인 곳에서 아파트 이야기가 싹 사라질 것입니다. 이때 거꾸로 생각하면 됩니다. '아파트를 매입할 적기가 다가오고 있구나', 이렇게 말입니다.

주택을 구입할 계획을 가지고 있다면 반드시 세 가지 자료를 종합해서 봐야 합니다. 하나는 3장에서 이야기한 바 있는 '경기순환 과정의 주택가격 변화'이고, 나머지는 '부동산 시장의 가격 변화'와 '부동산 시장의 공급 변화'입니다.

❖ 경기순환 과정의 주택가격 변화

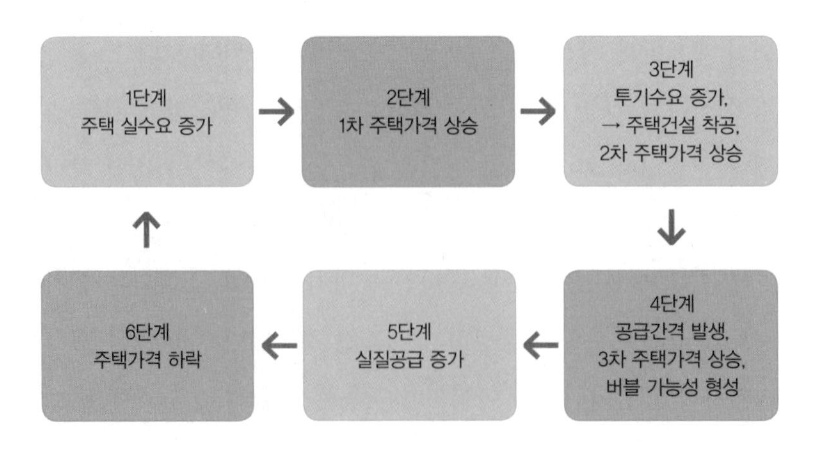

다음 도표를 보면 2014년에 경기순환 과정의 주택가격 변화 2단계인 1차 주택가격 상승이 이루어진 것을 확인할 수 있습니다. 그전에는 2012~2013년 공급 감소에 따른 아파트가격 정체기간이 있었습니다. 그리고 2017~2018년 확대된 공급물량을 근거로 2015~2016년 대규모 주택착공이 이루어지면서 가격 역시 계속 오르고 있음을 알 수 있습니다. 즉 이때가 3단계 국면이었죠. 2016년에서 2017년까지는 아직 아파트공급이 터지지 않았으나 가격은 계속 오르고 있습니다. 4단계 국면에 접어들었음을 보여줍니다. 자, 이제 쉽게 예상할 수 있습니다. 2017년 말에서 2019년 초까지 5단계 구간을 지나갈 것이며, 2018년 하반기부터 2019년에는 본격적으로 6단계 구간을 지나갈 것이라고요.

❖ **부동산 시장 가격 변화 : 2012~2018년 주택매매가격지수**

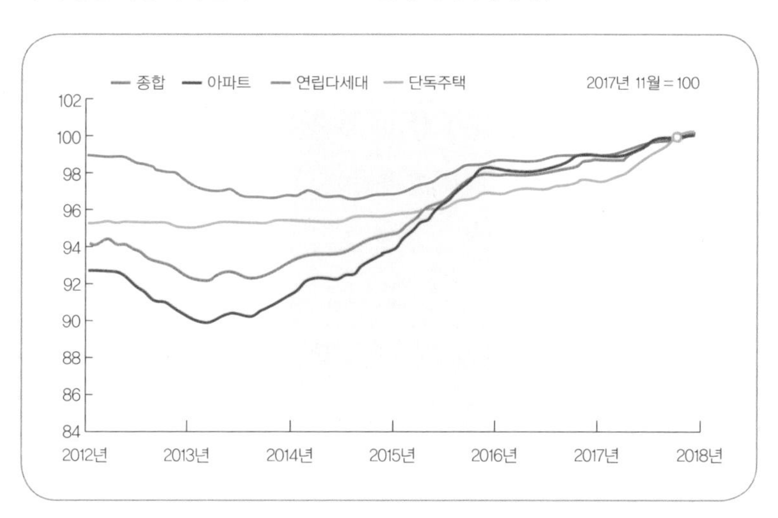

출처 : KB국민은행

❖ 부동산 시장 공급 변화 : 1999~2018년 주택공급물량 추이

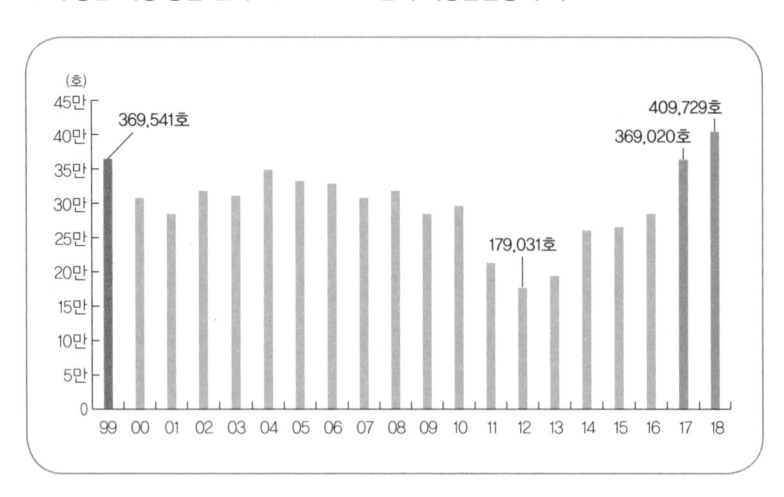

출처 : 부동산114

그러다 2020년 전후로 다시 1단계 국면에 진입할 것입니다. 그 시기쯤이면 미국과 한국의 금리인상도 마무리되겠지요. 더불어 앞으로 이어질 최소 2~3년간의 경기호황★ 속에서 문재인 정부가 추진하고 있는 소득주도 성장이 결실을 거두어 실질소득 상승세에 가속도가 붙는다면 다시 한 번 부동산구매의 적기가 올 것입니다. 그 시기는 문재인 정부 후반기입니다. 아무래도 부동산안정책 등을 비롯한 정부 정책이 집권 초기처럼 통하기는 어려울 것입니다. 거기다 이 시기에는 21대 총선(2020년 4월 15일경)을 치르고 20대 대선(2022년 3월 9일경)의 출발신호가 켜집니다. 정부 입

★ 2017년 한국경제는 3%대 성장을 기록했다. 이 성장은 2014~2016년 당시 이루어진 건설경기 부양과 정부지출에 의한 성장과 달리 민간투자 회복과 민간소비 증대의 가능성을 연 성장이라는 점에서 양적인 측면보다도 질적으로 돋보이는 성장이다. 이와 관련된 더 자세한 내용은 오마이스쿨 '최진기의 2018 경제전망'에서 확인할 수 있다.

장에서는 강력한 부동산억제책을 펴기 부담스럽지요.

지금까지 이야기한 바와 같이, 1~2년 정도의 부동산 약세장을 거쳐 2020년을 전후로 부동산구매의 적기가 오는 이유를 정리하면 다음과 같습니다.

✔ 2017~2018년 공급물량의 소화가 끝나갈 것이다.

✔ 금리인상이 마무리될 시점이다.

✔ 경기호황과 문재인 정부의 정책에 따라 실질소득 증가가 발생할 것이다.

✔ 정권 후반 총선 · 대선을 앞두고 강력한 부동산억제책을 시행하기 어렵다.

다시 한 번 강조하겠습니다. 남의 말 듣지 말고, 언론의 호들갑에도 넘어가지 말고, 부동산과 경제 공부를 통해 나만의 중심을 확실히 다져나가야 합니다. 투자에 대한 책임은 결국 여러분의 몫임을 잊어서는 안 됩니다.

사람들은 도대체 왜
비싸게 사서 싸게 팔까?

주식시장이나 부동산 시장이나 많은 사람들이 이렇게 한탄합니다. "왜 나는 상투만 잡을까?" 정말 귀신이 곡할 노릇입니다. 그토록 버티고 버티다가 마지막에 꼭 고점매수를 합니다. 왜 그럴까요? 아마 인간이 그런 존재인 모양입니다.

투자자들이 왜 상투를 잡는지 설명할 수 있는 이론이 있습니다. 동조(conformity)이론★과 평균회귀(mean reversion)이론★★입니다. 먼저 이 두 이론에 대해 알아보고 나서 어떻게 하면 부동산

★ 집단의 압력에 의해 개인이 행동과 태도를 변화시키는 것을 동조현상이라고 한다. 이 이론은 무자퍼 셰리프(Muzafer Sherif)의 자동운동 실험, 솔로몬 애쉬(Solomon Asch)의 선분 실험, 스탠리 밀그램(Stanley Milgram)의 권위에의 복종 실험 등을 통해 발전했다. 개인의 공헌도가 잘 드러나지 않는 상황이나 과업의 결과에 대한 책임감이 분명하지 않은 상황에서 발생하는 '사회적 태만', 어려움에 처한 사람 주변에 사람들이 많을수록 도와줄 확률이 낮은 '방관자 효과'도 동조이론으로 설명할 수 있다.

시장에서 지지 않는 투자자가 될 수 있는지 행동경제학(behavioral economics)★★★을 통해 설명한 뒤 이 책을 마무리하겠습니다.

투자심리의 동조현상을 극복해야 한다

동조이론에 관해 잘 알려진 실험으로는 애쉬★★★★의 선분 실험을 들 수 있습니다. 이 실험에 약간의 변화를 주어 설명하겠습니다. 열한 명의 실험 참가자들에게 각각 1번부터 11번까지 참가번호를 붙여줍니다. 그리고 그림 (가)와 (나)를 보여줍니다.

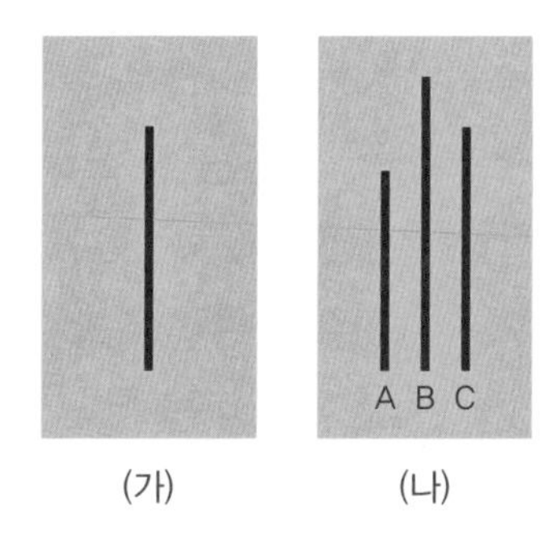

(가) (나)

★★ 균형수준보다 올랐다가 다시 내려오고 내렸다가 다시 올라오면서 제자리를 찾는 움직임을 평균회귀현상이라고 한다. 금리나 주가 등이 적정수준을 기준으로 등락을 반복할 때 이 이론으로 설명할 수 있다.

★★★ 인간이 완전히 합리적일 수 없다는 개념인 '제한된 합리성'을 배경으로 등장한 행동경제학은 인간의 실제 행동을 심리학, 사회학, 생리학적 관점에서 바라보고 그 결과를 규명하려는 경제학의 한 분야다.

★★★★ 폴란드 출신의 미국 심리학자 솔로몬 애쉬는 1995년 집단의 영향이 가져올 위험에 대한 일련의 실험을 실시하고, 이를 통해 개인은 집단 내 소수자가 되는 것이 두려워 동조한다고 주장했다.

실험의 주인공은 10번 참가자입니다. 먼저 (가)의 그림에 있는 직선과 가장 비슷한 길이의 직선이 그림 (나)의 어느 직선이냐고 물어봅니다. 10번은 속으로 당연히 C와 비슷하다고 생각하고 있습니다. 그런데 질문자는 1번 참가자부터 순서대로 물어봅니다. 1번은 "A와 비슷하다"고 대답합니다. 10번은 1번을 희한한 사람이라고 생각합니다. 그런데 2번도 A라고 대답합니다. 이제 10번은 '왜 이렇게 희한한 사람이 많아?'라고 생각합니다. 이어서 3번도 A라고 하자 10번은 믿음이 흔들리기 시작합니다. 4번이 A라고 하자 10번은 '요새 내 시력이 나빠졌나?'라고 의심합니다. 5번을 넘어 6번까지 A라고 대답하자 10번은 '내가 A를 너무 짧게만 보고 있었나봐'라고 생각합니다. 7번, 8번, 9번까지 A라고 하자 10번은 확신하게 됩니다. '맞아, A가 정답이지.'

이제 질문자가 10번에게 물어봅니다. "10번 참가자님, (가) 그림의 직선과 가장 비슷한 길이의 직선은 (나) 그림의 어느 직선인가요?" 10번은 당당하게 말합니다. "A입니다." 질문자는 다시 11번에게 물어봅니다. "11번 참가자님, (나) 그림의 직선 중 (가) 그림과 가장 비슷한 길이의 직선은 무엇인가요?" 11번은 침착하게 C라고 대답합니다. 그러자 10번 참가자는 이렇게 생각합니다. '11번 완전 이상한 사람 아냐?' 물론 10번을 제외한 나머지 참가자는 질문자와 미리 짜고서 대답한 사람들입니다. 어떻습니까? 여러분의 투자패턴과 일치하지 않습니까?

이와 비슷한 가정을 해볼까요? 누군가 김 씨에게 다가가서 이렇게 이야기합니다. "인천 송도에 오피스텔 사라. 3년 안에 세 배

오른단다." 처음에 김 씨는 그 사람이 멍청이라고 생각합니다. 오피스텔이 3년 안에 세 배 뛴다니 말이나 되는 소리냐고요. 그런데 주변에 자꾸 그런 사람이 늘어납니다. 거기다 아는 사람 중에 실제로 송도에 아파트를 사서 매매수익을 거둔 사람이 생겨납니다. 이번에는 언론에서 화려한 기사를 쏟아냅니다. 김 씨는 차츰 자기도 모르게 송도 아파트에 대한 믿음을 가지기 시작합니다. 미국경제보다 중국경제 의존도가 높아져가는 시대에 메카가 될 곳은 서울에서 가까운 인천공항이라는 배후지를 가진 송도밖에 없다는 생각이 듭니다.

그러던 중 송도 부동산을 높이 평가하는 방송을 접합니다. 김 씨는 이제 확신을 가지고 청약을 하러 갑니다. 아니나 다를까 청약 경쟁률은 4천 대 1, 미리 송도에 땅을 사지 못한 자신을 책망합니다. 당연히 청약은 떨어졌습니다. 그런데 청약에 붙은 한 친구가 송도 오피스텔의 미래를 비관적으로 보고 평균 프리미엄 1억 원보다 2천만 원 싼 8천만 원에 분양권을 판매한다고 합니다. 김 씨는 잽싸게 8천만 원 프리미엄을 주고 송도 오피스텔을 구매합니다. 너무 행복해서 날아오를 것만 같은 기분입니다. 자신에게 송도 오피스텔 분양권을 판 친구를 생각하며 나지막이 말합니다. "멍청한 녀석." 그리고 4년 뒤, 김 씨는 이런 기사를 읽습니다.

코오롱건설은 인천 송도국제도시에 건설 중인 주상복합아파트 '코오롱 더프라우Ⅱ' 잔여가구를 분양가 10% 할인과 중도금 60% 무이자 조건으로 선착순 공급 중이다.

어쩌면 이것이 우리의 '본능'일지 모릅니다. 하지만 주식시장에서나 부동산 시장에서나 '본능을 이기는 투자'를 해야 합니다. 우리는 남이 하면 따라 해야 하는 존재입니다. 남들이 월드컵대표팀을 응원하러 붉은 티셔츠를 입고 광화문 광장에 모였는데 나만 파란 티셔츠를 입었다고 생각해보십시오. 혼자만 왕따가 될 것입니다. '인간은 사회적 동물이다'라는 명제처럼 사회에 적응하기 위한 행위의 결과일 뿐인데도 말입니다. 우리 인간은 타인의 행위를 따라 함으로써 정글 속 생존에 유리해졌지만, 때로는 타인의 행위를 따라 하는 것이 어리석은 결과를 만들어내기도 합니다. 진화의 역설이지요.

투자의 동조현상은 우리에게 남아 있는 '사바나 원칙(Savanna principle)'★의 한 단면을 보여줍니다. 부동산 시장도 마찬가지입

★ 인류의 발전속도가 진화속도보다 월등히 빨라, 1만 년 전부터 두뇌의 진화가 멈춰 진화적으로 새로운 상황을 이해하는 데 어려움을 겪는다는 진화심리학 개념.

니다. 남들이 소형 부동산을 선호한다고 소형 부동산을, 남들이 아파트를 선호한다고 아파트를, 남들이 송도 오피스텔을 산다고 송도 오피스텔을 따라 사지 마십시오. 우리에게 내재된 본능을 이겨야 투자실패의 쓴맛을 보지 않을 수 있습니다.

평균회귀이론이 부동산가격에 적용된다

문제를 하나 풀어봅시다. 어떤 프로야구 타자가 있습니다. '구단주는 이 선수에게 얼마의 연봉을 주어야 할까?'라는 문제입니다. 단, 여기서 연봉은 구단주가 일방적으로 결정합니다.

✔ 2014년 타자의 성적은 3할이다. 구단주는 2015 시즌 연봉을 1억 원으로 결정한다.

✔ 2015년에는 3할 3푼을 기록한다. 구단주는 2016 시즌 연봉을 2억 원으로 결정한다.

✔ 2016년에는 3할 6푼을 기록한다. 구단주는 2017 시즌 연봉을 3억 원으로 결정한다.

✔ 2017년에는 3할 9푼을 기록한다. 타자는 KBO리그 MVP로 꼽힌다.

자, 이제 구단주는 타자의 2018 시즌 연봉을 얼마로 결정해야 할까요? 4억 원? 5억 원? 아니면 그간의 공적과 MVP 수상을 고려해 10억 원? 아닙니다. 영리한 구단주라면 타자의 연봉을 2억~3억 원

사이로 결정해야 할 것입니다. 왜일까요?

2017 시즌 성적이 이 선수의 평생에서 최고 성적일 확률이 굉장히 높기 때문입니다. 2018 시즌에 4할 2푼이라는 우주적인 타격기록을 달성할 가능성은 매우 낮겠죠. 2017 시즌보다 뛰어난 성적을 거두기는 대단히 어렵다고 판단해야 할 것입니다. 똑똑한 구단주는 이 선수의 2018 시즌 예상 타율을 2014~2017 시즌 평균 타율인 3할 4푼 5리로 보고, 그의 연봉은 2014~2017 시즌 평균인 2억 5천만 원으로 책정할 것입니다. 그동안 팀에 공헌한 것을 무시하느냐고요? 이 선수의 팀 기여도는 경제학에서 그토록 강조하는 매몰비용(sunk cost)★으로, 합리적 선택의 고려대상이 되어서는 안 됩니다. '프로의 세계'에서는 이처럼 매정한 판단이 현실입니다.

젊은 사람들이 나이든 사람들보다 부동산 시장에서 실패하기

★ 이미 지불되어 환수 불가능한 비용. 엎질러진 물이자 이미 끝나버린 비용이므로 앞으로의 경제적 선택을 할 때 고려해서는 안 된다. 1교시 시험이 끝나고 쉬는 시간에 지난 시험 정답을 맞춰볼 것이 아니라 2교시 시험 대비를 해야 하는 것도 매몰비용은 고려대상이 아니기 때문이다.

쉬운 이유도 같은 맥락입니다. 특히 삼십대 후반 혹은 사십대 초반의 부동산투자자들이 명심해야 할 부분입니다. 상대적으로 젊은 투자자들은 부동산이라는 상품에 투자를 할 때 무모한 금액의 대출을 받아 투자하는 경우가 많습니다. 폰지투자를 하기 일쑤입니다. 왜냐하면 매년 급여수준이 높아지고 있어서 앞으로도 높아질 것으로 기대하고 거기에 맞춰 대출을 늘리기 때문입니다. 다시 말해 자신의 예상 급여수준이 평균으로 회귀할 것을 생각하지 못하고, 과거에도 올랐으니까 앞으로도 오를 거라는 막연한 심리에 따르는 것입니다. 과거의 추세선이 미래에도 연장될 것으로 바라보고 투자한다는 것이죠.

역사적으로 부동산 역시 예외가 아니었습니다. '헤렌흐라흐트 지수(Herengracht index)'라는 것이 있습니다. 네덜란드의 수도 암스테르담에 있는 헤렌흐라흐트라는 작은 마을의 이름이 붙은 지수입니다. 이 마을은 1625년에 조성되었는데, 그때부터 지금까지 부동산가격이 계속 기록돼왔습니다.

이 마을의 부동산가격 변동을 모두 조사해 만들어진 헤렌흐라흐트지수에 따르면, 1632년을 기점으로 1972년까지 실질주택가격 상승률이 제로에 가깝습니다. 이는 장기적으로 '부동산가격은 물가상승률에 거의 수렴한다'는 의미입니다. 경기호황, 식민지무역 활황 등으로 부동산가격이 급등해도 결국 조정 국면을 거쳐 평균 물가상승률로 회귀하며, 또한 전쟁, 불황, 금융위기 등으로 부동산가격이 하락해도 역시 장기적인 조정 국면을 거쳐 평균 물가상승률로 회귀한다는 것입니다. 왜 부동산이 폭등하면 매도시

❖ 1628~1973년 헤렌흐라흐트 마을의 장기 실질주택가격지수

출처 : 피트 아이홀츠(Piet Eicholtz), "The Long Run House Price Index: The Herengracht Index, 1628–1973", 〈리얼에스테이트 이코노믹스(Real Estate Economics)〉, 1997년

점으로, 폭락하면 매수시점으로 이해해야 하는지 보여주는 자료입니다.

부동산투자에도 행동경제학이 필요하다

2017년 노벨 경제학상을 수상한 탈러* 교수는 경제학에 심리학적 요소를 도입한 행동경제학을 대표하는 인물입니다. 행동경제학은 40여 년 동안 비주류 경제학에 머물러 있었기에 그의 노벨상 수상은 행동경제학을 연구하는 많은 사람들에게도 굉장히

고무적인 일이었습니다.

주류 경제학에서는 인간을 '주어진 정보를 언제나 합리적으로 처리하는 존재'로 가정합니다. 그리고 그 행위가 합리적인지 아닌지는 수치화해 비교 분석할 수 있다고 상정합니다. 그래서 아주 이상적인 경제모델인 '완전경쟁시장'을 만들어냈습니다. 완전경쟁시장은 다수의 수요자와 공급자가 완전한 시장정보를 지니고 진입과 퇴거가 자유로운 상황에서 동질한 제품을 거래하는 시장입니다. 경쟁이 원활하기 때문에 '보이지 않는 손'이 즉각 작동해 시장가격이 항상 균형가격 수준으로 수렴합니다. 자원분배의 효율성이 달성되고 사회의 후생이 극대화되는 이상적인 시장이지요. 하지만 탈러 교수와 같은 행동경제학자들은 현실에서 합리적 선택을 못 하는 비이성적 인간을 연구합니다. 그들은 '합리적 인

★ 시카고대학교 경영대학원 석좌교수인 리처드 탈러(Richard Thaler)는 행동경제학 연구로 2017년 노벨 경제학상을 수상했다. 저서로는 『넛지(Nudge)』가 유명하다. '넛지'란 팔꿈치로 슬쩍 찔러 주위를 환기시킨다는 뜻으로, 약간의 인센티브나 사소한 권유로 사람들의 경제적 행동을 변화시킬 수 있다는 의미를 함축하고 있다.

간'이 아니라 제한된 상황에서 제한된 시간 안에 선택해야 하는 '현실 속 인간'을 전제로 이론을 전개합니다.

행동경제학자들의 이론을 통해 두 가지를 배울 수 있습니다. 행동경제학자들은 비이성적 인간의 첫 번째 특징으로 '과잉확신'을 지목합니다. 과잉확신은 아주 간단한 현상입니다. 지나가는 사람들에게 "당신의 지적 능력은 어느 정도라고 생각합니까?"라고 물어보면, 90% 이상이 "중간은 넘을 것"이라고 대답합니다. 이를 토대로 탈러 교수는 위험을 알면서도 '나만은 괜찮을 것' 또는 '나만은 폭락 전에 빠져나올 수 있을 것'이라는 과잉확신이 서브프라임 모기지론 사태의 원인 중 하나였다고 이야기합니다. 이처럼 부동산 시장은 과잉확신이 커지기 쉬운 시장임을 명심해야 합니다.

1천 원짜리 컵라면을 사면서 과잉확신을 하지는 않습니다. '내가 산 이 1천 원짜리 컵라면이 최고의 컵라면이야. 누구도 이런 선택을 할 수는 없어', 이러지는 않는다는 것입니다. 컵라면을 선택하면서 지불한 기회비용이 작기 때문입니다. 그 선택을 잘못했다고 생각해도 크게 상심할 일도 잃어버릴 것도 없는 셈이지요. 하지만 5억 원짜리 집을 사는 경우는 다릅니다. 내가 한 이 선택이 최고의 선택이라고 생각되지 않는 순간 심리적 손실이 너무나 크기 때문입니다. 5억 원짜리 집을 샀는데 그 전날 4억 원에 매매될 뻔한 집이었다는 사실을 나중에 알게 되면 그 마음이 어떻겠습니까? 그날부터 잠을 잘 수가 없겠죠.

그래서 인간은 손실회피 성향 때문에라도 자기확신을 키워갑니다. '우리 집이 동향이지만 남향 못지않게 볕이 잘 들어', '우리 집이 33평이지만 실평수는 33평보다 커', '전철역은 멀지만 마을버스가 자주 다니니까 괜찮아' 또는 '10년 된 아파트치고는 깨끗해'라고 자기가 산 주택을 평가합니다. 마음은 편할지 모르지만 사실 교통이 불편한, 노후된 아파트에서, 일조량도 좋지 않은, 공용면적이 작은 아파트에 살고 있을 뿐입니다.

자신의 투자현실을 객관적으로 볼 수 있는 지혜를 가져야 합니다. 많은 남성들이 다시 태어나도 지금의 아내와 결혼하겠다고 합니다. 물론 아내의 눈치를 본 것일 수도 있지만 진짜 이유는 따로 있습니다. 그렇게 생각하지 않으면 결혼생활 전체를 부정해야 하는 손실이 발생하기 때문입니다. 우리 인간은 실제 손실 못지않게 마음의 손실도 중시하는 존재입니다. 그런 존재라서 우리가 인간다울 수 있지만 부동산 시장에서는 그러면 안 됩니다.

우리가 원시인이라고 생각해봅시다. 원시인 친구가 와서 말합니다. "토끼가 나타났어!" 이제 어떻게 해야 할까요? 일단 진짜 토끼가 나타났는지 알아야 할 것입니다. 토끼가 나타나지도 않았는데 잡으러 갔다가 놓친다면 낭패니까요. 친구라도 의심해야 할 것입니다. "언제, 어디서, 얼마만한 토끼를 본 거야?" 인간은 발생할 이익에 나름대로 합리적 추론과 기회비용을 따질 수 있는 존재이기 때문입니다. 이때 또 다른 원시인 친구가 와서 이렇게 말합니다. "호랑이가 나타났어! 도망가!" 이 정보는 사실이든 아니든 무조건 믿고 도망가야 합니다. 그래야 생존할 수 있으니까요. 이처럼 인간은 손실회피에 민감한 존재입니다. 주식시장에 뛰어들어도 부동산 시장에 뛰어들어도 본능을 따라가다가는 무조건 실패하게 되어 있습니다.

두 종목의 주식을 샀다고 가정합시다. 한 종목은 30% 하락했고, 다른 한 종목은 30% 상승했습니다. 어느 주식을 매도해야 할까요? 대부분의 사람은 30% 상승한 주식을 매도합니다. 30% 하락한 주식을 매도하는 순간 가슴 아픈 손실의 경험을 가져야 하기 때문입니다. 하지만 가만히 생각해보면 너무나 어리석은 일입니다. 하나는 장사가 잘되고 하나는 매출이 부실한 떡볶이집 두 곳을 가지고 있는데 잘되는 가게를 판 것과 다름없으니까요.

시장에 컵을 판매하는 실험을 합니다. 한 집단은 그 컵을 한 달 전부터 가지고 있다가 판매하고, 다른 집단은 그 컵을 받아 바로 판매하는 것입니다. 어느 집단이 컵의 판매가격을 비싸게 설정하겠습니까? 한 달 전부터 컵을 가지고 있던 집단입니다. 컵을 오래 보유하고 있던 집단은 컵이 판매되어 발생할 손실에 대단히 민감하기 때문입니다. 부동산 시장에서도 주택을 오래 보유한 사람들일수록 매도가격을 비싸게 매깁니다.

한편 행동경제학자들은 비이성적 인간의 두 번째 특징으로 '신중함의 부족'을 지적합니다. 우리가 1만 원짜리 제품을 구매하기 전에 1분을 고민한다면, 100만 원짜리 제품을 사기 전에는 100분을 고민해야 할 것입니다. 하지만 그러지 않습니다. 부동산구매에 있어서도 마찬가지입니다. 자기 인생을 결정할 수도 있는 부동산 매매에 있어서 너무나 즉흥적으로 부동산을 구매하는 사람들을 흔히 볼 수 있습니다. 여러분은 어떻습니까? '며칠 뒤에는 매물이 없다'는 말에, 혹은 '전철역이 곧 들어선다'는 말에 계약서에 순순히 도장을 찍고 있지 않습니까? '첫눈에 반해서 결혼했다'는 말은 낭만적으로 들리지만 달리 이야기하면 '외모만 보고 결혼했다'는 말일 수도 있습니다.

부동산구매에 있어서는 더, 더, 더 신중해야 합니다. '그때 샀으면 돈을 얼마 벌었을 텐데' 하고 후회하며 '이번만큼은 기회를 놓치지 않겠다'고 매매하는 모습을 종종 볼 수 있습니다. 하지만 그 후회는 사실 지극히 바람직하고 정상적인 것입니다. 어제 후회한 경험 때문에 오늘 부동산매매를 서두르는 것은 말도 안 됩니다.

한 여성이 있습니다. 미혼 시절 A, B, C, D 네 명의 남성에게 프러포즈를 받았습니다. 그녀는 A를 선택해 결혼했습니다. 그런데 몇 년 후 B는 벼락부자가 되고 C와 D는 사업에 쫄딱 망했습니다. 친구들에게 이 여성은 뭐라고 말했을까요? C나 D가 아니라 평범한 A랑 결혼해서 행복하다고 했을까요? 'B랑 결혼 못 해서 억울하다'고 했습니다. 갖지 못한 것에 미련을 두고, 후회하고 억울해하는 것이 보통사람들의 심리입니다.

여러분은 부동산 시장에 떠도는 '이번이 마지막 기회!'라는 말에 현혹되지 말아야 합니다. 그 마지막 기회는 매수자인 당신이 아니라 매도자인 그 사람에게 왔을 가능성이 훨씬 더 높습니다. 부동산은 환금성이 낮은 고가의 재화입니다. 한번 선택하면 돌이키기 어렵습니다. 공부하는 사람이 이기는 세상입니다. 여러분의 가장 큰 재산인 부동산에 시간과 노력을 투자하세요. 그것이 자산을 지키는 가장 빠른 길입니다.

행동경제학은 완벽한 대안일까?

주류 경제학의 대안으로 떠오른 행동경제학에도 허점이 있습니다. 대표적으로 두 가지 문제를 꼽을 수 있습니다. 첫째는 계급과 계층 같은 집단이 아니라 개인을 사회현상의 분석 단위로 삼고 있다는 점, 둘째는 행동경제학에서 전제하는 인간이 기본적으로 진화심리학에 기반을 둔 인간이라는 점입니다.

사회현상 분석에 있어서 개인을 분석 단위로 볼 경우 총체적 사고를 놓치기 쉽습니다. 예를 들어 바보 같은 사람들이 모여도 집단은 총명할 수 있고, 천재적인 사람들이 모여도 집단은 멍청할 수 있습니다. 개인을 분석 단위로 하면 그런 점을 놓칠 수 있지요. 제국주의 시대의 약탈정책은 분명 비도덕적이지만 그 시대에 살던 사람은 착할 수도 있습니다. 영국인은 젠틀맨으로 유명하지만 그들의 제국주의적 정책은 잔인했던 것처럼 말입니다.

또한 인간이 여전히 동물임을 인정할 때 제대로 인간을 이해할 수 있다는 관점이 행동경제학에는 내재되어 있습니다. 그러나 사실 인간은 '진화된 동물'로 이해할 때보다 '사회 속에서 동물성을 버린 인간'

으로 이해할 때 더 정확히 볼 수 있습니다. 우리는 수치심을 알고 존경심을 가질 줄 아는 존재입니다. 날씨가 덥다고 해서 길거리를 나체로 활보하지 않는 것처럼 말입니다.

하지만 이러한 문제점에도 불구하고, 인간은 합리적이고 모든 것은 수치화할 수 있다는 주류 경제학의 문제점을 날카롭게 비판한 행동 경제학의 공헌은 아무리 강조해도 지나치지 않을 것입니다.

단숨에 읽는
부동산 시장 독법

초판 1쇄 발행 2018년 7월 30일
초판 3쇄 발행 2019년 3월 15일

지은이 최진기
편집인 서진
펴낸곳 이지퍼블리싱

진행 이현진
마케팅총괄 김정현
마케팅 이민우
영업 이동진
SNS 이태희
본문 나준희
표지 강희연

주소 서울시 서초구 반포대로 20길 29, JK빌딩 2층
대표번호 031-946-0423
팩스 070-7589-0721
전자우편 edit@izipub.co.kr
출판신고 2018년 4월 23일 제2018-000094호

ISBN 979-11-963764-1-3 13320
값 16,800원